파워풀한
교과서
세계사 토론

파워풀한 교과서 세계사 토론

중·고교 세계사, 24가지 논제로 깔끔하게 정복!

박숙현·박은영·김세연·이진 지음

특별한서재

'세계사'라는 밧줄로 지식의 그물망을 짜고 '세계사 토론'을 통해 통찰력을 키우는 시간

"독서를 안 하는 것도 문제지만 독서를 못하는 것이 더 큰 문제다."

제가 20년 동안 독서 현장에서 느낀 가장 큰 문제점이자 이 책을 집필하게 된 동기입니다.

현재 10년째 토론전문학원을 운영하고 있는 저는 다양한 연령의 학생들과 함께 명서를 통해 독서와 논술 과정을 거쳐 디베이트 수업을 하고 있습니다. 학년이 올라갈수록 책의 수준이 어려워지고 읽어야 할 페이지도 많아짐에 따라 학생들은 독서 수업에 어려움을 느낍니다. 특히 고전 문학이나 철학, 미술, 역사 등 인문학 분야는 독서를 꾸준히 했거나 공부를 잘하는 학생들도 예외는 아닙니다.

"무엇이 문제일까요?"

중학교 2학년 학생들과 조지 오웰의 『동물농장』을 수업하는 날이었습니다. 여느 때와 달리 학생들이 유난히 활기찼습니다. 책의 내용이

재미있어서 페이지가 술술 넘어갔기 때문입니다. 저도 덩달아 수업이 기대되었습니다.

『동물농장』은 '우화'를 통해 당시의 정치 현실을 날카롭게 비판한 역사적 풍자 소설입니다. 이 작품을 이해하기 위해서는 우선 '우화'라는 형식과 읽기 방법을 알아야 합니다. 러시아 혁명 이후 레닌의 뒤를 이은 스탈린 시대에 대한 배경지식과 작가에 대한 이해도 충분히 뒷받침되어야 합니다. 이는 소설 속 이야기 세계와 스탈린 시대의 현실 세계 간의 연결 관계를 더욱 정확히 알 수 있도록 도와줍니다. 이런 내용은 책의 뒷부분에 있는 작품 해설에 자세히 수록되어 있습니다. 물론 작품 해설까지 읽어 오는 것이 과제였습니다. 저는 얼마나 이해하고 기억하는지 학생들에게 물어보았습니다. 하지만 아무도 대답을 안 했습니다. 아니 못했습니다. 모처럼 활기찼던 교실이 다시 조용해졌습니다.

순간, 아이러니하게도 제가 고민했던 문제에 대한 해답의 실마리를 찾았습니다. 바로 '학생들이 세계사에 대한 배경지식이 없다'는 것이었습니다. 세계사 속에는 동서양에서 일어난 수많은 사건과 인물들의 이야기가 담겨 있습니다. 그래서 세계사는 책 몇 권과 선생님의 설명만으로는 지식을 쌓기가 매우 어렵습니다. 그렇다고 무턱대고 외운다면 방대한 양의 정보 때문에 세계사 공부를 아예 포기해 버리는 '세포자'가 될 수 있습니다. 그래서 학교에서 교과 수업을 받은 중·고등학생조차도 세계사에 대한 배경지식을 쌓기 어려웠던 것입니다.

세계사를 알면 공부가 쉬워집니다. 모든 공부는 유기적으로 연결되어 있는데, 그 밑바탕이 바로 세계사이기 때문입니다. 저는 이를 계기로 '세계사를 통한 융합독서디베이트'라는 독서토론 커리큘럼을 만들었습니다. '세계사를 통한 융합독서디베이트'는 말 그대로 '세계사'라는 '밧줄'로 문학, 철학, 사회, 과학, 경제, 미술, 음악, 영화 등의 여러 장르를 융합해 '그물'을 짜는 독서토론 방법입니다. 예를 들어 '르네상스 시대'를 배운다면 이 시기의 '세계사'를 시작으로 과학, 경제, 사회, 고전 문학, 미술, 영화 등의 순서로 독서토론 수업을 진행하는 것입니다. 이 방법을 통해 튼튼한 '지식의 그물망'을 짤 수 있었습니다.

세계사 공부에서 중요한 것은 '역사적 사건이나 인물에 대한 비판적인 시각이 있느냐?' 하는 점입니다. 역사책은 전문가가 서술했다는 이유로 대부분 의심을 하지 않습니다. 하지만 모든 역사 서술은 서술자의 관점과 역사관이 반영되기 마련입니다. 서술자도 자신이 속한 시대의 사회적 제약을 받거나 당대의 가치관을 반영할 수밖에 없기 때문입니다. 그래서 역사를 많이 아는 것만큼 중요한 것이 역사적 사관입니다. 사관은 역사를 바라보는 관점을 말합니다. 어떤 사관을 갖느냐, 즉 어떤 관점으로 역사를 바라보느냐에 따라 역사에 대한 해석이 달라질 수 있습니다. 따라서 역사책을 볼 때는 서술자가 어떤 사관을 가지고 있는지를 살펴보는 것이 중요합니다.

세계사 속 사건이나 인물에 대한 비판, 그리고 서술자의 사관을 판단해 보기 위해서는 반드시 '토론' 과정을 거쳐야 합니다. '세계사 토론'을 하기 위해서는 먼저 논제에 대한 이해와 시대적인 배경, 그리고 사건과 행동의 원인과 과정, 결과를 정확히 파악하는 것이 중요합니다. 또한 그 사건을 바라보는 다양한 관점에서의 또 다른 자료를 찾아보는 것도 중요합니다.

　이러한 점에서 『파워풀한 교과서 세계사 토론』은 여러분에게 큰 도움을 줄 것입니다. '세계사 토론'은 세계사에서 중요한 사건이나 인물의 행동을 중심으로 쟁점 사항을 논제로 삼아 찬성과 반대의 입장에서 토론하는 것입니다. 이를 위해 『파워풀한 교과서 세계사 토론』은 역사와 세계사 교과서 목차에 따라 고대부터 시작해 중세, 르네상스, 근대를 거쳐 현대에 이르기까지 주요 사건에 대한 배경지식을 충실하게 담았습니다. 이뿐만 아니라 찬성, 반대에 따른 각 쟁점의 근거까지 자세히 수록해 놓았습니다.

　우리의 인생은 매 순간 선택을 요구합니다. 선택의 순간까지는 사람이 선택을 지배하지만, 일단 선택을 하고 나면 선택이 사람을 지배한다고 합니다. 탁월한 선택 능력은 리더가 갖추어야 할 자질 중 하나인 '통찰력'을 기르는 데 중요한 요소가 됩니다. 이는 올바른 역사관에서 비롯됩니다. 올바른 역사관은 세상에 대한 넓은 안목을 가지게 해 세상을 긍정적으로 바라보고 주체적으로 살 수 있게 하는 토양이 됩니다. 그 토양에 '세계사 토론'이라는 양질의 거름을 듬뿍 주기를 권합니다.

2022년 가을
박숙현

『파워풀한 교과서 세계사 토론』의 구성과 특징

이 책에 수록된 24개의 주제는 중학교 역사 교과서와 고등학교 세계사 교과서를 기반으로 했으며, 세계사적인 관점에서 보았을 때 가장 중요한 사건들을 중심으로 구성했다. 각 구성 요소와 특징은 다음과 같다.

1. 세계사 연대표

시대적 흐름에 따라 크게 고대, 중세, 르네상스, 근대, 현대로 구성하고 각 시대별로 중요한 사건들을 중심으로 연표를 정리했다. 큰 틀에서 세계사를 이해하는 데 도움이 될 것이다.

2. 학습 목표

중학교 역사 교과서와 고등학교 세계사 교과서의 학습 목표를 바탕으로 정리했다.

3. 한눈에 알아보는 ○○○

사건의 원인, 과정, 결과를 한눈에 보기 쉽게 표로 정리했다.

4. 자세히 알아보는 OOO

사건의 역사적 배경을 원인, 과정, 결과를 중심으로 자세히 설명했다.

5. 생각을 부르는 질문, 하브루타

하브루타는 두 사람이 짝을 지어 서로 질문하고 대화하고 토론하고 논쟁하는 것을 말한다. 사건의 핵심 개념과 배경을 충분히 이해하고 숙지했는지 꼬리에 꼬리를 무는 질문을 통해 대화하고 논쟁까지 할 수 있다. 10개의 하브루타 질문을 기재해 또 다른 질문을 만드는 데 참고하거나 활용할 수 있도록 했다. 나머지 빈칸에 새로운 질문을 작성한 후 하브루타를 시작하면 더 깊이 있는 토론을 할 수 있다.

6. 쟁점과 토론 논제

토론 논제에서 가장 쟁점이 될 만한 찬성과 반대의 주장을 각각 3개씩 정리했다. 추가 토론 논제를 통해 다른 관점에서 토론할 수 있다.

7. 토론 요약서

찬성과 반대 입장의 논점과 논거를 요약해 한눈에 볼 수 있도록 했다.

8. 찬성 측·반대 측 입론서

토론 요약서를 바탕으로 찬성 측과 반대 측의 논점에 대한 논거를 자세하게 작성했다.

▮차례▮

▌시대별로 나눈 토론 주제

	시대	토론 주제	연도
1	고대	4대 문명	기원전 3500년경~기원전 2500년경
2		페르시아 전쟁	기원전 492~기원전 448년
3		진시황제	재위 기원전 221~기원전 210년
4		로마의 정치 체제	기원전 753~기원후 476년
5		로마 크리스트교	기원전 4년경~기원후 476년
6	중세	십자군 전쟁	1096~1270년
7		백년 전쟁	1337~1453년
8	르네상스	대항해 시대	15~16세기
9		종교 개혁	16~17세기
10		절대 왕정	16~18세기
11	근대	영국 혁명	청교도 혁명(1642~1649년) 명예혁명(1688~1689년)
12		산업 혁명	18~19세기
13		미국 혁명	18세기
14		프랑스 혁명	18~19세기
15		나폴레옹	재위 1804~1815년
16		제국주의	19~20세기
17		아편 전쟁	1840~1860년
18		메이지 유신	1868년
19		제1차 세계 대전	1914~1918년
20		러시아 혁명	1917년
21		제2차 세계 대전	1939~1945년
22		중화 인민 공화국의 탄생	1949년
23	현대	냉전 체제	제2차 세계 대전 후~1991년
24		베트남 전쟁	20세기 후반

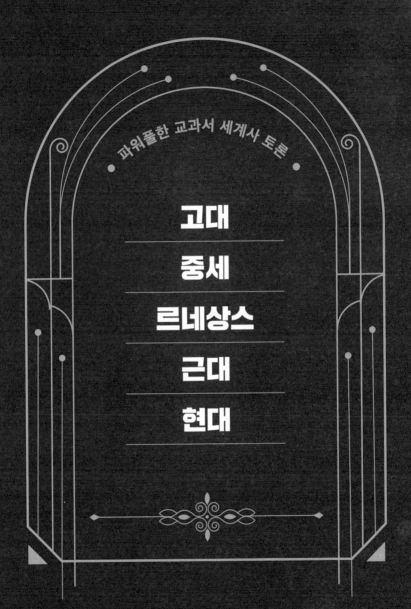

파워풀한 교과서 세계사 토론

고대

중세

르네상스

근대

현대

3500년경
메소포타미아 문명 시작

3000년경
이집트 문명 시작

2500년경
중국 문명·인도 문명 시작

1600년경
중국, 상 왕조 성립

800년경
그리스, 폴리스 형성

492년
페르시아 전쟁(~기원전 448년)

431년
펠로폰네소스 전쟁

403년
중국, 전국 시대 시작

334년
알렉산드로스, 동방 원정

264년
포에니 전쟁(~기원전 146년)

221년
진시황제, 중국 땅 통일

27년
로마, 제정 시작

기원후

313년
로마, 크리스트교 공인

395년
로마, 동서로 분열

476년
서로마 제국 멸망

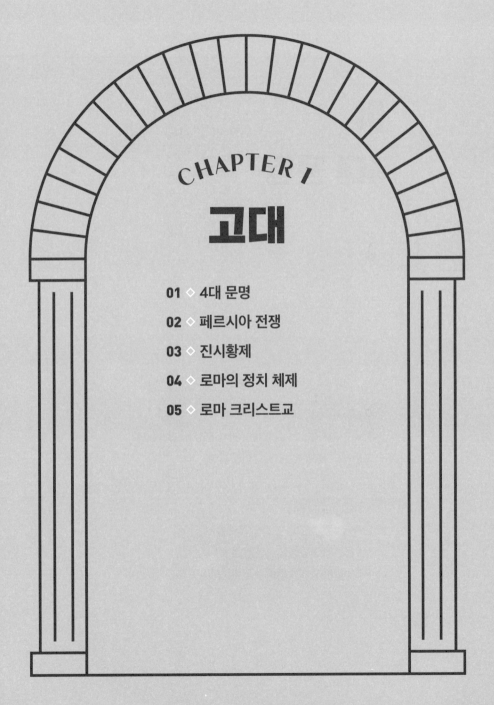

CHAPTER 1
고대

01
4대 문명

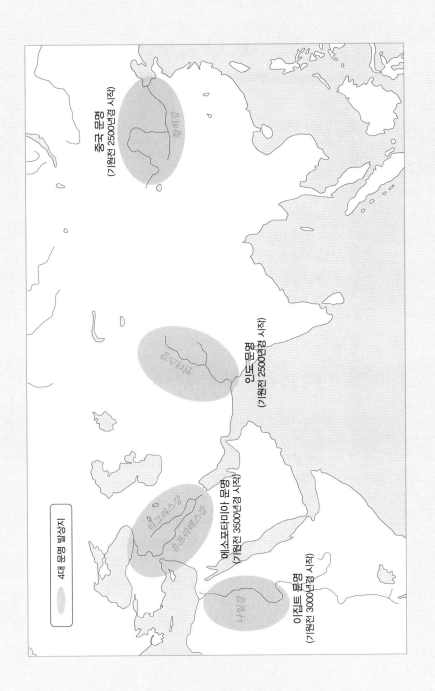

4대 문명 발상지

중국 문명
(기원전 2500년경 시작)
황허강

인도 문명
(기원전 2500년경 시작)
인더스강

메소포타미아 문명
(기원전 3500년경 시작)
티그리스강
유프라테스강

이집트 문명
(기원전 3000년경 시작)
나일강

한눈에 알아보는 4대 문명

📍 메소포타미아 문명

원인/성립	○ 기원전 3500년경 티그리스강과 유프라테스강 사이인 메소포타미아에서 시작
과정/특징	○ 개방적인 지형으로 교역이 활발했으나 이민족 침입이 잦음 ○ 지구라트(이라크 우르)를 세워 도시의 수호신을 섬기는 현세적 사고방식 ○ 왕이 신의 대리자로서 최고의 제사장이 되는 신권 정치 실시
결과	○ 과학 기술과 문명 발전: 60진법과 태음력 사용, 쐐기 문자로 기록 등 ○ 기원전 2000년경 크레타섬에서는 크레타 문명, 그리스 남단에서는 미케네 문명 시작

📍 이집트 문명

원인/성립	○ 기원전 3000년경 나일강 유역 일대에 여러 도시 국가가 성립해 문명 시작
과정/특징	○ 사막과 바다로 둘러싸인 폐쇄적 지형으로 인해 이민족 침입이 거의 없음 ○ 이집트 통일: 상 이집트의 왕 나르메르에 의해 통일 국가 건설, 3,000년 동안 존속(고왕국 → 중왕국 → 신왕국 → 누비아 → 아시리아 → 페르시아 → 알렉산드로스 왕) ○ 사후 세계를 중시하는 내세적 사고방식 ○ 파라오의 신권 정치: 왕의 무덤인 피라미드와 무덤을 지키는 스핑크스 건설
결과	○ 과학 기술과 문명 발전: 기하학과 천문학 발전, 상형 문자로 기록, 의학 발달 등 ○ 신왕조 및 후기 왕조들은 기원전 332년까지 이어지다가 알렉산드로스 왕에 의해 정복

📍 인도 문명(인더스 문명)

원인/성립	○ 기원전 2500년경 인더스강 유역에서 도시 문명 발생
과정/특징	○ 하라파와 모헨조다로, 로탈 일대에 도로망과 하수도 시설, 대형 목욕탕을 갖춘 계획적인 도시 건설 ○ 기원전 1800년경부터 홍수와 수로 변경 등으로 인해 쇠퇴 → 기원전 1500년경 아리아인이 드라비다인을 정복 → 기원전 1000년경 갠지스강 유역으로 진출 ○ 아리아인은 철제 농기구와 관개 사업을 발달시켜 농업 생산력 증진 ○ 카스트제: 계급을 브라만, 크샤트리아, 바이샤, 수드라로 나눔 ○ 브라만교 성립: 브라만의 특권을 유지하기 위해 다양한 신 숭배, 『베다』를 경전으로 삼음
결과	○ 카스트제는 1947년 인도에서 법적으로 금지 ○ 하지만 아직까지도 카스트제에 따른 차별 존재

📍 중국 문명(황허 문명)

원인/성립	○ 기원전 8000년경~기원전 6000년경 랴오허강, 황허강, 양쯔강 유역에서 발생한 신석기 문화
과정/특징	○ 하 왕조: 기원전 2500년경 황허강 중·하류를 중심으로 세워진 중국 최초의 왕조 ○ 상 왕조: 기원전 1600년경 황허강 중류를 중심으로 도시 국가 연맹의 형태로 성립 → 갑골문과 청동기 무기 사용, 신권 정치 시행 ○ 주 왕조: 기원전 11세기경 상 왕조를 무너뜨리고 웨이수이강 유역에 정착 → 봉건제 실시, 하늘의 계시에 따라 왕조를 교체하는 천명사상
결과	○ 상 왕조 때 생긴 갑골문은 지금 한자의 원형 ○ 주 왕조 때 등장한 천명사상은 훗날 중국의 덕치주의와 유교 사상에 기여

자세히 알아보는 4대 문명

메소포타미아 문명, 세계 최초로 농업이 발전하다

선사 시대 이후 역사 시대를 맞이한 인류는 세계 여러 지역에서 문명을 일으켰다. 그중 가장 먼저 발달한 문명은 '비옥한 초승달 지대'라고 불리는 메소포타미아 문명이다. 현재의 이라크에 해당하는 메소포타미아는 티그리스강과 유프라테스강을 끼고 있어 '두 강 사이의 땅'이라는 뜻을 가지고 있다.

메소포타미아 문명은 기원전 3500년경부터 시작되었다. 메소포타미아 지역은 농사에 필요한 물을 구하기 쉽고 땅이 비옥해 일찍부터 농경이 발달했다. 하지만 강물이 넘쳐나는 시기가 일정하지 않았고, 양도 때마다 달라 농사를 짓는 데 어려움이 많았다. 그래서 저수지를 만들어 이러한 문제를 해결했다. 이들이 바로 인류 최초의 도시 문명을 일으킨 수메르인이다. 메소포타미아 지역은 지형이 개방적이어서 활발한 교역을 할 수 있었지만, 외적의 침입이 잦아서 지배 세력이 자주 바뀌었다.

세계 최초로 바퀴를 사용한 수메르인은 1년을 12개월로, 1주일을 7일로 정한 최초의 사람들이다. 또한 이들은 태음력과 60진법으로 된 도량

| 메소포타미아 유적지에서 발견된 석상

형 체계를 고안해 1분을 60초로, 1시간을 60분으로, 하루를 24시간으로 정했고, 원을 360도로 정했으며, 달력을 만들어 농사에 이용했다.

잦은 홍수와 외부의 침입에 시달린 수메르인은 내세보다는 현세의 행복을 더 중

| 점토판에 새겨진 쐐기 문자

시했으며, 다신교로서 도시마다 지구라트라는 신전을 세워 각기 다른 수호신을 섬겼다. 메소포타미아의 왕은 신의 대리인으로 군림하면서 신권 정치를 실시했다. 왕의 업적과 제사, 교역 내역을 기록하기 위해 점토판에 쐐기 문자를 새겼다. 이후 쐐기 문자는 더욱 간단한 문자인 알파벳의 기원이 되었다.

메소포타미아를 최초로 통일한 사람은 사르곤 왕이다. 사르곤 왕은 아카드 제국을 건설하고, 56년 동안 수메르를 다스렸다. 아카드 제국이 멸망한 후에는 항구 도시 우르가 100년 동안 메소포타미아의 중심 도시가 되었다.

하지만 기원전 18세기 무렵 아무르인이 세운 바빌로니아가 메소포타미아를 통일했다. 바빌로니아 왕국을 전성기로 이끌어 영토를 크게 확장한 왕은 함무라비 왕이다. 함무라비 왕은 최초의 성문법인 함무라비 법전을 편찬해 통치 체제를 정비했다. 하지만 함무라비 왕이 죽자 바빌로니아 왕국은 점점 쇠퇴하면서 결국 히타이트의 지배를 받게 되었다.

이집트 문명, 찬란한 문화를 꽃피우다

이집트 문명은 기원전 3000년경 나일강을 중심으로 발달했다. 나일강은 규칙적으로 범람해 강 주변에 비옥한 흙이 쌓였고, 이로 인해 티그리스강과 유프라테스강 지역보다 훨씬 더 농사짓기에 편리했다. 따라서 이집트 문명은 '나일강의 선물'이라고 불린다. 사람들은 나일강 유역에 모여 농사짓게 되었고, 자연스럽게 도시가 형성되었다. 사막과 바다에 둘러싸인 폐쇄적인 지형이었던 이집트는 타민족의 침입이 적어 오랫동안 통일 왕국을 유지했다.

당시 나일강 유역에서는 상 이집트와 하 이집트가 주도권 다툼을 하고 있었다. 그러다가 기원전 3000년경 상 이집트의 왕 나르메르가 하 이집트를 점령하면서 하나의 통일 왕국을 이루었다. 이 시기부터 이집트는 모든 면에서 발전하게 되었다.

| 태양신 '라'에게 기도하는 제사장

이집트의 왕 파라오는 태양신 '라'의 아들로서 인간의 모습을 한 살아 있는 신이었으며 경배의 대상이었다. 파라오는 신권 정치를 펼쳤으며, 정치·종교뿐 아니라 경제 분야에도 절대적인 권력을 행사했다.

이집트인에게 왕은 신이므로 파라오는 죽은 후에도 편히 쉴 수 있는 공간이 필요했다. 기원전 2630년경에 축조된 조세르 왕의 무덤은 세계 최초의 대형 석조 건물이자 계

| 스핑크스와 피라미드

단식 피라미드다. 파라오는 더 높고 커다란 피라미드를 만들고 싶어 했다. 이로 인해 100년쯤 뒤에 이집트에서 가장 유명한 '기자의 3대 피라미드'가 만들어졌다.

이집트인은 탄생과 죽음이 되풀이된다고 믿었기 때문에 부활에 대비해 육체가 온전해야 한다고 생각했다. 그래서 미라가 만들어졌다. 피라미드와 미라를 통해 이집트인이 사후 세계를 중시하는 내세적 사고방식을 가지고 있었음을 알 수 있다.

이집트 문명의 발전된 기술은 여러 방면에서 찾아볼 수 있다. 우선 나일강의 범람을 파악하기 위한 천문학의 발달로 1년을 365일로 계산하게 되었고, 이를 바탕으로 달력이 탄생했다. 이것을 이집트의 태양력이라고 한다. 또한 나일강의 범람 이후 필요한 농지 정리는 기하학과 측량술의 발전을 가져왔고, 이는 피라미드를 건축할 때도 활용되었다. 수학이 발달해 10진법을 활용했고, 미라를 만드는 과정을 통해 의학이 발달했다. 그리고 세계 최초의 문자 체계인 상형 문자를 개발해 파피루스에 기록을 남겼다.

이집트 문명은 고왕국, 중왕국, 신왕국을 거쳐 약 3,000년 동안 존속되었다. 이후 누비아, 아시리아에 이어 페르시아의 지배를 받다가 기원전 332년 알렉산드로스 왕에 의해 정복되었다.

인도 문명, 계획도시를 형성하다

인도 문명은 기원전 2500년경 인더스강 유역에서 시작되었다. 이 무렵 하라파와 모헨조다로에서 도시 문명이 형성되었는데, 두 도시는 정치·경제·종교의 중심지였다. 계획적으로 건설된 하라파와 모헨조다로는 돌과 진흙 벽돌을 사용해 반듯하게 구획된 도로망을 갖추고 있었다. 특히 대표 유적지인 모헨조다로는 외적의 침입에 대비해 성벽을 높게 쌓았다. 성벽 안쪽에는 욕실과 화장실에 하수도 시설을 갖춘 집이 있었다. 또한 공공시설과 광장, 공중목욕탕, 곡물 창고, 그리고 난방 시설을 갖춘 실내 수영장도 있었다.

당시 사람들은 목축을 하거나 밀과 보리를 재배했으며, 청동기를 사용했다. 이들은 상업이 발달하자 수메르인은 물론 메소포타미아 지방의 다른 민족들과도 교역했다. 이러한 사실은 인장과 토기 등의 유적을 통해 짐작할 수 있다. 상형 문자를 사용한 이들의 문자는 아직까지도 해독되지 않았다.

| 인더스 문자가 새겨진 도장

인도 문명은 기원전 1800년경부터 서서히 쇠퇴했다. 아리아인은 기원전 1500년경 인도에 정착한 후 기원전 1000년경 갠

지스강 유역까지 진출했다. 이들은 철제 농기구와 관개 사업을 발달시켜 농업 생산력을 증진시켰다. 아리아인은 원주민을 복속시키고 그들을 지배하기 위해 카스트라는 신분 제도를 만들었다. 카스트제는 가문이나 혈통으로 결정된 신분 제도로 시간이 지나면서 점차 세분화되었다. 이는 개인의 사회적 지위와 생활 방식까지 규제했다.

카스트제는 4개의 계급으로 나뉜다. 가장 높은 지위를 누린 계급은 제사 의식을 담당하는 제사장 브라만이었다. 그 다음 계급인 크샤트리아는 정치와 군사를 담당하는 왕족과 귀족 출신이었다. 세 번째 계급은 평민인 바이샤로 농업과 상업 등의 생산 활동을 담당했고 세금을 납부했다. 가장 낮은 계급인 수드라는 천민 출신이며 드라비다인으로 구성되었다. 수드라보다 더 낮은 계급인 불가촉천민은 카스트제에도 속하지 않는 사람들이었다.

카스트제는 매우 엄격하게 지켜졌다. 자기가 속한 카스트에서 평생 벗어날 수 없었고, 자식에게도 세습되었으며, 다른 카스트 출신과는 친분을 맺을 수도 없었다.

브라만은 자신의 특권을 유지하기 위해 다양한 신, 즉 태양, 물, 불과 같은 자연 현상을 숭배하며 복잡한 제사 의식을 발전시켰는데, 이를 기반으로 브라만교가 만들어졌다. 카스트제는 1947년 인도에서 법적으로 금지되었지만, 아직까지도 카스트제에 따른 차별이 존재하고 있다. 윤회를 믿는 인도 사람들은 카

|카스트제

스트제에서 벗어나기 위한 노력을 별로 하지 않는다. 현재의 신분은 전생에서의 행동의 결과이며, 이전 삶에서 어떻게 살았는지에 대한 평가 결과에 따라 현재의 계급이 정해진다고 믿기 때문이다.

중국 문명, 현재로 이어지다

기원전 8000년경부터 기원전 6000년경에 랴오허강, 황허강, 양쯔강 유역에서는 신석기 문화가 발달했다. 기원전 2500년경 황허강 중·하류 지역의 황토 지대를 중심으로 중국 최초의 왕조인 하 왕조가 등장했다. 황허강 유역은 황토로 뒤덮여 있어 간단한 도구로 농사지어도 많은 수확을 올릴 수 있었다. 이러한 이유로 이 지역에서는 자연스럽게 문명이 발달했다.

하나라는 상나라에 의해 멸망했다. 상나라는 은나라라고도 불리는데, 기원전 1600년경 황허강 중류 지역을 중심으로 번영했다. 상나라는 청동기를 이용해 무기와 제사 도구를 만들어 사용했다. 또한 오늘날 한자의 기원이 된 갑골문과 태음력을 사용했으며, 저수지를 축조해 농사에 이용했다. 왕이 정치와 제사를 주관했으며, 국가의 중요한 일이 있을 때마다 점을 쳐서 결정하는 신권 정치를 실시했다. 또한 왕이 죽으면 사람을 함께 묻는 순장 제도를 행하기도 했다. 600여 년 동안 이어진 상나라는 마지막 왕

| 상나라의 갑골문

인 주왕 때문에 주나라에 의해 멸망했다. 주왕이 백성은 돌보지 않고, 방탕한 생활만을 일삼는 폭정을 저질렀기 때문이다.

주나라는 넓은 땅을 직접 다스리기가 쉽지 않아서 봉건제를 실시했

| 주나라 무왕의 무덤

다. 봉건제란 왕은 수도의 주요 부근을 직접 다스리고, 먼 지방은 친척과 공신을 제후로 삼아 이들에게 땅을 나누어 다스리도록 하는 제도를 말한다. 대신 신하는 왕에게 지역 특산물과 세금을 바치고, 외적이 쳐들어왔을 때는 군대를 보내 왕실을 위해 충성을 바쳐야 했다. 주나라는 덕치주의 사상을 내세웠으며, 이는 이후 중국의 통치 이념으로 계승되었다.

주나라는 기원전 11세기 무렵 창장강 유역까지 영토를 확장했다. 하지만 기원전 8세기경에는 이민족의 침입으로 수도를 서쪽의 호경(서주)에서 동쪽의 낙읍(동주)으로 옮겼다. 지방 세력이 커지면서 주 왕실의 권위가 급격히 쇠퇴했고, 제후들의 패권 다툼으로 주나라는 혼란에 빠졌다. 주나라의 수도를 낙읍으로 옮길 때부터 진시황제가 중국을 통일할 때까지 550여 년의 기간을 춘추 전국 시대라고 한다.

생각을 부르는 질문, 하브루타

1	메소포타미아 문명이 발생한 곳은 어디인가요?
2	수메르인은 어떤 업적을 세웠나요?
3	바빌로니아는 어떤 나라인가요?
4	함무라비 법전의 내용과 의미는 무엇인가요?
5	이집트 문명은 어디에서 시작되었나요?
6	이집트 문명의 특징에 대해 설명해 보세요.
7	하라파와 모헨조다로의 특징은 무엇인가요?
8	카스트제는 어떻게 시작되었나요?
9	중국 문명은 어디에서 시작되었나요?
10	중국 문명은 어떤 과정을 통해 현재까지 이어지고 있나요?
11	
12	
13	
14	
15	

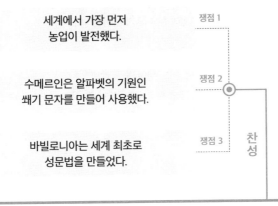

세계에서 가장 먼저
농업이 발전했다.

쟁점 1

수메르인은 알파벳의 기원인
쐐기 문자를 만들어 사용했다.

쟁점 2

바빌로니아는 세계 최초로
성문법을 만들었다.

쟁점 3

찬성

세계 4대 문명 중 메소포타미아 문명이 가장 뛰어나다.

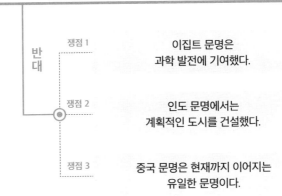

반대

쟁점 1

이집트 문명은
과학 발전에 기여했다.

쟁점 2

인도 문명에서는
계획적인 도시를 건설했다.

쟁점 3

중국 문명은 현재까지 이어지는
유일한 문명이다.

추가 토론 논제

1. 문명 발상에 가장 중요한 요인은 강이다.
2. 인류는 자연적·지역적 한계를 극복하며 문명을 발전시켰다.
3. 이집트 쿠푸 왕의 피라미드 건설은 잘한 일이다.

논제	세계 4대 문명 중 메소포타미아 문명이 가장 뛰어나다.
용어 정의	○ **세계 4대 문명**: 기원전 3500년경~기원전 2500년경에 등장한 메소포타미아 문명, 이집트 문명, 인도 문명, 중국 문명 ○ **메소포타미아 문명**: 티그리스강과 유프라테스강 사이를 중심으로 번영한 인류 최초의 문명

	찬성	반대
쟁점 1	세계에서 가장 먼저 농업이 발전했다.	이집트 문명은 과학 발전에 기여했다.
근거	메소포타미아 문명이 발생한 티그리스강과 유프라테스강 유역은 토양이 기름지고 비옥했지만, 강물이 불어나는 시기와 양이 일정하지 않아 농사짓기 어려웠다. 수메르인은 이 문제를 해결하기 위해 수로와 저수지를 만들었다. 이 때문에 가장 먼저 농업이 발달하고 인구도 늘어나면서 도시가 발전했다. 이로 인해 물물 교환도 시작되었다.	이집트인은 나일강의 규칙적인 범람 때문에 자연재해에 미리 대비해 농사를 지을 수 있었다. 이들은 나일강의 범람 시기를 정확히 알아내기 위해 달력을 만들고 천문학을 발전시켰다. 또한 나일강의 범람을 기록하기 위해 기하학과 측량술이 발달했고, 이는 피라미드 건축에도 활용되었다. 수학이 발달해 10진법을 사용했고, 미라를 만드는 과정을 통해 의학도 발달했다.

쟁점 2	수메르인은 알파벳의 기원인 쐐기 문자를 만들어 사용했다.	인도 문명에서는 계획적인 도시를 건설했다.
근거	수메르인이 사용한 상형 문자는 소통에 한계가 있었다. 이에 수메르인은 쐐기 문자를 만들어 사용했다. 이들은 쐐기 문자로 신화, 수학, 역사, 함무라비 법전 등의 기록을 남겼다. 이후 쐐기 문자는 페니키아인에 의해 알파벳의 기원이 되었다. 당시 사람들은 쐐기 문자로 자신들이 사는 모습과 여러 지식을 전달해 문명을 이룰 수 있었다.	인도 문명은 인더스강 상류 지방에서 발생했다. 이 지역은 서아시아와 연결되는 교통의 요충지였다. 인도 문명의 대표적인 도시는 하라파와 모헨조다로다. 계획적으로 건설된 두 도시는 높은 성벽과 배수로 시설까지 갖추었다. 특히 도로를 통해 메소포타미아 지방의 다른 민족들과 활발히 교역해 무역의 중심 도시로 거듭났다.
쟁점 3	바빌로니아는 세계 최초로 성문법을 만들었다.	중국 문명은 현재까지 이어지는 유일한 문명이다.
근거	바빌로니아의 함무라비 왕은 세계 최초의 성문법인 함무라비 법전을 만들었다. 이 법전에는 형법, 재산법, 가족법 등이 담겨 있다. 이는 평민들과 노예들을 보호하는 내용이어서 당시 사회에서는 매우 앞선 법전이었다. 함무라비 법전은 로마법에도 영향을 끼쳤다.	황허강 유역은 황토 덕분에 농사를 쉽게 지을 수 있었다. 이 지역에서 하나라가 등장하고 상나라(은나라)와 주나라로 이어지면서 춘추 전국 시대를 맞이했다. 이후 진나라에 이어 유방이 한나라를 세웠다. 한자와 한족을 통해 중국 문명의 전통과 풍습이 지금까지 계승되고 있음을 알 수 있다.

▌논의 배경

  문명이란 인류의 지혜가 발달해 미개한 상태에서 벗어나 차츰 사회
생활을 위한 발전이 시작된 것을 의미한다. 큰 강을 중심으로 메소포
타미아 문명, 이집트 문명, 인도 문명, 중국 문명이 발생했다. 4개의 문
명 중 메소포타미아 문명이 가장 먼저 생겨났다. 메소포타미아 지역은
비옥한 땅, 풍부한 물과 자원 덕분에 일찍이 농업이 발달했고 도시들이
탄생했다. 이번 토론을 통해 메소포타미아 문명이 4대 문명 중 가장 뛰
어난 문명인지에 대해 논의해 보고자 한다.

▌용어 정의

  ○ **세계 4대 문명**: 기원전 3500년경~기원전 2500년경에 등장한 메소포
    타미아 문명, 이집트 문명, 인도 문명, 중국 문명
  ○ **메소포타미아 문명**: 티그리스강과 유프라테스강 사이를 중심으로 번
    영한 인류 최초의 문명

쟁점 1 세계에서 가장 먼저 농업이 발전했다.

  메소포타미아 문명은 인류 최초로 발생한 문명이다. 티그리스강과
유프라테스강 사이의 메소포타미아 지역에서는 세계 최초로 농업이 발
달했다. 이 지역은 강 상류의 비옥한 흙이 하류로 내려와 차곡차곡 쌓
이면서 기름진 땅이 만들어졌다. 하지만 이 지역의 강물은 일정하지 않

은 시기에 불어나 넘쳤다. 또한 그 양도 때마다 달랐기 때문에 농사짓는 데 어려움이 있었다. 이러한 문제를 해결한 이들이 수메르인이다. 수메르인은 물을 뺄 수 있는 수로와 물을 끌어올 수 있는 저수지를 만들어 좀 더 편리하게 농사를 지을 수 있도록 했다. 이로 인해 메소포타미아 문명에서는 가장 먼저 농업이 발달하게 되었다. 이에 따라 인구가 늘었고 도시가 발달했다. 사람들은 자신들이 필요한 양보다 더 많은 양의 농산물을 수확하게 되자, 물물 교환을 하기 시작했다.

쟁점 2 수메르인은 알파벳의 기원인 쐐기 문자를 만들어 사용했다.

수메르인이 처음 사용한 문자는 사물의 모양을 본떠 만든 상형 문자였다. 메소포타미아 지역에서는 농업과 더불어 상업이 발달했기 때문에 물건의 개수를 세거나 영수증 등의 기록을 남기기 위해 문자를 만들었다. 하지만 그 문자만으로는 소통에 한계가 있었다. 이에 수메르인은 쐐기 문자를 만들어 사용했다. 쐐기 문자란 쐐기 모양으로 기호를 정해서 간단하게 표현할 수 있는 문자를 말한다. 이후 사람들은 쐐기 문자를 사용해 신화, 수학, 역사, 함무라비 법전 등을 기록했다. 수메르인, 바빌로니아인, 아시리아인, 히타이트인, 그리고 페르시아인까지 쐐기 문자를 사용했다. 그 후 페니키아인이 쐐기 문자를 더욱 간단하게 만들었는데, 이것이 알파벳의 시작이다. 문명이 발생하기 위해서는 다양한 도구와 기술, 풍부한 물자뿐만 아니라 사람들의 생각과 행동을 기록할 수 있는 문자가 반드시 필요하다. 이러한 문자 덕분에 사람들은 자신들이 사는 모습과 여러 지식을 전달할 수 있었다.

바빌로니아는 세계 최초로 성문법을 만들었다.

무역의 중심지에 있었던 바빌로니아는 세계 곳곳에서 온 외국인들로 북적거렸고, 점점 더 부강해졌다. 이때 모두가 인정할 수 있는 법으로 나라를 다스리고자 했던 함무라비 왕은 세계 최초의 성문법인 함무라비 법전을 만들었다. 이 법전은 2m가 넘는 돌기둥에 쐐기 문자로 새겨져 있어 약 4,000년이 지난 오늘날까지도 처음 모습 그대로 남아 있다. 이 법전에는 형법, 재산법, 가족법 등이 담겨 있는데, 특히 형법에는 '눈을 빼거나 손을 자르는' 식의 형벌이 많이 기록되어 있다. 이는 손해를 받은 것 이상으로 상대방을 다치게 하지 말라는 뜻으로 평민들과 노예들을 보호하는 내용이었다. 특히 여성도 재산을 가질 수 있고, 노예도 돈을 모아 자유를 살 권리가 있다는 등의 내용이 담겨 있어 당시 사회에서는 매우 앞선 법전이었다. 함무라비 법전은 이후 로마법에도 영향을 끼쳤다.

▌논의 배경

　세계 4대 문명은 농사를 지을 수 있는 넓은 땅과 풍부한 물을 갖추고 있는 강 주변에서 공통적으로 발생했다. 이집트 문명은 나일강 유역에서, 인도 문명은 인도 북서부에 있는 인더스강 유역에서 시작되었다. 중국 문명은 황허강 일대를 따라 사람들이 터를 잡으면서 시작되었다. 이 문명들은 메소포타미아 문명보다 여러 방면에서 뛰어난 특징을 가지고 있다. 이번 토론을 통해 메소포타미아 문명이 4대 문명 중 가장 뛰어난 문명인지에 대해 논의해 보고자 한다.

▌용어 정의

　○ **세계 4대 문명**: 기원전 3500년경~기원전 2500년경에 등장한 메소포타미아 문명, 이집트 문명, 인도 문명, 중국 문명
　○ **메소포타미아 문명**: 티그리스강과 유프라테스강 사이를 중심으로 번영한 인류 최초의 문명

쟁점 1　이집트 문명은 과학 발전에 기여했다.

　기원전 3000년경 이집트의 나일강 유역에서 문명이 발달하기 시작했다. 나일강은 티그리스강과 유프라테스강보다 농사짓기에 유리했다. 이 지역은 해마다 규칙적으로 홍수가 와서 이집트인은 자연재해에 미리 대비해 농사를 지을 수 있었다. 하지만 홍수에만 의존할 수 없었

던 이집트인은 나일강의 범람 시기를 정확히 알아내기 위해 이집트 태양력이라는 달력을 만들었다. 이들은 태양과 별들의 움직임을 살피고 시간과 계절이라는 개념을 연구함으로써 천문학을 발전시켰다. 이뿐만 아니라 나일강의 범람을 기록하기 위해 도형과 공간을 연구하면서 기하학과 측량술이 발달했고, 이는 대규모 토목 사업인 피라미드 건축에 활용되었다. 또한 수학이 발달해 10진법을 사용했고, 미라를 만드는 과정은 의학 발달에도 기여했다.

쟁점 2 인도 문명에서는 계획적인 도시를 건설했다.

기원전 2500년경에 나타난 인도 문명은 인더스강 상류 지방 일대를 중심으로 생겨났다. 당시 이 지역은 지리적인 조건 때문에 서아시아와 연결되는 교통의 요충지로 불리기도 했다. 대표적인 도시였던 하라파와 모헨조다로는 당시 인도 문명의 도시들이 얼마나 계획적으로 건설되었는지 보여 준다. 하라파와 모헨조다로에 살았던 드라비다인은 도시 주변에 높은 성벽을 쌓아 외부의 침입에 대비했다. 성벽 안쪽에는 욕실과 화장실에 하수도 시설을 갖춘 집들이 있었다. 또한 공공시설과 광장, 공중목욕탕, 곡물 창고, 그리고 난방 시설까지 갖춘 실내 수영장도 있었다. 특히 바둑판 모양으로 반듯하게 뻗은 도로 덕분에 메소포타미아 지방의 다른 민족들과 더욱 활발하게 교역할 수 있어 무역의 중심 도시로 거듭났다. 이러한 교역으로 쌓은 풍족함 덕분에 인도 문명이 발생한 지역에서는 메소포타미아 문명이 발생한 지역에서보다 전쟁이 훨씬 적게 일어났다.

중국 문명은 현재까지 이어지는 유일한 문명이다.

중국 문명은 기원전 2500년경 황허강 유역에서 발생했다. 황허는 강물이 누런색이라서 붙여진 이름이다. 강물이 누런 이유는 시베리아에서 날아온 황토가 황허 유역에 쌓였기 때문이다. 황토는 농작물을 자라게 하는 영양분을 많이 함유하고 있을 뿐 아니라 알갱이가 곱다. 따라서 황토가 많은 땅에서는 간단한 도구로도 농사를 지을 수 있었고, 더 많은 수확을 할 수 있었다. 황허 문명은 하나라로 시작되어 상나라(은나라)와 주나라로 이어졌다. 주 왕실은 봉건제를 실시했지만, 왕실의 약화와 이민족의 침입으로 수도를 낙읍으로 옮기게 되었다. 이때부터 춘추 전국 시대가 시작되었다. 이후 진나라가 최초로 중국 땅을 통일하고, 이어 유방이 한나라를 세웠다. 한나라는 400여 년 동안 중국을 다스리면서 중국 문화의 기틀을 마련했다. 현대에도 중국 문자를 한자라고 하고 중국에서 사는 사람들을 한족이라 부르게 된 것은 중국 문명의 전통과 풍습이 지금까지도 계승되고 있기 때문이다.

02

페르시아 전쟁

교과서 수록 부분

○ 중학교 역사①: Ⅰ. 3. 고대 제국들의 특성과 주변 세계의 성장
○ 고등학교 세계사: Ⅳ. 1. 고대 지중해 세계

학습 목표

1. 페르시아 제국에 대해 설명할 수 있다.
2. 스파르타와 아테네 사회를 비교해 설명할 수 있다.
3. 페르시아 전쟁의 원인과 과정, 결과를 이해하고 토론할 수 있다.

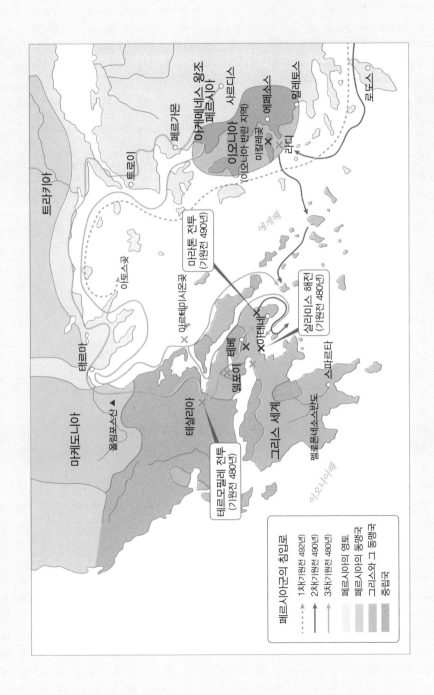

트라키아

올림포스산 ▲

마케도니아

테르마

아토스곶

알렉산드리아

테살리아

테르모필레 전투
(기원전 480년)

페르가몬

아케메네스 왕조
페르시아

사르디스

이오니아
(이오니아 반란 지역)

밀레토스

에페소스

라디

로도스

× 마칼레곶

트로이

× 아르테미시온곶

마라톤 전투
(기원전 490년)

에게해

살라미스 해전
(기원전 480년)

×아테네

델포이

×테베

×

그리스 세계

펠로폰네소스반도

스파르타

이오니아해

페르시아군의 침입로

1차(기원전 492년)
2차(기원전 490년)
3차(기원전 480년)

페르시아의 영토
페르시아의 동맹국
그리스와 그 동맹국
중립국

한눈에 알아보는 페르시아 전쟁

원인/성립	○ 이오니아 지방의 그리스 식민 도시들이 참주들의 억압에 맞서 대규모 반란을 일으킴
	○ 페르시아 제국은 반란이 다시 일어나지 못하도록 아테네 공격
과정/특징	○ 1차 – 아토스곶에서 폭풍우를 만나 300여 척의 페르시아 군함이 난파되면서 끝남
	○ 2차 – 마라톤 전투(기원전 490년): 마라톤 평원에서 아테네군과 페르시아군이 격전을 벌인 끝에 아테네 승리
	○ 3차 – 테르모필레 전투(기원전 480년): 테르모필레 협곡에서 그리스 결사대가 페르시아 대군을 막아 냄
	살라미스 해전(기원전 480년): 살라미스 해협에서 그리스 함대가 페르시아 함대 격파
결과	○ 3차례에 걸친 페르시아 전쟁은 페르시아의 패배로 끝남

그리스에서 발전한 폴리스

오늘날 서양 문화의 거대한 뿌리가 된 고대 그리스 문명의 시작은 기원전 2000년경에 탄생한 크레타 문명이다. 미노스 왕이 만든 크노소스 궁전으로 유명한 크레타 문명은 미노아 문명이라고도 부른다.

기원전 1400년경 그리스인이 세운 미케네 왕국은 크레타를 점령하기 시작했다. 미케네의 황금시대를 알리는 트로이 전쟁은 기원전 1200년경에 일어났다. 하지만 이 시기에 북쪽에서 내려온 도리스인에 의해 미케네 문명도 막을 내리게 되었다. 군사력이 강했던 도리스인은 펠로폰

| 트로이 전쟁

네소스를 장악했지만, 그들이 침략한 후부터 기원전 800년경까지 암흑시대를 맞이했다. 도리스인에게는 문자가 없어 역사를 기록할 수 없었기 때문이다.

도리스인에 의해 쫓겨난 그리스인은 아테네와 소아시아로 이동했다. 그리스는 산이 많고 평야가 적어 그리스인은 해안에서 가까운 평지를 중심으로 촌락을 형성했다. 이들은 외적의 침략을 막기 위해 성벽을 쌓았는데, 이로 인해 도시 국가인 폴리스가 발전했다. 폴리스의 중심에는 언덕 위에 신을 모신 아크로폴리스가 있었고, 그 아래에는 주민 생활의 중심지인 아고라가 있었다.

그리스인이 같은 언어인 그리스어를 쓰고 같은 신들을 믿었던 이유는 폴리스는 달라도 자신들이 한 뿌리에서 나왔다고 생각했기 때문이다. 이들은 4년에 한 번 제우스에게 제사를 지냈으며, 올림피아 제전을 펼쳤다.

기원전 800년경에 인구가 늘어나면서 그리스 본토에 공물을 바칠 식민지가 필요했다. 이때 지중해 곳곳에 많은 식민지를 거느리게 되면서 폴리스의 전성기를 맞이했다. 한때 1,000개가 넘는 폴리스가 있을 정도였다.

가장 대표적인 폴리스로 아테네와 스파르타를 꼽을 수 있다. 아테네와 스파르타는 주

| 아테네의 아고라 유적

도권을 잡기 위해 자주 경쟁하고 싸웠으며, 생활 방식도 너무나 대조적이었다.

민주주의의 도시인 아테네는 기원전 8세기 이전까지 왕이 다스렸지만, 테세우스가 등장하면서 귀족들이 통치하는 체제로 바뀌었다. 그러다 무역을 통해 부를 축적한 평민들이 많아지면서 평민들의 지위가 향상되었고, 정치 참여 요구가 확대되면서 민주 정치가 발달했다. 그리스는 금권 정치를 했던 솔론의 개혁에 이어 클레이스테네스가 만든 도편추방제로 인해 민주 정치의 기반을 마련했다. 이후 아테네는 페리클레스의 개혁을 통해 민주 정치의 전성기를 완성했다.

반면 스파르타는 소수의 도리스인이 다수의 원주민을 정복하고 세운 폴리스였다. 그러다 보니 언제 반란을 일으킬지 모를 원주민을 진압하기 위해 시민들을 혹독하게 훈련시켰다. 이러한 체제를 견고히 한 사람은 리쿠르고스였다.

스파르타의 목표는 군사적으로 강한 나라였다. 그래서 건강한 남자들은 귀족과 평민 구분 없이 7세부터 30세까지 집단생활을 하며 군사훈련을 받았다. 훗날 훌륭한 전사를 낳아야 한다는 이유로 여자아이들도 예외는 아니었다. 이로 인해 스파르타는 그리스에서 가장 강력한 폴리스가 되었다.

그리스와 페르시아, 3차례 전쟁하다

그리스는 기원전 500년경 크나큰 위기에 처하게 되었다. 페르시아가 쳐들어왔기 때문이었다. 바빌론을 점령한 후 서아시아를 통일한 페르시아는 대제국을 건설했다. 소아시아 일대까지 세력을 넓힌 페르시아는 이오니아의 반란을 맞이하게 되었다. 페르시아가 임명한 그리스인 참주들의 억압에 불만이 커진 이오니아 지방의 그리스 식민 도시들이 반란을 일으키며 그리스 본토에 지원을 요청했다. 페르시아의 해상 진출을 막고자 이오니아의 반란을 도와준 아테네에 본때를 보여 주기 위해 페르시아는 아테네로 쳐들어갔다.

기원전 492년 호기롭게 아테네 공격을 시작한 페르시아는 폭풍우를 만나게 되었다. 이로 인해 300여 척의 페르시아 군함은 제대로 공격도 해 보지 못한 채 물속으로 가라앉아 버리고 말았다. 이렇게 해서 페르시아의 첫 번째 공격은 실패로 돌아갔다.

그로부터 2년 후인 기원전 490년 마라톤 전투가 벌어졌다. 당시 페르시아의 왕이었던 다리우스 1세는 군사 20만 명과 600척의 배를 동원해 마라톤 평원에 상륙했다. 마라톤 평원은 아테네와 불과 42km 정도 떨어진 거리에 있어 아테네로서는 반드시 이겨야 하는 싸움이었다.

| 다리우스 1세의 행렬

위기에 빠진 아테네는 스파르타에 지원군을 요청했지만, 스파르타는 중요한 종교 축제가 있어서 군대를 보낼 수 없었다. 죽을 각오로 싸울 수밖에 없었던 아테네는 영웅 밀티아데스의 중장 보병 밀집 대형 전술을 사용해 페르시아 대군을 무찔렀다. 그러자 페르시아군은 진로를 변경해 아테네를 직접 공격하려 했다. 하지만 육로를 통해 도시에 먼저 도착한 아테네군이 방어에 나서자, 페르시아군은 작전을 포기하고 본국으로 철수했다.

| 스파르타의 왕 레오니다스로 추정되는 흉상

기원전 480년 복수심에 불탄 다리우스 1세의 아들 크세르크세스는 1,200여 척의 함선과 20만 명의 대군을 이끌고 세 번째 그리스 원정을 떠났다. 그리스는 육로와 해로로 동시에 공격해 온 페르시아군을 상대로 싸워야 했다. 그래서 아테네와 스파르타를 중심으로 똘똘 뭉쳐 단단히 대비하고 있었다. 육군이 강한 스파르타는 육로를 맡고, 해군이 강한 아테네는 해로를 맡기로 했다.

스파르타의 왕 레오니다스는 테르모필레라는 협곡으로 페르시아군을 유인했다. 테르모필레 협곡은 너무 좁아 많은 군사가 한꺼번에 지나가기 어려웠지만, 아테네로 들어가기 위해서는 어쩔 수 없이 통과해야만 하는 곳이었다. 레오니다스는 테르모필레 협곡에서 페르시아군을 막고 3일 동안 격렬하게 싸웠다. 하지만 한 명의 배신자로 인해 오히려 페르시아군에 포위를 당하게 되었다. 결국 레오니다스와 300명의 결사대는 모두 전사했다.

스파르타가 맹렬히 싸우며 시간을 끄는 동안 천재적인 전략가 테미스토클레스는 폭이 좁은 살라미스 해협 깊은 곳으로 페르시아 함대를 유인했다. 살라미스 해협은 물살이 빨라 페르시아의 큰 함대는 조종하기조차 어려웠다. 테미스토클레스는 그리스 함선의 날카롭고 강한 충각으로 페르시아 함대의 옆구리를 들이받도록 명령을 내렸다. 이에 페르시아 함대는 좁은 해협을 빠져나가려고 발버둥 치다가 백병전에 돌입한 그리스군에게 일방적인 공격을 받으면서 또다시 참담한 패배를 당했다. 이렇게 해서 페르시아 전쟁은 아테네의 완전한 승리로 끝났다.

펠로폰네소스 전쟁 후 그리스가 몰락하다

페르시아 전쟁을 승리로 이끈 아테네는 그리스의 맹주가 되어 많은 폴리스와 동맹을 맺었다. 이를 델로스 동맹이라고 한다. 그리스 입장에서는 페르시아가 언제 다시 쳐들어올지 몰랐기 때문에 군함과 선원, 돈을 모아 전쟁에 대비할 수밖에 없었다. 델로스 동맹을 이끈 사람은 아테네의 지도자 페리클레스였다. 페리클레스는 아테네의 커진 힘을 믿고 제멋대로 굴기 시작했다. 그는 델로스에 있었던 금고를 아테네로 가져와 신전을 짓기

| 페리클레스 흉상

| 델로스의 신전 유적

까지 했다. 불만이 커진 폴리스들은 동맹을 떠났고, 아테네를 견제하기 위해 스파르타를 중심으로 펠로폰네소스 동맹이 만들어졌다.

아테네와 스파르타는 27년 동안이나 내전, 즉 펠로폰네소스 전쟁을 벌였다. 전쟁의 승리는 스파르타에 돌아갔지만, 오랜 전쟁의 결과 아테네는 물론 스파르타의 국력도 쇠퇴해 버렸다. 결국 그리스의 폴리스들은 마케도니아에 의해 무너지면서 역사의 뒤안길로 사라지게 되었다.

생각을 부르는 질문, 하브루타

1	페르시아는 어떤 나라인가요?
2	그리스 폴리스의 특징은 무엇인가요?
3	아테네의 특징은 무엇인가요?
4	스파르타의 특징은 무엇인가요?
5	페르시아 전쟁의 원인은 무엇인가요?
6	1차 페르시아 전쟁에 대해 설명해 보세요.
7	2차 페르시아 전쟁의 주요 전투에 대해 설명해 보세요.
8	3차 페르시아 전쟁의 주요 전투에 대해 설명해 보세요.
9	페르시아 전쟁의 결과는 무엇인가요?
10	펠로폰네소스 전쟁에 대해 설명해 보세요.
11	
12	
13	
14	
15	

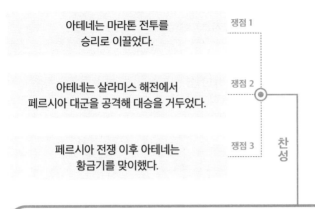

아테네는 마라톤 전투를
승리로 이끌었다.

쟁점 1

아테네는 살라미스 해전에서
페르시아 대군을 공격해 대승을 거두었다.

쟁점 2

페르시아 전쟁 이후 아테네는
황금기를 맞이했다.

쟁점 3

찬성

페르시아 전쟁의 진정한 승자는 아테네다.

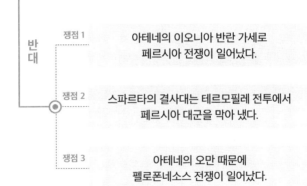

반대

쟁점 1

아테네의 이오니아 반란 가세로
페르시아 전쟁이 일어났다.

쟁점 2

스파르타의 결사대는 테르모필레 전투에서
페르시아 대군을 막아 냈다.

쟁점 3

아테네의 오만 때문에
펠로폰네소스 전쟁이 일어났다.

추가 토론 논제

1. 페르시아 전쟁은 그리스 때문에 일어났다.
2. 페르시아 전쟁에서 가장 공이 큰 국가는 아테네다.
3. 헤로도토스는 페르시아 전쟁을 공정하게 기록했다.

논제	페르시아 전쟁의 진정한 승자는 아테네다.
용어 정의	○ **페르시아 전쟁**: 기원전 492~기원전 448년에 페르시아 제국과 그리스 도시 국가 사이에서 일어난 전쟁 ○ **진정하다**: 참되고 올바르다 ○ **승자**: 싸움이나 경기에서 이긴 사람

	찬성	반대
쟁점 1	아테네는 마라톤 전투를 승리로 이끌었다.	아테네의 이오니아 반란 가세로 페르시아 전쟁이 일어났다.
근거	페르시아는 기원전 490년 아테네를 공격해 마라톤 전투를 벌였다. 아테네는 1만 명 정도의 병력밖에 없었고, 스파르타는 종교 축제로 인해 전쟁에 참전하지 못했다. 하지만 아테네는 밀티아데스 장군의 활약으로 페르시아군을 무찌르는 데 성공했다. 아테네는 치밀한 전투력과 막강한 군사력으로 마라톤 전투를 승리로 이끌었다.	소아시아는 동방과 서방의 무역 통로였다. 밀레토스는 이오니아 지방에 있는 폴리스 중 하나로, 해외 무역이 크게 발달했다. 페르시아 제국의 왕 키루스 2세는 이 지역을 점령한 후 참주 임명권과 세금, 군대 등을 간섭하고 억압적인 식민 정책을 펼쳤다. 결국 소아시아 지역의 그리스 도시들은 기원전 499년 다리우스 1세 때 대규모 반란을 일으켰다.

쟁점 2	아테네는 살라미스 해전에서 페르시아 대군을 공격해 대승을 거두었다.	스파르타의 결사대는 테르모필레 전투에서 페르시아 대군을 막아 냈다.
근거	그리스 연합군은 테르모필레 협곡에서 페르시아군과 전투를 벌였다. 아테네 장군들은 시민들을 살라미스섬으로 피신시켰다. 페르시아의 크세르크세스는 무적함대를 이끌고 갔지만, 폭이 좁고 물살이 빠른 살라미스 해협에서 전멸당하고 말았다. 아테네는 지리적 조건을 잘 이용했으며, 함대로 적선을 공격해 함몰시켰다.	크세르크세스는 해안선을 따라 그리스를 침략하고, 그리스 국가들은 연합군을 결성해 테르모필레 전투에 맞섰다. 스파르타의 왕 레오니다스는 테르모필레 협곡의 좁은 지형을 이용해 페르시아군을 막아 냈다. 스파르타는 뛰어난 군사력과 혹독한 군사 훈련 덕분에 적은 수로도 페르시아 대군과 싸울 수 있었다.
쟁점 3	페르시아 전쟁 이후 아테네는 황금기를 맞이했다.	아테네의 오만 때문에 펠로폰네소스 전쟁이 일어났다.
근거	페르시아 전쟁을 승리로 이끈 아테네는 페리클레스 시기에 황금기를 맞이했다. 페리클레스는 나라의 토지와 세금이 평민들에게 공평하게 분배되도록 하는 정책을 펼쳤고, 모든 시민이 참여할 수 있는 민회를 열어 다양한 제도를 만들었다. 또 아테네 시민의 생활 수준 향상과 교육을 위해 문화 행사를 주최하고 항해 기술을 배우게 하는 등 시민을 위한 제도를 만들었다.	아테네는 다른 그리스 국가들과 함께 델로스 동맹을 맺었지만, 금고를 아테네로 옮기고 예산을 빼돌렸다. 이로 인해 스파르타를 중심으로 펠로폰네소스 동맹이 결성되어 펠로폰네소스 전쟁이 일어났다. 아테네는 페르시아 전쟁의 승리의 기세를 이어 가지 못하고, 결국 펠로폰네소스 전쟁 이후 쇠망의 길을 걷게 되었다.

▌논의 배경

고대 그리스의 암흑시대가 끝나고, 도시 국가인 폴리스들이 지중해 곳곳에서 생겨나기 시작했다. 그중 해상 무역이 활발했던 아테네는 시민들이 직접 참여할 수 있는 민주주의를 발전시켰다. 그리스는 기원전 500년경 페르시아의 침입이라는 위기에 처하게 되었다. 다리우스 1세가 다스리던 페르시아 제국이 그리스를 공격해 3차례에 걸친 페르시아 전쟁이 일어났다. 이 전쟁은 영화 〈300: 제국의 부활〉이 흥행할 정도로 지금까지도 많은 관심을 받고 있다. 이번 토론을 통해 페르시아 전쟁의 진정한 승자는 누구인지에 대해 논의해 보고자 한다.

▌용어 정의

○ **페르시아 전쟁**: 기원전 492~기원전 448년에 페르시아 제국과 그리스 도시 국가 사이에서 일어난 전쟁
○ **진정하다**: 참되고 올바르다
○ **승자**: 싸움이나 경기에서 이긴 사람

쟁점 1 　아테네는 마라톤 전투를 승리로 이끌었다.

기원전 492년 페르시아의 첫 번째 아테네 공격은 폭풍우로 인해 실패로 돌아갔다. 페르시아는 2년 후인 기원전 490년에 다시 아테네를 공격해 마라톤 전투가 벌어졌다. 당시 아테네는 1만 명 정도의 병력밖에

없었고, 스파르타는 종교 축제인 카르네이아 제전으로 인해 전쟁에 참전하지 못했다. 하지만 아테네의 장군이자 정치가인 밀티아데스의 활약 덕분에 아테네군은 페르시아군을 이기는 데 성공했다. 밀티아데스는 중무장한 보병을 밀집해 세우는 팔랑크스 대형 전법을 사용했다. 병사들은 한 손에는 길이 2.5m의 긴 창 '사리사'와 다른 손에는 무겁고 큰 방패인 '호플론'을 들고 싸웠다. 아테네는 치밀한 전투력과 막강한 군사력으로 마라톤 전투를 승리로 이끌었다.

쟁점 2 │ 아테네는 살라미스 해전에서 페르시아 대군을 공격해 대승을 거두었다.

첫 번째 아테네 공격과 마라톤 전투에서 모두 패한 페르시아 제국은 10년 후인 기원전 480년에 다시 그리스를 공격했다. 이렇게 해서 아테네군이 페르시아 함대를 침몰시켜 승리를 이끌었던 살라미스 해전이 벌어졌다. 그리스 연합군이 테르모필레 협곡에서 페르시아군과 전투를 벌이는 동안, 아테네 장군들은 시민들을 살라미스섬으로 피신시켰다. 당시 페르시아의 왕 크세르크세스는 무적함대를 이끌고 갔지만, 폭이 좁고 물살이 빠른 살라미스 해협에서 전멸당하고 말았다. 반면 그리스는 삼단 노선이라는 강한 배를 만들어 빠른 물살에 휩쓸릴 것을 대비했다. 특히 그리스 함대의 머리 부분은 매우 단단해 적선을 공격해 함몰시키는 데 적합했다.

쟁점 3 │ 페르시아 전쟁 이후 아테네는 황금기를 맞이했다.

페르시아 전쟁으로 승리의 주역이 된 아테네는 민주주의 국가로 발전했다. 당시 아테네의 황금기를 주도했던 지도자는 페리클레스였다. 페리클레스는 나라의 토지와 세금이 공평하게 분배되도록 하는 정책을 펼치는 데 힘썼다. 그는 귀족과 의회의 권한을 줄이고, 모든 시민이 참여할 수 있는 민회를 열어 진정한 민주주의를 위한 다양한 제도를 만들었다. 또한 아테네 시민의 생활 수준 향상과 교육을 위해 문화 행사를 주최하고 항해 기술을 배우게 하는 등 시민을 위한 제도를 만들었다. 아테네는 페르시아 전쟁에서 승리한 후 민주주의 발전에 힘써 최고의 황금기를 맞이했다.

▌논의 배경

　페르시아는 피정복민들의 종교와 문화를 존중하고 포용하는 정책을 펼쳐 주변 서아시아 민족에게 환영을 받았다. 하지만 점점 늘어나는 세금과 억압적인 정치로 인해 현지 주민들의 불만이 커지기 시작했다. 결국 이오니아 반란이 일어났고, 페르시아는 나라의 혼란을 막기 위해 아테네를 침공했다. 이렇게 해서 3차례에 걸친 페르시아 전쟁이 일어났다. 페르시아 전쟁 이후 아테네의 오만 때문에 펠로폰네소스 전쟁이 일어났고, 결국 그리스는 쇠망하게 되었다. 이번 토론을 통해 페르시아 전쟁의 진정한 승자는 누구인지에 대해 논의해 보고자 한다.

▌용어 정의

- ○ **페르시아 전쟁**: 기원전 492~기원전 448년에 페르시아 제국과 그리스 도시 국가 사이에서 일어난 전쟁
- ○ **진정하다**: 참되고 올바르다
- ○ **승자**: 싸움이나 경기에서 이긴 사람

쟁점 1　아테네의 이오니아 반란 가세로 페르시아 전쟁이 일어났다.

　아시아 대륙의 서쪽 끝에 있는 소아시아는 동방과 서방의 징검다리 역할을 한 무역 통로였으며, 폴리스들이 먼저 생겨난 지역이기도 하다.

밀레토스는 이오니아 지방에 있는 폴리스 중 하나로, 미케네 문명 시대부터 기원전 8세기까지 상업 거래소가 설치되어 해외 무역이 크게 발달했다. 하지만 페르시아 제국의 왕 키루스 2세가 이 지역을 점령하면서부터 그리스 혈통 국가들의 불만이 커져 갔다. 참주 임명권과 세금, 군대 등 페르시아의 간섭과 억압적인 식민 정치 때문이었다. 결국 소아시아 지역의 그리스 도시들은 페르시아의 폭압적인 식민 정책을 참지 못하고, 기원전 499년 다리우스 1세 때 대규모 반란을 일으켰다.

쟁점 2 ┃ 스파르타의 결사대는 테르모필레 전투에서 페르시아 대군을 막아 냈다.

마라톤 전투에서 고배를 맛본 페르시아는 그리스 원정을 위해 만반의 준비를 갖추었다. 다리우스 1세의 아들 크세르크세스는 직접 20만 명의 보병과 함선을 이끌고 해안선을 따라 그리스를 침략했다. 어마어마한 병력을 동원한 페르시아를 본 그리스 국가들은 연합군을 결성해 테르모필레 전투에 맞섰다. 스파르타의 왕 레오니다스는 테르모필레 협곡의 지형이 매우 좁다는 것을 이용해 페르시아 대군을 막아 냈다. 이때 그리스 군대를 진두지휘했던 인물도 스파르타의 에우리비아데스 사령관이었다. 스파르타는 뛰어난 군사력과 혹독한 군사 훈련 덕분에 테르모필레 전투에서 적은 수로도 페르시아 대군과 싸울 수 있었다.

쟁점 3 ┃ 아테네의 오만 때문에 펠로폰네소스 전쟁이 일어났다.

오랜 기간 동안 페르시아 전쟁을 치른 아테네는 다음 전쟁에 대비하기 위해 다른 그리스 국가들과 델로스 동맹을 맺었다. 하지만 몇몇 도시 국가는 아테네가 동맹을 주도하는 것에 불만을 가졌다. 아테네가 델로스 동맹에 늦게 들어온 국가를 차별하거나 금고를 아테네로 옮겨 버리고, 델로스 동맹에서 생긴 자금을 따로 빼돌렸기 때문이다. 스파르타는 펠로폰네소스 동맹을 결성해 아테네에 반기를 들었다. 결국 아테네 편과 스파르타 편으로 나뉘어 대립이 시작되었고, 기원전 431년 펠로폰네소스 전쟁이 벌어졌다. 아테네는 페르시아 전쟁의 승리의 기세를 이어 가지 못하고, 펠로폰네소스 전쟁 이후 쇠망의 길을 걷게 되었다.

03
진시황제

학습 목표

1. 춘추 전국 시대의 전개 과정과 사회 변화를 설명할 수 있다.
2. 진나라의 통일 과정과 멸망의 이유를 알 수 있다.
3. 진나라의 통치 체제의 특징을 이해하고 토론할 수 있다.

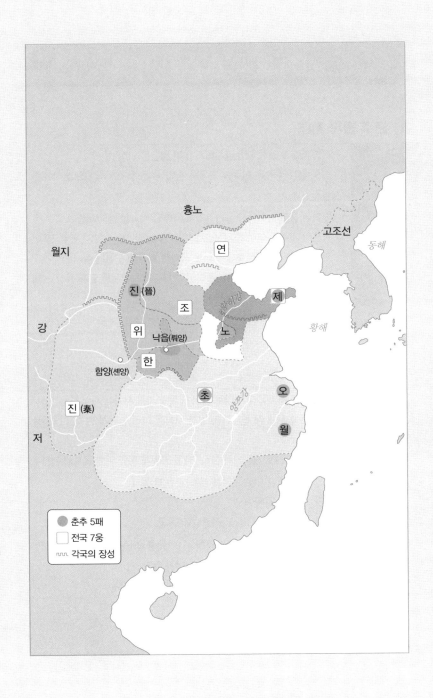

흉노

월지

연

고조선

동해

진(晉)

조

황허강

제

강

위

낙읍(뤄양)

한

황해

함양(셴양)

저

진(秦)

초

양쯔강

오

월

● 춘추 5패
□ 전국 7웅
〜〜 각국의 장성

한눈에 알아보는 진시황제

📍 춘추 전국 시대

원인/성립	○ 지방 제후들의 세력이 강성해지고 주 왕실은 약화 ○ 중국 북방의 유목 민족인 견융족 침입 → 주 왕조는 낙읍으로 수도를 옮김
과정/특징	○ 철기 사용이 늘어나자 농기구가 보급화되어 농업 생산력 증가 ○ 전쟁이 자주 일어나 정치적으로 매우 혼란했지만, 유력한 제후국들이 주변 도시 국가들을 통합해 영토 국가로 발전 → 군현제 실시 ○ 제후국들의 부국강병을 위해 다양한 사상가와 유능한 인재 등장 → 제자백가(유가, 법가, 도가, 묵가)
결과	○ 제자백가 사상은 이후 중국의 학문과 사상의 바탕이 됨

📍 진나라

원인/성립	○ 주나라 때 제후국 중 하나로 중국 대륙의 가장 서쪽에 자리 잡음 ○ 춘추 전국 시대 때 진나라는 법가 사상을 따라 왕에게 권력을 집중시키려고 노력 ○ 기원전 221년 진시황제가 전국 7웅을 통일해 통일 완성 국가로 만듦
과정/특징	○ 중앙 집권 체제 시행: 봉건제 폐지, 군현제 실시 ○ 문자, 도량형, 화폐 통일 ○ 대규모 토목 공사 시행: 만리장성, 아방궁, 병마용 갱 등
결과	○ 진시황제의 가혹한 통치로 인해 진승·오광의 난을 비롯한 여러 농민 봉기가 일어남 → 기원전 206년 진나라 멸망 ○ 중국의 영어 국명인 China는 진(Chin)나라에서 유래

자세히 알아보는 진시황제

혼란했던 춘추 전국 시대

주 왕실은 기원전 8세기경 내란과 유목 민족인 견융족의 침입으로 국력이 급격히 약해졌다. 이로 인해 동쪽의 낙읍으로 수도를 옮기면서 동주 시대가 시작되었다.

수도가 서쪽의 호경(지금의 시안)이었던 시기를 서주 시대, 동쪽의 낙읍(지금의 뤄양)으로 천도한 시기부터를 동주 시대라고 한다. 동주 시대는 춘추 시대(기원전 770~기원전 403년)와 전국 시대(기원전 403~기원전 221년)로 나눌 수 있다. 낙읍으로 천도한 기원전 770년부터 진시황제가 중국을 통일하는 기원전 221년까지 약 550년의 시기를 춘추 전국 시대라고 한다.

춘추 시대 때 가장 강력했던 제후국은 춘추 5패라 불리는 진, 제, 초, 오, 월이었다. 그 후 전국 시대에는 연, 위, 조, 진, 한, 초, 제 등의 강한 제후국들이 전국 7웅이라 불리며 서로 패권을 다투었다.

그야말로 약육강식의 시대였던 춘추 전국 시대에는 사회적·경제적·사상적으로 변화가 일어났

| 춘추 전국 시대의 철기와 청동기 무기

다. 사회 변화에 가장 큰 영향을 준 것은 철기 사용이었다. 철제 무기를 사용하게 되면서 활발한 정복 활동이 벌어졌고, 전쟁에 참여하는 일반 백성이 많아지면서 그들의 사회적 지위가 향상되었다. 또한 철제 농기구의 보급과 우경이 시작되면서 농업 생산량이 늘어나고, 이를 계기로 상공업이 활발해지면서 도시가 발달했다.

춘추 전국 시대의 제후들은 부국강병을 추구하며 국적이나 신분에 관계없이 뛰어난 인재를 등용시켰다. 이에 다양한 사상가와 수많은 학파가 등장하게 되는데, 이를 제자백가라고 한다. 이들은 현실 문제를 해결하기 위해 다양한 정치사상을 제시했다. 대표적으로 유가, 법가, 도가, 묵가 등의 사상을 들 수 있다.

공자가 주장한 유가는 인과 예를 중심으로 한 덕치를 강조했으며, 이후 맹자와 순자를 통해 계승되면서 중국의 사상과 문화의 주류가 되었다. 상앙과 한비자가 주장한 법가는 엄격한 법으로 백성을 효율적으로 지배해야 한다고 강조했다. 노자와 장자가 주장한 도가는 인위적인 제도를 배제하고 자연의 순리대로 살아야 한다고 강조했다. 묵자가 주장한 묵가는 차별 없는 사랑과 검소한 생활을 하면서 서로 이익을 나누면 혼란 없는 사회가 될 것이라고 강조

| 어린아이와 이야기를 나누는 공자

했다. 이러한 사상들은 지금의 중국 문화를 만든 뿌리가 되었다.

진시황제, 최초로 중국 땅을 통일하다

550여 년의 혼란스러웠던 춘추 전국 시대를 수습하는 데 가장 두각을 나타낸 나라는 바로 진나라였다. 변방에 있는 작은 나라에 불과했던 진나라는 기원전 4세기 부국강병을 목표로 상앙을 등용해 법가 사상을 받아들였다. 엄격한 법으로 백성들을 철저히 통제하면서 자연스럽게 귀족의 세력이 약해지고 왕의 권력이 커졌다.

마침내 진나라의 왕 정(政)은 기원전 221년 주변 나라들을 차례로 무너뜨리고 최초로 중국 땅을 통일했다. 자신을 천왕이라고 부르는 것에 만족하지 않았던 정(政)은 황제라는 칭호를 만들어 진나라 최초의 황제라는 뜻인 진시황제라고 부르게 했다.

진시황제는 강력한 통일 국가를 만들기 위해 여러 가지 정책을 펼쳤다. 우선 강력한 중앙 집권 체제를 구축하기 위해 봉건제를 폐지하고, 황제와 관리들을 통해 나라 구석구석을 직접 다스리는 군현제를 실시해 모든 권력을 장악했다. 진시황제는 전국을 36개의 군으로 나눈 뒤 군과 현에는 자신에게 충성하는 신하를 파견해 관리·감독하게 했다. 이를 위해 전국 곳곳으로 뻗어 나가는 도로를 만들고, 도로를 오가는 수레바퀴의 폭을 통일했다. 길이와 부피, 무게 등을 재는 단위인 도량형과 지역마다 서로 다른 문자도 한 가지로 통일했다. 또 화폐를 새로 만들어 나라 안에서 물건을 사고파는 데 어려움이 없도록 했다.

한편으로는 전국 시대 때부터 북쪽의 흉노를 막기 위해 조금씩 쌓았

| 유네스코 세계 문화유산인 만리장성

던 만리장성을 대대적으로 확장해 흉노를 토벌하고, 광둥성 지방과 베트남 북부까지 영토를 넓혔다. 그 후 만리장성은 여러 왕조를 거치면서 보강되었고, 중국을 대표하는 위대한 건축물이 되었다. 하지만 만리장성 축조를 위해 백성들이 매일 노역에 강제로 동원되었고, 그 과정에서 수많은 사망자가 발생했다.

진시황제는 천상 낙원과도 같은 궁궐 아방궁을 지을 때도 많은 백성을 동원했다. 또한 자신이 죽으면 묻히게 될 진시황릉을 짓는 데도 수많은 죄수를 동원했고, 진귀한 물건들로 무덤을 가득 채웠다. 죽은 황제를 지키기 위해 흙으로 병사들을 만들어 넣은 무덤인 병마용 갱 또한 백성들의 원성을 사기에 충분했다.

기원전 213년부터 기원전 212년에는 유교 철학이 황제의 권위를 깎

아내린다는 이유로
460여 명의 유학자들
을 산 채로 땅에 묻고,
유학 서적들도 모두 불
사르게 한 극악무도한
사건이 벌어졌다. 이
를 분서갱유라고 한
다. 이 사건은 진시황

| 진시황릉의 병마용 갱

제의 반대 세력을 억누르기 위해 일어났다.

　진시황제의 가혹한 통치와 대규모 토목 공사는 백성들의 분노를 샀
으며, 분노는 반란으로 바뀌었다. 결국 진나라는 진시황제가 죽고 4년
후인 기원전 206년 진승·오광의 난 등 농민들의 반란으로 인해 멸망했
다. 15년밖에 지속하지 못한 진나라가 멸망한 후 유방이 한나라를 건국
했다.

생각을 부르는 질문, 하브루타

1	춘추 시대와 전국 시대에 대해 설명해 보세요.
2	제자백가란 무엇인가요?
3	진나라가 받아들인 법가 사상은 무엇인가요?
4	진시황제의 뜻은 무엇인가요?
5	진시황제가 펼쳤던 중앙 집권 체제에 대해 설명해 보세요.
6	진시황제가 펼쳤던 통일 정책에는 어떤 것이 있나요?
7	진시황제가 분서갱유를 일으킨 이유는 무엇인가요?
8	진나라는 누구 때문에 만리장성을 확장하게 되었나요?
9	진나라가 벌인 대규모 토목 공사는 무엇이고, 어떤 결과를 낳았나요?
10	진나라가 멸망하게 된 이유와 과정에 대해 설명해 보세요.
11	
12	
13	
14	
15	

쟁점과 토론 논제

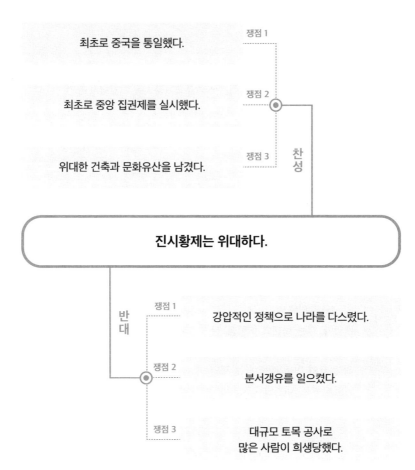

최초로 중국을 통일했다. ── 쟁점 1

최초로 중앙 집권제를 실시했다. ── 쟁점 2 ◉

위대한 건축과 문화유산을 남겼다. ── 쟁점 3

찬성

진시황제는 위대하다.

반대

쟁점 1 강압적인 정책으로 나라를 다스렸다.

쟁점 2 ◉ 분서갱유를 일으켰다.

쟁점 3 대규모 토목 공사로
많은 사람이 희생당했다.

추가 토론 논제

1. 진시황제의 통치 방식을 본받아야 한다.
2. 진시황제는 폭군이다.
3. 진시황제가 실시한 강력한 법가 정치는 옳다.

논제	진시황제는 위대하다.
용어 정의	○ **진시황제(기원전 259~기원전 210년):** 성은 '영'이고 이름은 '정'으로 13세에 왕위에 오름. 역사상 최초로 통일 국가를 세운 시황제이고, 강력한 부국강병책을 추진함 ○ **위대하다:** 능력이나 업적 따위가 훌륭하고 뛰어나다

	찬성	반대
쟁점 1	최초로 중국을 통일했다.	강압적인 정책으로 나라를 다스렸다.
근거	중국은 주 왕실의 권위가 무너지면서 오랜 기간 분열기를 겪었다. 기원전 221년 진시황제가 중국을 통일했다. 진시황제는 강력한 통일 제국을 위해 법가 사상을 받아들였다. 그는 화폐와 도량형, 문자를 통일했다. 도로의 폭도 통일해 물자의 이동은 물론, 황제의 명령을 빠른 시간 안에 지방까지 전달할 수 있었다.	진시황제는 법가 사상을 받아들여 엄격한 법 제도를 시행했다. 하지만 잔혹하고 난폭한 정치는 백성들에게 공포감을 주었다. 결국 백성들의 원성을 보다 못한 자객 형가와 고점리가 진시황제를 암살하려 했지만 실패하고 말았다. 진시황제는 부도덕한 행동과 폭압적인 정책으로 인해 폭군 또는 암군으로 평가받고 있다.

쟁점 2	최초로 중앙 집권제를 실시했다.	분서갱유를 일으켰다.
근거	진시황제는 전국을 36군으로 나누어 직접 지방관을 파견해 국가를 다스렸다. 그는 신분의 높고 낮음에 관계없이 전쟁에서 공을 세우면 상을 내렸다. 또한 출신과 학력에 관계없이 인재를 등용해 의학, 농업, 무기 등의 실용적 학문을 연구하도록 했다. 또한 동서양 역사상 최초로 중앙 집권제를 시행했다.	진시황제는 유학자들이 백성들을 현혹하고 있다고 생각했다. 그래서 기원전 213년부터 기원전 212년에는 분서갱유를 통해 유학생 460여 명을 땅에 생매장하고, 농업과 의학 등 실용적인 책을 제외하고 모든 책을 불태워 버렸다. 진시황제는 불로장생이라는 헛된 욕심으로 많은 국비를 낭비하기도 했다.
쟁점 3	위대한 건축과 문화유산을 남겼다.	대규모 토목 공사로 많은 사람이 희생당했다.
근거	만리장성은 1987년 유네스코에 등재되었다. 화려한 궁전인 아방궁은 약 1만 명이 앉을 수 있는 거대한 크기로 만들어졌다. 병마용 갱에서는 현재까지 흙으로 빚은 8,000여 개의 병마용과 500여 마리의 전차용 말, 200여 대의 전차가 출토되었다. 이는 진시황제가 만든 위대한 건축과 문화유산으로, 현재 세계적인 관광 명소가 되어 중국의 관광 수입을 크게 올려 주고 있다.	백성들은 만리장성과 아방궁, 병마용 갱 등 거대한 토목 공사를 위해 무거운 세금과 강제 노역에 시달려야 했다. 진시황제의 무자비한 축조 사업은 백성들의 막대한 희생을 요구했으며, 참다못한 백성들은 반란을 일으켰다. 이로 인해 진승·오광의 난 등 농민 봉기가 일어나자, 진나라는 더 이상 버티지 못하고 기원전 206년에 멸망했다.

▌논의 배경

　주나라 때부터 서쪽에 자리 잡았던 진나라는 기원전 4세기 부국강병을 위해 법가 사상을 받아들였고, 전국 7웅 중 하나로 발돋움했다. 기원전 221년 최초로 중국 땅을 통일한 진나라의 왕 정(政)은 스스로를 '시황제'라고 칭했다. 진시황제는 최초로 중앙 집권제를 실시했고 문자, 도량형, 화폐 등을 하나로 통일시켰다. 또한 흉노를 토벌하기 위한 만리장성, 그리고 병마용 갱과 아방궁 등을 축조해 위대한 문화유산을 남겼다. 이번 토론을 통해 진시황제는 위대한 인물이었는지에 대해 논의해 보고자 한다.

▌용어 정의

　○ **진시황제(기원전 259~기원전 210년):** 성은 '영'이고 이름은 '정'으로 13세에 왕위에 오름. 역사상 최초로 통일 국가를 세운 시황제이고, 강력한 부국강병책을 추진함
　○ **위대하다:** 능력이나 업적 따위가 훌륭하고 뛰어나다

> **쟁점 1** **최초로 중국을 통일했다.**

　주 왕실의 권위가 무너지고 제후국들의 세력이 강해지자, 중국은 오랜 기간 분열기를 겪었다. 기원전 221년 진시황제는 혼란스러웠던 전국 시대의 막을 내리고, 강력했던 전국 7웅의 나머지 여섯 나라를 무너

뜨려 통일을 이루었다. 그는 법가 사상을 도입해 제도를 개혁하고, 강력한 통일 제국을 유지하기 위한 여러 정책을 펼쳤다. 또 각 제후국이 사용했던 화폐, 도량형, 문자를 하나로 통일했으며, '반량전'이라는 화폐를 만들어 지역 간에 물건을 사고파는 데 어려움이 없도록 했다. 진시황제는 도로의 폭도 같은 크기로 통일하고, 수도와 지방을 잇는 도로망을 건설해 교통과 물자 이동을 원활하게 했으며, 황제의 명령을 빠른 시간 안에 지방에 전달할 수 있도록 했다. 이러한 통일 정책을 통해 지방을 효율적으로 통제하고 지역 간 교류를 활성화시키는 등 부국강병을 위해 많은 힘을 기울였다.

쟁점 2) 최초로 중앙 집권제를 실시했다.

진시황제는 전국을 36군으로 나누고 직접 지방관을 파견해 국가를 다스렸다. 진시황제는 주나라에서 실패했던 봉건제를 무너뜨리고, 제왕을 제외한 신분 세습을 인정하지 않았다. 이는 유럽의 봉건제가 18세기 이후에 사라지고 공화정이 수립된 것과 비교해 보면, 무려 2,000년이나 앞서 중앙 집권제를 시행한 것이라고 볼 수 있다. 진시황제는 태평천하를 이루기 위해 매일 120근 분량의 죽간에 적힌 공문을 읽고 처리했으며, 이미 확정된 사안이라 할지라도 철저히 검토하기 전에는 절대 잠자리에 들지 않았다. 그는 10년 동안 무려 5번이나 나라를 직접 둘러보았다. 또한 진시황제는 신분의 높고 낮음에 관계없이 전쟁에서 공을 세우면 상을 내렸고, 출신과 학력에 관계없이 인재를 등용해 의학, 농업, 무기 등의 실용적인 학문을 연구하도록 했다. 그는 동서양 역사상 최초로 중앙 집권제를 시도한 황제였다.

위대한 건축과 문화유산을 남겼다.

　진나라는 내부적으로 통일 정책을 펼치는 동안, 대외적으로는 북쪽 초원에 있는 흉노의 침입을 막기 위해 만리장성을 쌓았다. 만리장성은 세계에서 가장 긴 건축물로 1987년 유네스코에 등재되었다. 당시 북방의 이민족들은 중국에 큰 위협이 되었기 때문에 나라의 안전을 위해 국경 지대에 성벽을 쌓아야 했다. 화려한 궁전인 아방궁은 기원전 212년에 지어졌다. 아방궁은 약 1만 명이 앉을 수 있는 거대한 크기를 자랑한다. 또 발굴 작업이 계속 진행되고 있는 병마용 갱에서는 현재까지 흙으로 빚은 8,000여 개의 병마용과 500여 마리의 전차용 말, 200여 대의 전차가 출토되었다. 병마용은 얼굴 표정과 자세가 각각 다르고 생동감 있게 표현되었으며, 발견 당시에는 모두 현란한 색으로 칠해져 있었다. 이는 당시 진시황제의 권력이 얼마나 강했는지를 보여 주는 위대한 역사적 유물이며, 현재에도 세계적인 관광 명소로 알려져 중국의 관광 수입을 올려 주고 있다.

▌논의 배경

진시황제는 약 550년 동안 혼란스러웠던 춘추 전국 시대를 평정하고, 중국 역사상 최초로 통일을 달성했다. 그는 다양한 종족과 문화를 합치기 위해 문자와 도량형, 화폐를 통일하고 중앙 집권제를 실시했다. 하지만 진시황제는 법가 사상을 바탕으로 강압적인 정책을 펼쳤다. 또 그는 460여 명의 유학자들을 생매장해 죽이고, 그들의 책까지 모두 불태워 버리는 극악무도한 짓을 저질렀다. 이번 토론을 통해 진시황제는 위대한 인물이었는지에 대해 논의해 보고자 한다.

▌용어 정의

○ **진시황제(기원전 259~기원전 210년):** 성은 '영'이고 이름은 '정'으로 13세에 왕위에 오름. 역사상 최초로 통일 국가를 세운 시황제이고, 강력한 부국강병책을 추진함
○ **위대하다:** 능력이나 업적 따위가 훌륭하고 뛰어나다

쟁점 1 강압적인 정책으로 나라를 다스렸다.

진시황제는 진나라의 법가 사상을 바탕으로 나라를 다스리기 시작했다. 법가 사상은 춘추 전국 시대 때 제자백가의 등장으로 생겨났다. 한비자와 이사가 주장한 것으로, 오로지 법만이 백성을 다스릴 수 있고 황제의 권위를 높일 수 있다는 사상이다. 실제로 진시황제는 법을 지키

지 않은 사람의 팔다리를 5마리의 소에 묶은 후 찢어지게 하는 형벌인 거열형을 시행해 백성들에게 공포감을 주었다. 전한 시대의 역사가인 사마천은 『사기』에서 잔혹하고 난폭한 정치로 나라를 다스리는 것이 진시황제로부터 시작되었다고 지적했다. 결국 백성들의 원성을 보다 못한 자객 형가와 고점리가 진시황제를 암살하려 했지만 실패하고 말았다.

쟁점 2   분서갱유를 일으켰다.

진시황제는 유학자들이 백성들을 현혹하고 있다고 생각했다. 그래서 유가를 비롯한 다른 사상의 유학자들이 자신에 대해 함부로 이야기할 수 없도록 탄압했다. 진시황제는 기원전 213년부터 기원전 212년에는 분서갱유를 통해 유학생 460여 명을 생매장해 땅에 묻고, 농업과 의학 등 실용적인 책을 제외하고 모든 책을 불태워 버렸다. 그는 자신의 권력을 지키기 위해 주위 사람들을 의심하고 가혹한 행위를 저질렀다. 또한 불로장생이라는 헛된 욕심으로 불사약을 구해 오라고 명령하며 많은 국고를 낭비했다. 진시황제는 고집이 세고 성질이 사나우며, 자신을 능가할 자가 없다고 여기는 과대망상에 걸린 독재자였을 뿐이다.

쟁점 3   대규모 토목 공사로 많은 사람이 희생당했다.

진시황제는 만리장성 축조라는 거대한 토목 공사를 시행하기 위해 엄청난 공사비 부담을 백성들에게 떠넘겼다. 이로 인해 백성들은 무거운 세금과 강제 노역에 시달려야 했다. 당시 수많은 죄수는 성을 쌓기 위해 인부로 끌려가 땅을 파고 무거운 짐을 나르며 며칠씩 밥을 굶기도

했다. 이에 대한 이야기는 2,000년 동안 전해져 온 「맹강녀 전설」에 담겨 있다. 진시황제의 무자비한 축조 사업을 참다못한 백성들은 반란을 일으켰다. 진승·오광의 난을 비롯한 농민 봉기가 일어나자, 결국 기원전 206년 진나라는 더 이상 버티지 못하고 멸망했다.

04

로마의 정치 체제

교과서 수록 부분

○ 중학교 역사①: Ⅰ. 3. 고대 제국들의 특성과 주변 세계의 성장

○ 고등학교 세계사: Ⅳ. 1. 고대 지중해 세계

학습 목표

1. 로마의 정치 변화를 파악할 수 있다.

2. 로마의 통치 체제를 설명할 수 있다.

3. 로마의 통치 체제를 비교하며 토론할 수 있다.

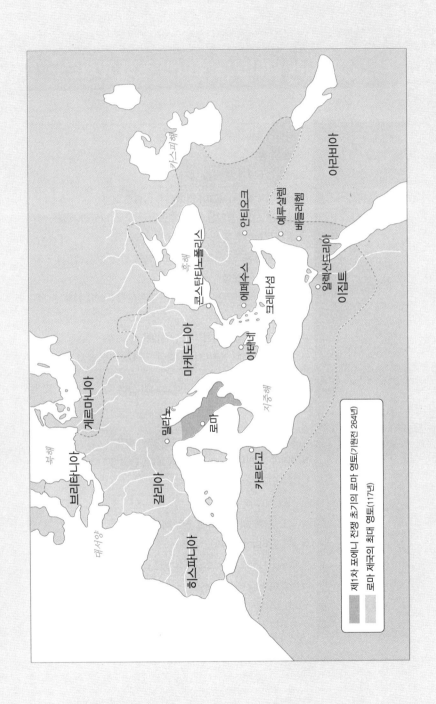

제1차 포에니 전쟁 초기의 로마 영토(기원전 264년)

로마 제국의 최대 영토(117년)

브리타니아

게르마니아

갈리아

히스파니아

마케도니아

콘스탄티노폴리스

이탈리아

로마

일리코

카르타고

아테네

에페수스

안티오크

크레타섬

예루살렘
베들레헴

알렉산드리아

이집트

아라비아

카스피해

흑해

지중해

대서양

북해

한눈에 알아보는 로마의 정치 체제

왕정 시대 (~기원전 510년경)	○ 기원전 8세기 무렵 작은 도시 국가로 출발 ○ 7명의 왕 ○ 기원전 6세기 말 왕정 폐지
공화정 시대 (기원전 510년경~ 기원전 27년)	○ 공화정 수립: 귀족들이 원로원과 집정관 장악 ○ 평민권 신장: 평민회 조직, 호민관 선출 → 12표법 제정 → 귀족과 평민이 동등한 권리 획득 ○ 포에니 전쟁(기원전 264~기원전 146년): 로마 vs 카르타고 → 지중해 주도권 전쟁 → 로마 승리 ○ 자영농 몰락(라티푼디움) → 사회 혼란(군사력 약화, 계층 간 대립 심화) ○ 그라쿠스 형제의 개혁 시도 → 실패 ○ 제1차 3두 정치 → 카이사르 암살 → 제2차 3두 정치
제정 시대 (기원전 27~476년)	○ 옥타비아누스의 정권 장악으로 제정 성립 ○ 5현제 시대(팍스 로마나) 전개
군인 황제 시대 (235~284년)	○ 황제의 권력 다툼: 50년 동안 26명의 황제 ○ 이민족의 침입(게르만족, 페르시아 등), 전염병 ○ 상공업과 도시 쇠퇴 ○ 시민 계급 몰락
4분할 통치 (284년~)	○ 디오클레티아누스: 4제 통치 체제 ○ 콘스탄티누스: 밀라노 칙령 → 크리스트교 공인 ○ 테오도시우스: 크리스트교를 국교로 선포
로마의 분열 (395년~)	○ 서로마와 동로마로 분열 ○ 서로마 제국: 476년 멸망 ○ 동로마 제국: 비잔티움 제국 → 1453년 멸망

자세히 알아보는 로마의 정치 체제

작은 도시 국가가 지중해를 장악하기까지

고대 서양 최대의 제국이며 지중해를 주름잡았던 로마는 이탈리아반도 테베레 강가의 언덕에 자리 잡은 작은 도시 국가였다. 당시 이탈리아반도에는 에트루리아, 사비니, 나폴리 등이 있었다. 기원전 8세기 중엽 로물루스가 세운 로마는 에트루리아의 선진 문물을 받아들여 건축과 금속 가공법, 군대 훈련법 등 많은 문화유산을 남겼다.

작고 가난했던 로마는 에트루리아인 왕의 지배를 받으면서 도시 국가의 체제를 갖추었다. 투표를 통해 뽑힌 왕이 통치하는 왕정으로 출발한 로마는 기원전 6세기 말 포악한 에트루리아인 왕을 내쫓아 버리고 공화정을 건설했다.

공화정은 왕이 없는 정치 제도로, 여기에는 왕이 아닌 모든 시민이 나라를 함께 다스린다는 뜻이 담겨 있었다. 300명의 귀족들로 이루어진 원로원과 2명의 집정관이 중요한 자리를 독차지하며 나라의 중요한 일을 결정했다. 집정관은 마음대로 권력을 휘두를 수 없도록 2명을 뽑아 원로원과 민회의 견제를 받도록 했다.

하지만 끊임없는 전쟁에 시달린 평민들은 원로원이 전리품을 독차지하는 것에 불만을 품었고, 귀족들과 동등한 권리를 요구하는 시위를 통해 평민회가 만들어졌다. 또한 평민들은 호민관 제도로 원로원의 결정에 거부권을 행사할 수 있는 권리를 가지게 되었다. 이때 로마 최초의 성문법인 12표법이 만들어졌다.

로마는 기원전 390년경 서유럽을 주름잡았던 켈트족의 침략을 받아 위험에 빠지게 되었다. 하지만 주변의 다른 라틴족들을 차례차례 제압하면서 기원전 3세기 무렵 이탈리아반도 전체를 통일했다.

막강한 힘을 가지게 된 로마에 눈엣가시가 된 나라가 있었다. 바로 오늘날의 튀니지 지역에 자리 잡고 있었던 카르타고였다. 로마는 지중해 무역을 통해 가장 많은 수입을 거두어들이고 있었던 카르타고를 대상으로 기원전 264년 본격적으로 정복 전쟁을 벌이기 시작했다. 이렇게 해서 포에니 전쟁이 시작되었다.

제1차 포에니 전쟁은 23년 동안 계속되었다. 이 전쟁에서 로마는 강

| 한니발 장군과 대 스키피오의 전투

력한 육군과 해군을 만들기 위한 로마 귀족들의 아낌없는 투자로 승리했다. 복수할 기회만 노리고 있었던 카르타고의 한니발 장군은 5만여 명의 군사와 수십 마리의 코끼리를 이끌고 알프스산맥을 넘어 로마로 진격했다. 이렇게 해서 기원전 218년 제2차 포에니 전쟁이 시작되었다.

로마는 누구도 예상하지 못한 경로로 쳐들어온 한니발 장군으로 인해 10여 년 동안 쑥대밭이 되었다. 이때 로마의 명장 대 스키피오가 등장했다. 대 스키피오는 한니발이 총독으로 있었던 에스파냐를 정복한 후 한니발의 본국인 카르타고까지 정복에 나섰다. 궁지에 몰린 카르타고는 한니발을 소환했고, 결국 본국으로 돌아온 한니발은 대 스키피오에게 항복하고 말았다. 이로 인해 카르타고의 모든 식민지는 로마에 넘어갔다. 다시 한 번 복수를 다짐한 한니발은 배신자의 밀고로 도망갔다가 결국 스스로 목숨을 끊고 말았다.

기원전 149년에 시작된 제3차 포에니 전쟁은 로마의 일방적인 승리로 돌아갔다. 로마는 살아남은 카르타고 사람들을 모두 노예로 팔아 버리고, 카르타고 땅에 소금을 뿌려 농사를 못 짓게 함으로써 카르타고가 다시는 일어나지 못하게 해 버렸다.

120여 년 동안 3차례에 걸쳐 벌어진 포에니 전쟁은 모두 로마의 승리로 끝났다. 로마는 기원전 146년 지중해 일대를 모두 장악했다.

로마 공화정, 혼란에 빠지다

로마는 한동안 번영을 누렸다. 이에 따라 귀족들은 호화스러운 생활을 하게 되었지만, 평민들은 전쟁 전보다 오히려 더 가난해졌다. 속주

| 티베리우스 그라쿠스의 죽음

로부터 싼값에 곡물이 들어와 곡물값이 폭락한 데다 전쟁하는 동안 황무지로 변해 버린 농토로는 더 이상 농사를 지을 수 없었기 때문이다. 이로 인해 평민들은 어쩔 수 없이 귀족들에게 헐값에 땅을 팔아 치우고 노예가 되거나 일자리를 찾아 도시로 떠났다. 반면 귀족들은 전쟁으로 빼앗은 땅과 평민들에게 사들인 땅을 소유하게 되었다. 이들은 속주로부터 유입된 노예들을 데려와 이 땅에 농사를 짓게 하면서 대농장, 즉 라티푼디움을 거느렸다.

로마 공화정은 자영농이 몰락하면서 위기를 맞게 되었다. 이때 그라쿠스 형제가 등장했다. 기원전 133년 호민관이 된 형 티베리우스 그라쿠스는 귀족의 땅을 제한하고 나머지 땅을 평민에게 나누어 주는 농지법을 만들고자 했다. 하지만 귀족들은 이에 격렬하게 반대했다. 결국 티베리우스 그라쿠스는 귀족들이 보낸 암살단에 의해 살해되고 말았다. 형의 개혁을 실현하고자 했던 동생 가이우스 그라쿠스는 10년 뒤인 기원전 123년 호민관이 되어 평민을 위한 곡물법을 펼치고자 했지만, 이번에도 원로원의 방해가 심해 결국 스스로 목숨을 끊고 말았다.

그 후 평민들은 원로원에 등을 돌리게 되고, 로마는 평민파와 귀족파로 나뉘었다. 이 시기에 평민파 집정관 마리우스가 등장했다. 로마 군대를 개혁한 마리우스는 군대 입대가 가능한 자격을 빈곤층까지 확대했다. 게다가 국가가 병사의 무장을 마련해 주고 월급까지 주도록 했다. 이른바 직업 군대가 된 것이다.

그러자 군인의 수가 급격히 증가해 로마군은 다시 강력해졌다. 병사들은 자연스럽게 자신들의 장군인 마리우스에게 충성하게 되었다. 이 때문에 마리우스는 7차례나 집정관에 올랐다. 하지만 마리우스는 그의 부하인 술라에 의해 쫓겨났다. 원로원은 독재자였던 술라 등에게 무시를 당하게 되고, 공화정은 점점 무너졌다.

제1차 3두 정치가 시작되다

술라의 뒤를 이은 인물은 폼페이우스, 크라수스, 카이사르였다. 폼페이우스는 스파르타쿠스의 반란을 진압하고 지중해 해적을 물리치는 강인한 군사력을 보여 주었다. 그는 로마의 영토를 더욱 확장시키는 공을 세워서 로마 시민들에게 큰 인기와 지지를 받고 있었다. 로마의 최고 부자였던 크라수스는 기원전 70년 폼페이우스와 함께 집정관으로 취임했다.

크라수스와 폼페이우스는 정치적으로 권력 다툼을 하고 있었다. 이 상황에서 크

| 폼페이우스 흉상

라수스는 뛰어난 두뇌와 웅변술, 인간적인 매력으로 인기를 얻고 있는 카이사르의 도움이 필요했다. 하지만 당시 카이사르는 정치적 반대파에게 유산을 모두 빼앗긴 상태였다. 크라수스는 빚 때문에 힘들어하는 카이사르에게 빚보증을 서 주었다. 이렇게 해서 원로원의 견제를 받던 폼페이우스, 크라수스, 카이사르는 기원전 60년경부터 제1차 3두 정치를 이끌었다. 이들은 로마의 국유지를 군사들에게 분배해 주는 토지 분배령을 내리고, 실패했던 개혁을 하나씩 이루어 나갔다.

카이사르는 기원전 58년 갈리아 속주의 총독으로 5년 동안 4개 군단의 지휘권을 얻게 되었다. 원로원은 막강한 켈트족과의 전쟁으로 카이사르가 힘을 잃을 것이라 예측했다. 하지만 카이사르는 전투가 가장 치

| 루비콘강을 건너는 카이사르

열한 곳에 직접 뛰어들어 싸웠다. 이 모습을 본 병사들은 그를 대장군이라 부르며 충성했다. 카이사르가 갈리아 지방을 정복하자, 원로원은 카이사르가 로마의 황제가 되려 한다고 의심했다.

불안해진 원로원은 폼페이우스를 찾아가 공화정을 지키자고 설득했다. 카이사르를 배신하고 원로원과 힘을 합치기로 한 폼페이우스는 집정관(총사령관) 임기가 끝나 가는 카이사르에게 군대를 해산시키고 로마로 돌아오라고 명령했다. 카이사르가 로마에 군대를 이끌고 가면 반역죄를 저지르는 것이고, 혼자 가면 지휘권 문제로 원로원의 궁지에 몰려 죽을 것이 뻔했다. 카이사르는 "주사위는 던져졌다."라는 외침과 함께 자신의 칼에 운명을 맡기고 루비콘강을 건너 폼페이우스와 내전을 벌인 끝에 승리했다. 카이사르는 언제나 함께한 병사들에게 토지와 재물을 나누어 주었으며, 시민들을 위해서는 연회를 베풀었다.

카이사르의 죽음과 함께 로마 공화정이 무너지다

카이사르는 원로원 중심의 공화정 체제로는 엄청나게 큰 로마 제국을 통치하기 어렵다고 생각했다. 그래서 그는 임기를 종신으로 늘려서 독재관이라는 자리에 올랐다. 이는 정치·행정·군사의 모든 권력을 위임하는 직책이었다.

카이사르는 강력한 권력을 가진 탁월한 정치가가 로마를 통치하는 것이 더 현명하고 효율적이라고 확신했다. 하지만 원로원과의 대립으로 권력 투쟁을 벌여야만 했다. 로마 시민들은 과감한 개혁을 실시해 로마 정치와 사회 질서를 안정시킨 카이사르를 위대한 정치가라고 부르며 그를 믿고 존경했다.

카이사르는 내란으로 파괴된 로마시를 재건하기 위해 항만 공사, 도로 건설, 대규모 간척 사업 등을 시행했다. 또한 로마 속주를 확대하고, 거대한 건축물을 짓기도 했다. 그리고 인구 조사를 실시해 빈민 구제 사업으로 세무 행정을 정비했다.

| 카이사르가 새겨진 동전

이뿐만 아니라 카이사르는 그리스 천문학자들을 동원해 이집트로부터 도입한 역법을 기초로 율리우스력을 만들었다. 이로 인해 로마의 통치가 이루어지는 곳에서는 같은 달력을 사용했다. 또한 카이사르는 통화 개혁도 시도해 로마의 돈으로 상업 활동이 이루어졌다.

한편 원로원의 공화주의자들은 한 개인에게 너무 큰 권력이 주어지는 것을 두려워했다. 카이사르의 정적들은 카이사르가 이집트의 여왕 클레오파트라와 결혼해 수도를 알렉산드리아로 옮긴다는 소문을 퍼뜨렸고, 그가 왕이 되려 한다는 의심과 함께 비난을 쏟아 냈다. 결국 카이사르는 기원전 44년 원로원 의사당에서 그가 가장 아끼는 브루투스와 공화파 자객들에 의해 살해되었다. 믿었던 심복에게 배신을 당한 카이사르가 "브루투스, 너마저……."라고 말하며 쓰러진 일화가 유명하다.

카이사르의 장례식 날, 안토니우스가 카이사르의 유서를 발표했다. 18세인 옥타비아누스를 자신의 후계자로 하고, 로마의 모든 시민에게 재산을 남긴다는 내용이었다. 화가 난 로마 시민들은 브루투스와 암살자들을 찾아내 제거해 버렸다.

로마의 평화를 누리다

카이사르를 승계하려는 안토니우스와 레피두스, 옥타비아누스에 의해 내전이 일어나고, 제2차 3두 정치가 시작되었다. 옥타비아누스는 악티움 해전에서 안토니우스를 물리치고 새로운 시대를 열었다.

최고의 권력이 카이사르를 죽게 한 것을 목격한 옥타비아누스는 권력을 유지하면서, 동시에 원로원과 귀족들의 견제를 받지 않기 위해 로마 시민과 원로원에게 자신의 모든 재산을 돌려줄 것을 선언했다. 그는 원로원으로부터 '아우구스투스(존엄한 자)'라는 칭호를 받았고, 스스로를 로마를 대표한다는 뜻의 '프린켑스(제1 시민)'라고 자처했다.

옥타비아누스가 초대 황제가 되면서 로마의 공화정은 막을 내리고 제정 시대가 열렸다. 이렇게 해서 기원전 27년부터 기원후 180년까지 약 200년 동안 팍스 로마나(Pax Romana), 즉 로마의 평화를 이루었다.

| 옥타비아누스 신전의 잔해

생각을 부르는 질문, 하브루타

1	로마가 왕정을 없애고 공화정을 건설하게 된 이유는 무엇인가요?
2	초기 로마 공화정의 구조에 대해 설명해 보세요.
3	포에니 전쟁의 원인과 과정, 결과에 대해 설명해 보세요.
4	그라쿠스 형제의 개혁은 왜 실패했나요?
5	3두 정치에 대해 설명해 보세요.
6	제1차 3두 정치가 무너진 이유는 무엇인가요?
7	카이사르의 업적은 무엇인가요?
8	브루투스는 왜 카이사르를 죽이게 되었나요?
9	로마 공화정이 몰락한 이유는 무엇인가요?
10	로마의 제정 시대에 대해 설명해 보세요.
11	
12	
13	
14	
15	

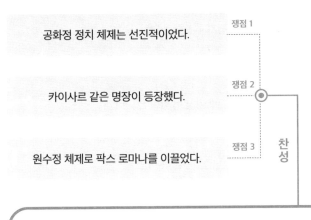

공화정 정치 체제는 선진적이었다.   쟁점 1

카이사르 같은 명장이 등장했다.   쟁점 2

원수정 체제로 팍스 로마나를 이끌었다.   쟁점 3   찬성

로마가 강대국이 된 것은 정치 구조 덕분이다.

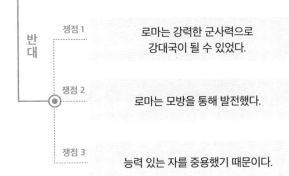

반대   쟁점 1   로마는 강력한 군사력으로
강대국이 될 수 있었다.

쟁점 2   로마는 모방을 통해 발전했다.

쟁점 3   능력 있는 자를 중용했기 때문이다.

추가 토론 논제

1. 브루투스가 카이사르를 죽인 것은 정당하다.
2. 카이사르는 로마 역사상 가장 위대한 정치가다.
3. 로마 공화정에서 제정으로의 변화는 시대적 요구였다.

토론 요약서

논제	로마가 강대국이 된 것은 정치 구조 덕분이다.
용어 정의	○ **로마**: 기원전 8세기 중엽, 로물루스가 이탈리아 중부의 라티움 지방에 세운 도시 국가 ○ **강대국**: 병력이 강하고 영토가 넓어 힘이 센 나라 ○ **정치**: 국가의 권력을 획득하고 유지하며 행사하는 활동으로 나라를 다스리는 일 ○ **구조**: 부분이나 요소가 어떤 전체를 짜 이룸

	찬성	반대
쟁점 1	공화정 정치 체제는 선진적이었다.	로마는 강력한 군사력으로 강대국이 될 수 있었다.
근거	로마의 공화정은 지금으로부터 약 2,500년 전에 생겨난 것이지만, 매우 선진적인 정치 구조를 가지고 있었다. 시민들이 직접 로마 최고의 지위를 나타내는 집정관을 2명씩 선출해 1명에게 권력이 치우치는 것을 방지했다. 이뿐만 아니라 평민들의 의견을 수렴해 행정과 군사의 중요한 사안을 결정하기 위한 민회 단체를 설립하기도 했다.	로마는 지금의 이탈리아반도 중부에 있는 라티움을 기점으로 성장해 나갔고, 30여 개의 마을과 라틴 연맹을 맺어 군사적 태세를 갖추었다. 로마는 라틴 연맹의 정복을 시작으로 각국에 있는 다른 연맹과 공동체까지 로마의 식민지로 만드는 데 성공했다. 로마는 이탈리아반도 바깥까지 영토를 확장해 나갔고, 주변국을 로마의 속주로 만들었다.

쟁점 2	카이사르 같은 명장이 등장했다.	로마는 모방을 통해 발전했다.
근거	독재관이 된 카이사르는 원로원과 대립했지만 로마시를 재건하기 위해 항만 공사, 도로 건설, 대규모 간척 사업 등을 시행했다. 또한 로마 속주를 확대하고, 거대한 건축물을 짓기도 했다. 그리고 인구 조사를 실시해 빈민 구제 사업으로 세무 행정을 정비했다.	지중해를 끼고 카르타고와 적대국이었던 로마는 배 한 척도, 해군을 육성할 수 있는 능력도 없었다. 카르타고와 싸움이 불가피해진 로마는 카르타고의 5인조 노선을 모범으로 삼아 그 유형으로 군선을 제작해 카르타고 해군을 이길 수 있었다. 이처럼 로마는 다른 나라의 좋은 점을 모방해 자신들의 독자적인 예술과 문화로 만들었다.
쟁점 3	원수정 체제로 팍스 로마나를 이끌었다.	능력 있는 자를 중용했기 때문이다.
근거	로마는 카이사르 암살 이후 공화정 체제에서 제정의 형태로 바뀌었다. 옥타비아누스는 황제로서 필요한 권한은 장악하되, 시민들에게는 황제처럼 여겨지지 않으려고 노력했다. 민회의 권위는 약화되었지만, 로마 시민들은 불안해하지 않게 되었고 경제도 안정을 찾았다. 평화로운 정치 분위기 속에서 상업은 활기가 돋기 시작했고, 외부의 침략 또한 걱정할 필요가 없었다.	5현제였던 네르바, 하드리아누스, 안토니누스 피우스, 트라야누스, 마르쿠스 아우렐리우스는 제위를 자식에게 세습하지 않고 유능한 사람을 뽑아 앉혔다. 심지어는 노예도 로마 황제로 채택될 수 있었다. 로마는 출신과 신분을 가리지 않고 능력 있는 자들을 중용하면서 다양한 문화와 예술, 그리고 오래된 역사와 전통을 이어 나갈 수 있었다.

▍논의 배경

    로마는 2,200여 년이라는 가장 오래된 역사를 유지한 최강국이었다. 로마는 거대한 영토를 차지했을 뿐만 아니라 경이로운 건축과 공학 기술을 자랑했으며 법과 언어, 문화적인 면에서도 매우 뛰어났다. 이렇게 한 제국이 큰 영토를 다스리며 멸망하지 않고 유지될 수 있었던 비결은 바로 훌륭한 정치 체제 덕분이었다. 로마는 왕정 시대를 거쳐 공화정, 제정 등 정치 체제가 여러 번 바뀌었지만, 안정적이면서 선진적인 국가로 거듭났다. 이번 토론을 통해 로마가 강대국이 된 것은 정치 구조 때문인지 논의해 보고자 한다.

▍용어 정의

- ○ **로마**: 기원전 8세기 중엽, 로물루스가 이탈리아 중부의 라티움 지방에 세운 도시 국가
- ○ **강대국**: 병력이 강하고 영토가 넓어 힘이 센 나라
- ○ **정치**: 국가의 권력을 획득하고 유지하며 행사하는 활동으로 나라를 다스리는 일
- ○ **구조**: 부분이나 요소가 어떤 전체를 짜 이룸

쟁점 1   공화정 정치 체제는 선진적이었다.

로마의 공화정에서는 시민들이 직접 대표를 뽑았고, 선출된 지도자

는 시민을 위해 나라를 통치했다. 민주정과 가장 차별화된 부분은 공화정은 왕이 없는 형태이고, 평민들이 모여 있는 민회가 최고의 권력자라는 점이다. 로마의 공화정은 지금으로부터 약 2,500년 전에 생겼지만, 매우 선진적인 정치 구조를 가지고 있었다. 시민들이 직접 로마 최고의 지위를 나타내는 집정관을 2명씩 선출해 1명에게 권력과 통치가 치우치는 것을 방지했다. 또한 평민들의 의견을 수렴해 행정과 군사의 중요한 사안을 결정하기 위한 민회 단체를 설립하기도 했다. 이처럼 로마는 정치가 안정적이었기 때문에 강대국으로 성장할 수 있었다.

쟁점 2 카이사르 같은 명장이 등장했다.

원로원 중심의 공화정 체제로는 거대한 로마 제국을 통치하는 데 어려움이 있었다. 이러한 문제점을 파악한 카이사르는 임기를 종신으로 늘리고 독재관이라는 자리에 올랐다. 그는 강력한 권력을 가진 탁월한 정치가가 로마를 통치하는 것이 맞다고 생각했다. 하지만 원로원과의 계속된 대립으로 권력 투쟁을 할 수밖에 없었다. 로마 시민들은 카이사르가 과감한 개혁을 실시해 로마 정치와 사회 질서를 안정시켰다고 생각했다. 그래서 카이사르를 위대한 정치가라고 부르며 그를 믿고 존경했다. 카이사르는 내란으로 파괴된 로마시를 재건하기 위해 항만 공사, 도로 건설, 대규모 간척 사업 등을 시행했다. 또한 로마 속주를 확대하고, 거대한 건축물을 짓기도 했다. 그리고 인구 조사를 실시해 빈민 구제 사업으로 세무 행정을 정비했다. 카이사르의 뛰어난 정치력과 추진력 덕분에 도시 국가에서 시작한 로마는 세계적인 대제국으로 발전할 수 있었다.

원수정 체제로 팍스 로마나를 이끌었다.

　카이사르 암살 이후 옥타비아누스가 고대 로마의 첫 황제로 집권했다. 이때 로마는 공화정 체제에서 황제가 집권하는 제정의 형태로 바뀌었다. 이는 과두 정치로 인해 혼란스러웠던 로마 공화정을 보완해 주는 정치 형태이기도 했다. 원수정 체제는 겉으로는 공화정이 유지되고 있는 것처럼 보이지만, 실질적으로는 제정의 특징을 가지고 있었다. 옥타비아누스는 황제로서 필요한 권한은 장악하되, 시민들에게는 황제처럼 여겨지지 않으려고 노력했다. 비록 민회의 권위는 약화되었지만, 로마 시민들은 불안해하지 않게 되었고 경제도 안정을 찾았다. 평화로운 정치 분위기 속에서 상업은 활기가 돋기 시작했고, 외부의 침략 또한 걱정할 필요가 없었다. 로마는 원수정 체제 덕분에 200여 년에 걸친 로마의 평화, 즉 팍스 로마나가 지속될 수 있었다.

▌논의 배경

　로마 제국은 영토로만 따졌을 때 당시 몽골 제국과 알렉산드로스 제국, 이슬람 제국보다 훨씬 컸다. 게다가 로마는 가장 안정되면서도 오래 유지된 제국이었다. 로마가 강대국이 될 수 있었던 이유는 독특한 정치 구조 이외에도 내실이 잘 다져진 군사력과 좋은 점을 모방해 발전하는 자세, 그리고 능력 있는 사람이라면 출신과 신분을 따지지 않고 중용했던 로마 특유의 독자적인 문화 때문이었다. 이번 토론을 통해 로마가 강대국이 된 것은 정치 구조 때문인지 논의해 보고자 한다.

▌용어 정의

○ **로마**: 기원전 8세기 중엽, 로물루스가 이탈리아 중부의 라티움 지방에 세운 도시 국가
○ **강대국**: 병력이 강하고 영토가 넓어 힘이 센 나라
○ **정치**: 국가의 권력을 획득하고 유지하며 행사하는 활동으로 나라를 다스리는 일
○ **구조**: 부분이나 요소가 어떤 전체를 짜 이룸

쟁점 1 　로마는 강력한 군사력으로 강대국이 될 수 있었다.

　로마는 기원전 6세기 말 에트루리아 출신 왕을 몰아내고 그들의 땅까지 점령했다. 이후에도 로마는 지금의 이탈리아반도 중부에 있는 라

티움을 기점으로 성장해 나갔다. 라티움은 30여 개의 마을과 부족으로 이루어져 있었으며, 이들은 서로 필요할 때면 라틴 연맹을 맺어 군사적 태세를 갖추었다. 로마는 라틴 연맹의 정복을 시작으로 각국에 있는 다른 연맹과 공동체까지 정복해 로마의 식민지로 만드는 데 성공했다. 이들은 로마의 법과 언어를 따르기 시작했고, 세금을 내는 등 로마에 충성하는 모습을 보였다. 로마는 이탈리아반도 바깥까지 영토를 확장해 나갔고, 주변국을 로마의 속주로 유도했다. 이로 인해 각 지역을 잇는 도로망이 형성되어 신속히 군대를 보낼 수 있게 되었다.

쟁점 2 로마는 모방을 통해 발전했다.

　로마의 적대국이자 가장 강력한 해군을 자랑하던 카르타고는 지중해를 끼고 로마와 마주하고 있었다. 당시 로마는 배 한 척도 없었을 뿐만 아니라 해군을 육성할 수 있는 능력도 없었다. 카르타고와의 싸움이 불가피하다고 생각한 로마는 카르타고의 5인조 노선을 모범으로 삼아 그 유형으로 군선을 제작했다. 로마는 카르타고의 기술을 모방했지만, 코버스라는 장치를 설치해 더 완벽한 배로 완성시켰다. 로마는 이 배로 카르타고 해군을 이길 수 있었다. 로마는 정복한 나라들의 문화와 역사가 훨씬 월등하다면 무조건 수용하고, 로마인의 것으로 계승시켜 나갔다. 대표적인 예가 토목 건설에 뛰어났던 에트루리아인의 아치 모양을 내는 기술을 배워 만든 위대한 건축물 콜로세움이다. 이처럼 로마는 다른 나라의 좋은 점을 모방해 자신들의 독자적인 예술과 문화로 만들었다. 이것이 로마를 강대국으로 만든 비결이다.

능력 있는 자를 중용했기 때문이다.

로마는 출신이나 신분을 따지지 않고 능력이 있으면 지식인으로 평가했으며, 로마의 황제로도 중용했다. 당시 로마 영토에 있는 모든 사람들과 부족들은 로마 시민권을 가질 수 있었다. 그래서 로마 초창기 원로원에는 에트루리아와 루카니아 출신이 많았다. 로마의 황제는 일반 황제와 달리 세습적인 형태를 띠지 않았으며, 원로원의 동의를 얻으면 로마 밖의 사람도 황제에 오를 수 있었다. 5현제였던 네르바, 하드리아누스, 안토니누스 피우스, 트라야누스, 마르쿠스 아우렐리우스는 제위를 자식에게 세습하지 않고 유능한 사람을 뽑아 앉혔다. 그중 한 명이 베스파시아누스 황제다. 베스파시아누스 황제는 당시 로마 출신도 아니었고, 아버지는 원로원과 평민 사이인 기사 신분이었다. 심지어 노예도 로마 황제로 채택될 수 있었다. 대표적인 인물이 디오클레티아누스 황제다. 이처럼 로마는 출신과 신분을 가리지 않고 능력 있는 자들을 중용하면서 다양한 문화와 예술, 그리고 오래된 역사와 전통을 이어나갈 수 있었다.

05

로마 크리스트교

교과서 수록 부분

○ 중학교 역사①: Ⅰ. 3. 고대 제국들의 특성과 주변 세계의 성장
○ 고등학교 세계사: Ⅳ. 1. 고대 지중해 세계

학습 목표

1. 로마 크리스트교의 발생 배경에 대해 알 수 있다.
2. 로마 크리스트교의 전파 과정을 설명할 수 있다.
3. 로마 크리스트교의 박해와 크리스트교가 가져온 영향에 대해 토론할 수 있다.

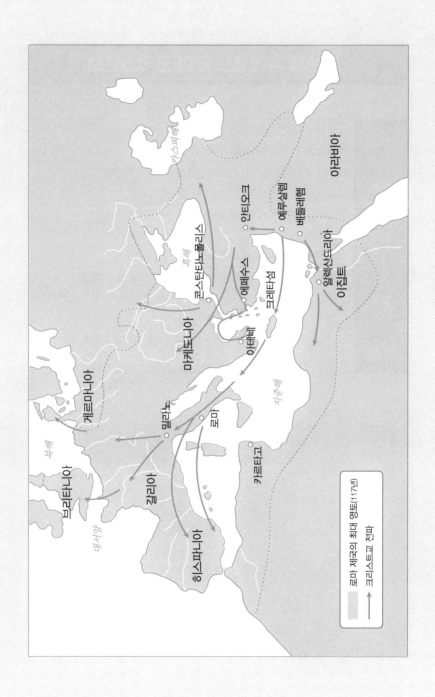

아라비아

카스피 해

안티오크

예루살렘

베들레헴

흑해

콘스탄티노폴리스

에페수스

알렉산드리아

이집트

크레타섬

마케도니아

아테네

지중해

밀라노

로마

게르마니아

카르타고

북해

갈리아

브리타니아

히스파니아

대서양

로마 제국의 최대 영토(117년)

크리스트교 전파

한눈에 알아보는 로마 크리스트교

성립	○ 로마의 지배를 받던 팔레스타인 지역에서 예수가 창시
	○ 유대인의 선민사상과 형식적인 율법주의 배격
사상	○ 민족과 신분을 초월한 신의 사랑과 평등, 믿음, 구원에 대한 설교
	○ 노예, 여성, 하층민을 중심으로 빠르게 전파
탄압	○ 로마의 전통 신들과 황제 숭배 거부
	○ 군대 복무 거부
	○ 박해를 피해 카타콤에서 예배
발전	○ 콘스탄티누스 황제: 밀라노 칙령(313년) → 크리스트교 공인
	○ 테오도시우스 황제: 크리스트교를 국교로 삼음(392년) → 전 유럽으로 전파 → 세계 종교로 성장
의의	○ 그리스와 헬레니즘 문화, 로마 문화와 융합 → 서양 문명의 중요한 근원이 됨

자세히 알아보는 로마 크리스트교

크리스트교의 탄생과 박해

불교, 이슬람교와 함께 세계 3대 종교로 불리는 크리스트교(기독교)는 박해라는 시련을 딛고 로마의 국교로 인정받게 되었고, 이후에는 유럽을 떠받치는 정신적 구심점이 되었다.

로마의 지배를 받고 있었던 유대인은 자신들을 구원해 줄 메시아가 나타날 것이라 믿었다. 그러던 중 예수가 태어났다. 청년이 된 예수는 누구나 하나님을 믿고 이웃을 사랑하면 구원을 받을 수 있다고 말했다.

예수는 병든 사람들을 고쳐 주고, 가난한 사람들에게는 빵을 나누어 주었다. 특히 예수는 계급이나 종족에 상관없이 차별하지 않는 사랑을 강조했다. 이러한 예수의 사상은 당시 가난하고 차별받는 사람들에게 크나큰 위안이 되었다. 결국 많은 사람이 예수를 따르게 되었다.

하지만 자신들을 선택받은 민족이라고 생각하는 우월감, 즉 선민사상을 가지고 있었던 유대

| 십자가를 진 예수

인에게 예수는 매우 위험한 존재였다. 결국 일부 유대인이 예수를 로마 총독에게 고발하고, 예수는 십자가에 못 박혀 죽었다. 하지만 예수는 3일 만에 부활하고, 예수의 제자 중 베드로와 바울 등이 예수의 가르침을 기록해 널리 퍼뜨렸다. 이것이 크리스트교가 되었다.

전통적으로 다신교 사회였던 로마는 유일신을 믿는 크리스트교도가 못마땅했다. 로마는 정복 전쟁을 통해 세력을 확장할 때 타민족의 종교를 그대로 인정해 속국의 반란을 잠재울 수 있었다. 심지어 황제가 죽으면 황제까지도 신으로 모셨다.

로마인은 크리스트교도가 로마법을 어겼으며, 로마의 다신교를 부정한다고 여겼다. 이들은 크리스트교도가 로마법에서 금지하는 마술을

| 크리스트교 박해로 인한 바울의 순교

보여 주고, 병자를 고치거나 죽은 자를 살릴 수 있다고 주장하며, 밤마다 신자들끼리 모여 기이한 행동을 하고 있다고 생각했다. 또한 로마인이 믿는 신에게 제사 지내는 것을 막고, 황제에게 절하는 것이 우상 숭배라며 비난했다고 여겼다.

이러한 이유로 로마인은 가혹하고도 잔인한

방법으로 크리스트교도를 박해하기 시작했다. 단지 크리스트교도라는 이유로 재판 없이 사형 선고를 내렸으며, 사자들과 싸우게 하거나 나무에 묶어 화형을 하기도 했다. 네로 황제 때부터 이러한 박해가 시작되었다. 64년 로마에 큰 화재가 발생하자, 민심이 흉흉해지며 불을 지른 사람이 네로 황제라는 소문이 돌았다. 이에 네로 황제는 민심을 잠재우고자 화재의 책임을 크리스트교도에게 뒤집어 씌웠다.

이후에도 도미티아누스, 트라야누스, 데키우스, 디오클레티아누스 황제가 크리스트교를 박해했다. 특히 트라야누스 황제는 로마법과 로마의 다신교를 부정한다는 이유로 크리스트교를 불법 종교로 선언하고 잔인하게 박해했다.

크리스트교, 로마 국교로 인정받다

네로 황제 이후 200년이 넘는 기간 동안 크리스트교도에 대한 박해가 계속되었다. 하지만 크리스트교도는 점점 더 늘어나 당시 인구의 10% 정도가 크리스트교도가 되었다.

초기 크리스트교도는 로마의 탄압을 피해 지하 묘지인 카타콤에 숨었다. 이곳은 예배 공간과 거주 공간이 마치 개미집처럼 얽혀 있는 장

| 시칠리아의 카타콤

소였다. 카타콤 내부에는 구약 성경에 나오는 내용이나 크리스트교도의 세례 장면이 벽화로 남아 있다. 대표적으로 지하 5층까지 있는 성 칼리스토 가다콤을 꼽을 수 있으며, 로마 전체에 있는 카타콤을 모두 연결하면 약 900km에 이른다고 한다.

크리스트교도는 자발적으로 가난한 사람들을 도왔다. 이들 역시 대부분 가난했지만, 십시일반 모은 기부금으로 더 가난한 사람들을 위해 빵을 나누어 주거나 약간의 돈을 보냈다. 크리스트교는 신자들에게 현세의 삶이 힘들고 고단해도 죽음 후에는 신의 심판을 받고 부활해 천국에 갈 수 있다는 희망을 제시했다. 또 모든 인간이 평등하게 살기를 원하는 예수의 사랑을 가르쳤다.

로마는 5현제 시대가 끝난 뒤 동쪽의 페르시아와 서쪽의 게르만족으로부터 협공을 당했다. 로마 황제들은 늘 전쟁을 치러야 했기에 국경 근처에 머물렀다. 로마는 이미 수도의 역할을 잃은 상태였다. 그래서 콘스탄티누스 황제는 수도를 옮기는 것이 좋겠다고 판단했다.

콘스탄티누스 황제는 두 가지 카드를 꺼내어 정치적으로 이용했다. 첫 번째로는 수도를 로마에서 비잔티움으로 옮기고, 이름을 콘스탄티노폴리스라고 붙였다. 콘스탄티누스 황제는 이곳에 경제적으로 풍요로운 도시와 난공불락의 요새를 건설했다. 두 번째로는 정적이었던 동방 황제 리키니우스와의 싸움에서 승기를 잡기 위해 크리스트교도의 지지가 필요한 상황에서 313년 밀라노 칙령을 통해 크리스트교를 공인했다. 이로 인해 크리스트교도에 대한 박해가 금지되었다.

또 콘스탄티누스 황제는 예루살렘에 교회를 세워 주고, 성직자들에게 면제 특권을 부여해 주었으며, 니케아 공의회를 열어 교리를 정리하

는 등 교회에 적극적인
후원을 해 주었다. 이로
써 콘스탄티누스 황제는
크리스트교도나 평민들
에게 인기를 얻게 되었
고, 나라도 점차 안정되
었다.

| 콘스탄티누스 황제 동상

테오도시우스 황제는
392년 크리스트교를 국
교로 삼았다. 이 시기에는 오히려 다신교 신자들이나 비신자들이 불이
익과 탄압을 받았다. 크리스트교는 로마 제국의 보호 아래 전 세계로
퍼져 나가 발전하게 되었다.

그 후 로마 제국은 서로마와 동로마로 나뉘고, 서로마 제국은 476년
게르만족에 의해 멸망했다. 동서로 나누어진 로마 제국을 정신적으로
하나로 연결해 준 크리스트교는 시간이 지날수록 성상 숭배 문제 등의
갈등을 낳았다. 그러다가 중세로 넘어가면서 크리스트교는 서양인들
의 정신세계를 완전히 장악했다.

생각을 부르는 질문, 하브루타

1	크리스트교의 확산은 어떤 문제를 일으켰나요?
2	크리스트교는 윤리적인 종교일까요?
3	로마의 크리스트교 박해는 언제 시작되었나요?
4	로마는 왜 황제 숭배를 강요했는지 설명해 보세요.
5	크리스트교는 로마 시민들에게 어떤 희망을 주었나요?
6	로마의 크리스트교 박해는 얼마나 강력하게 진행되었나요?
7	박해를 받은 크리스트교도가 지하에 설치한 공동묘지이자 예배 장소를 무엇이라고 하나요?
8	313년 콘스탄티누스 황제로부터 크리스트교를 공인받은 것을 무엇이라고 하나요?
9	392년 크리스트교를 로마의 국교로 지정한 황제는 누구인가요?
10	로마 크리스트교가 미친 영향에 대해 설명해 보세요.
11	
12	
13	
14	
15	

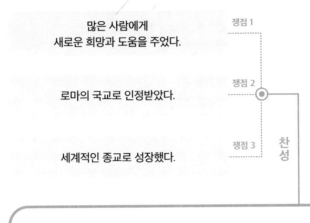

쟁점과 토론 논제

많은 사람에게
새로운 희망과 도움을 주었다.
쟁점 1

로마의 국교로 인정받았다.
쟁점 2

세계적인 종교로 성장했다.
쟁점 3

찬성

로마 크리스트교는 긍정적인 영향을 끼쳤다.

반대

쟁점 1
사회 질서를 어지럽혔다.

쟁점 2
정치적인 수단으로 이용했다.

쟁점 3
중세를 암흑시대로 만들었다.

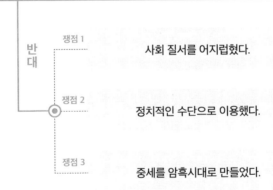

추가 토론 논제

1. 로마가 분열된 것은 크리스트교 때문이다.
2. 크리스트교도 박해는 로마 황제들 때문에 일어났다.
3. 콘스탄티누스 황제는 순수한 신앙심으로 크리스트교를 공인했다.

토론 요약서

논제	로마 크리스트교는 긍정적인 영향을 끼쳤다.	
용어 정의	○ **크리스트교**: 예수의 인격과 교훈을 중심으로 하는 종교로 팔레스타인에 서 생겨나 로마 제국의 국교가 됨 ○ **긍정적**: 그러하거나 옳다고 인정하는 것 ○ **영향**: 어떤 사물의 효과나 작용이 다른 것에 미치는 일	
	찬성	반대
쟁점 1	많은 사람에게 새로운 희망과 도 움을 주었다.	사회 질서를 어지럽혔다.
근거	크리스트교 사상은 누구나 하나 님을 믿고 이웃을 사랑하면 후세 까지 구원을 받을 수 있다는 것이 었다. 크리스트교도는 예수의 말 에 따라 이웃을 도와주었으며, 돈 을 모아 과부나 병자, 고아 등에게 먹을 것과 머물 장소를 제공해 주 었다. 빈부 격차로 인해 고단한 삶 을 살았던 하층민들에게는 크리 스트교가 유일한 마음의 안식처 이자 영혼을 달래 주는 종교였다.	로마 제국은 다신교를 믿었다. 하지 만 크리스트교는 로마의 전통인 다 신교를 부정하며 로마인이 믿는 신 에게 제사도 못하게 했을 뿐만 아니 라 황제에게 절하는 것은 우상 숭배 라고 금지했다. 크리스트교도가 로 마 제국의 사회 질서와 전통을 무너 뜨리기 시작하자, 트라야누스 황제 는 혼란을 바로잡기 위해 크리스트 교도를 박해했다.

쟁점 2	로마의 국교로 인정받았다.	정치적인 수단으로 이용했다.
근거	크리스트교는 탄압과 박해가 심했음에도 노예와 여성, 하층민을 중심으로 널리 전파되었다. 콘스탄티누스 황제는 혼란을 잠재우기 위해 수도를 로마에서 비잔티움으로 옮겼다. 그는 동방 황제 리키니우스와의 싸움에서 승리하기 위해 크리스트교도의 지지를 얻고자 313년 밀라노 칙령으로 크리스트교를 공인했다. 테오도시우스 황제는 392년 크리스트교를 로마 제국의 국교로 삼았다.	크리스트교도에 대한 박해가 계속되었지만, 전체 인구의 10% 정도가 크리스트교도였다. 주변 국가들의 위협을 받게 된 콘스탄티누스 황제는 수도를 로마에서 비잔티움으로 옮기고, 크리스트교를 정치적인 수단으로 이용했다. 리키니우스와의 싸움에서 승기를 잡기 위해서는 크리스트교도의 지지가 필요했기 때문이다. 리키니우스와의 싸움에서 승리한 콘스탄티누스 황제는 313년 밀라노 칙령을 통해 크리스트교를 공인했다.
쟁점 3	세계적인 종교로 성장했다.	중세를 암흑시대로 만들었다.
근거	유대인은 약 600년 동안 떠돌아다니며 다른 민족의 지배를 받았다. 예수는 영혼이 깨끗한 자만이 내세에 구원을 받을 수 있다고 했다. 이후 크리스트교는 콘스탄티누스 황제의 밀라노 칙령으로 인해 공인되었다. 테오도시우스 황제 때에는 로마의 국교로 삼으면서 중세 이후 세계적인 종교로 발전했다.	크리스트교는 국교가 되면서 로마 제국의 보호 아래 전 세계로 퍼져 나갔다. 하지만 다신교 신자들이나 비신자들이 불이익과 탄압을 받게 되었다. 크리스트교는 중세로 넘어가면서 서양인들의 정신세계를 완전히 장악했다. 하지만 성상 숭배 문제와 카노사의 굴욕, 십자군 전쟁과 종교 개혁 등으로 큰 갈등을 겪으면서 중세를 암흑시대로 만들었다.

▌논의 배경

크리스트교는 불교, 이슬람교와 함께 세계 3대 종교로 알려져 있다. 그리스도에는 구세주라는 의미가 담겨 있듯이 크리스트교도는 예수의 말을 따르면 내세에 구원을 받을 수 있다고 굳게 믿었다. 노예, 부녀자, 농민 등을 중심으로 예수를 믿고 따르는 사람이 많아지자, 로마 황제는 예수를 위험인물로 여겨 십자가에 못 박아 죽이고 말았다. 이후 크리스트교는 많은 핍박과 박해를 이겨 내고, 로마 제국의 국교로 인정받았다. 이번 토론을 통해 로마 크리스트교가 긍정적인 영향을 끼쳤는지에 대해 논의해 보고자 한다.

▌용어 정의

- ○ **크리스트교**: 예수의 인격과 교훈을 중심으로 하는 종교로 팔레스타인에서 생겨나 로마 제국의 국교가 됨
- ○ **긍정적**: 그러하거나 옳다고 인정하는 것
- ○ **영향**: 어떤 사물의 효과나 작용이 다른 것에 미치는 일

쟁점 1 많은 사람에게 새로운 희망과 도움을 주었다.

유대 지방에서 태어난 예수로부터 시작된 크리스트교는 누구나 하나님을 믿고 이웃을 사랑하면 후세까지도 구원을 받을 수 있다고 강조했다. 특히 계급이나 종족에 상관없이 차별 없는 사랑을 강조해 당시 가

난하고 차별받는 서민들에게 큰 위로가 되었다. 이들은 현세의 힘들고 고단한 삶이 내세의 삶을 준비하는 시간이라고 여기면서 작게나마 희망을 품게 되었다. 크리스트교도는 예수의 말에 따라 헌신적으로 이웃을 도와주었으며, 십시일반 돈을 모아 과부나 병자, 고아 등에게 먹을 것과 머물 장소를 제공해 주었다. 이에 반해 로마 제국의 종교는 각 영역을 담당하는 신에게 제물을 바치거나 국가를 위한 제사와 축제를 주관해 현세의 복을 위해 기도하는 것이 다였다. 빈부 격차로 인해 고단한 삶을 살았던 하층민들에게는 크리스트교가 유일한 마음의 안식처이자 영혼을 달래 주는 종교였다.

쟁점 2 로마의 국교로 인정받았다.

크리스트교도는 심한 탄압과 박해를 받았다. 이런 상황에서도 크리스트교는 노예와 여성, 하층민을 중심으로 널리 전파되었다. 초기 크리스트교도는 로마의 탄압을 피해 지하 묘지인 카타콤에 숨기도 했다. 대외적으로는 동쪽의 페르시아와 서쪽의 게르만족의 협공으로 인해 국민들의 불안은 커져만 갔다. 콘스탄티누스 황제는 이러한 혼란을 해결하기 위해 수도를 로마에서 비잔티움으로 옮겼다. 그는 동방 황제 리키니우스와의 싸움에서 승리하기 위해 크리스트교도의 지지를 얻고자 313년 밀라노 칙령으로 크리스트교를 공인했다. 콘스탄티누스 황제는 니케아 공의회를 개최해 삼위일체설을 바탕으로 정통 교리를 확립했다. 이후 테오도시우스 황제는 392년 크리스트교를 로마 제국의 국교로 삼았다.

쟁점 3 **세계적인 종교로 성장했다.**

유대인은 유대 왕국이 멸망한 이후 약 600년 동안 이곳저곳을 떠돌아다니며 다른 민족의 지배를 받았다. 그러던 중 예수가 태어났다. 성인이 된 예수는 이웃을 사랑하고, 다른 신을 믿어서는 안 되며, 영혼이 깨끗한 자만이 내세에 구원을 받을 수 있다고 말했다. 누구나 믿고 따를 수 있었던 크리스트교는 콘스탄티누스 황제의 밀라노 칙령으로 인해 공인되었고, 테오도시우스 황제 때에는 로마의 국교가 되었다. 크리스트교는 중세 시대에 중심축으로 성장했으며, 신학 발전 이외에도 유럽 곳곳에 크리스트교 성지가 설립되었다. 이처럼 크리스트교는 로마 제국에 힘입어 세계적인 종교로 발전했다.

▌논의 배경

  불교, 이슬람교와 함께 세계 3대 종교로 불리는 크리스트교는 박해라는 시련을 딛고 로마의 국교로 인정받았으며, 유럽을 떠받치는 정신적인 구심점이 되었다. 하지만 로마 크리스트교가 긍정적인 영향만 가져온 것은 아니었다. 로마 제국은 질서와 전통을 비판하는 크리스트교도를 탄압했고, 로마 황제는 크리스트교를 정치적으로 이용해 자신의 세력을 확장했다. 이후에도 크리스트교의 영향력은 전 세계로 퍼져 나갔으며, 갈등 또한 지속되었다. 이번 토론을 통해 로마 크리스트교가 긍정적인 영향을 끼쳤는지에 대해 논의해 보고자 한다.

▌용어 정의

  ○ **크리스트교**: 예수의 인격과 교훈을 중심으로 하는 종교로 팔레스타인에서 생겨나 로마 제국의 국교가 됨
  ○ **긍정적**: 그러하거나 옳다고 인정하는 것
  ○ **영향**: 어떤 사물의 효과나 작용이 다른 것에 미치는 일

쟁점 1 사회 질서를 어지럽혔다.

  로마 제국은 본래 다수의 신을 숭배하는 다신교를 믿었다. 로마인은 모든 지역과 물건을 관장하는 신이 있다고 생각했다. 하지만 크리스트교가 등장하면서 본래 로마인의 사상과 생각을 뒤엎었다. 크리스트교

도는 병자를 고칠 수 있고 죽은 자를 소생시킬 수 있다면서 위험한 마술을 보여 주기도 했다. 심지어 로마의 전통인 다신교를 부정하며 로마인이 믿는 신에게 제사를 지내지 못하게 했을 뿐만 아니라 황제에게 절하는 것은 우상 숭배라고 금지했다. 크리스트교도는 오로지 크리스트교만이 진리라면서 본래 로마 제국의 질서와 전통을 비판하며 사회의 혼란을 불러일으켰다. 크리스트교도가 로마 제국의 사회 질서와 전통을 무너뜨리기 시작하자, 트라야누스 황제는 혼란을 바로잡기 위해 크리스트교도를 심하게 박해할 수밖에 없었다.

쟁점 2 정치적인 수단으로 이용했다.

네로 황제 이후에도 크리스트교도에 대한 박해는 계속되었지만, 인구의 10% 정도가 크리스트교도일 정도로 크리스트교의 세력은 커져 갔다. 5현제 시대가 끝난 후 주변 국가들의 위협을 받게 되자, 콘스탄티누스 황제는 어지러운 상황을 수습하기 위해 수도를 로마에서 비잔티움으로 옮기고 크리스트교를 정치적 수단으로 이용했다. 정적이었던 동방 황제 리키니우스와의 싸움에서 승기를 잡기 위해서는 크리스트교도의 지지가 필요했기 때문이다. 결국 리키니우스와의 싸움에서 승리한 콘스탄티누스 황제는 313년 밀라노 칙령을 통해 크리스트교를 공인했다.

쟁점 3 중세를 암흑시대로 만들었다.

크리스트교는 392년 테오도시우스 황제로 인해 로마 제국의 공식 국교가 되었다. 그러면서 오히려 다신교 신자들이나 비신자들이 불이익과 탄압을 받았다. 크리스트교는 로마 제국의 보호 아래 전 세계로 퍼져 나갔다. 하지만 로마 제국을 하나로 연결해 준 크리스트교 신앙은 중세로 넘어갔고, 서양인들의 정신세계를 완전히 장악하면서 큰 갈등을 일으켰다. 동로마 교회와 서로마 교회의 대립을 낳은 성상 숭배 문제와, 성직자 임명권을 두고 신성 로마 제국 황제 하인리히 4세와 교황 그레고리우스 7세 사이에서 벌어진 카노사의 굴욕은 크리스트교의 권력이 얼마나 커졌는지를 보여 주는 대표적인 사건이다. 또 11세기 말에서 13세기 말 사이에 이슬람교도가 차지한 예루살렘을 탈환하기 위해 크리스트교도가 8차에 걸쳐 감행한 십자군 원정, 16세기 교회의 부패와 성직자의 타락을 비판하면서 시작된 종교 개혁은 크리스트교의 심각한 타락을 적나라하게 보여 주었다.

486년
프랑크 왕국 건국

529년
『유스티니아누스 법전』 완성

800년
카롤루스 대제, 서로마 황제 대관

843년
뵈르됭 조약

870년
메르센 조약

962년
오토 1세, 신성 로마 제국 황제 대관

1054년
크리스트교, 동서 교회로 분열

1077년
카노사의 굴욕

1096년
십자군 전쟁(~1270년)

1122년
보름스 협약

1215년
영국, 대헌장 제정

1299년
오스만 제국 건국

1309년
아비뇽 유수

1337년
백년 전쟁(~1453년)

1358년
자크리의 난

1381년
와트 타일러의 난

1453년
비잔티움 제국 멸망

CHAPTER 2

중세

06

십자군 전쟁

교과서 수록 부분

○ 중학교 역사①: Ⅱ. 4. 크리스트교 문화의 형성과 확산
○ 고등학교 세계사: Ⅳ. 2. 유럽 세계의 형성과 동요 / 유럽 사회의 형성
  과 발전

학습 목표

1. 서유럽과 이슬람 세력의 충돌이 일어난 배경을 설명할 수 있다.
2. 십자군 전쟁의 과정과 결과를 설명할 수 있다.
3. 십자군 전쟁이 유럽 사회에 끼친 영향에 대해 토론할 수 있다.

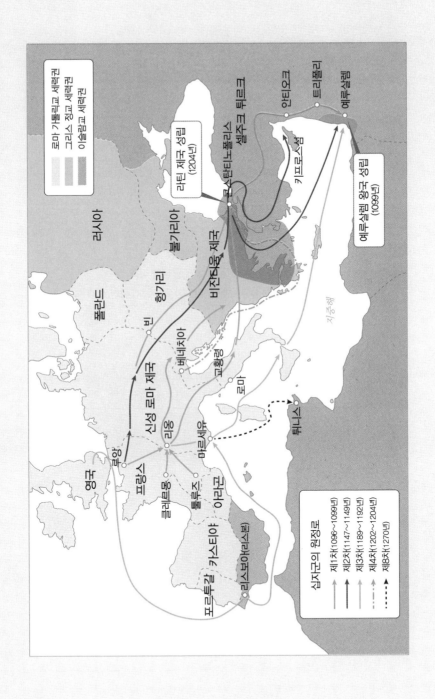

로마 가톨릭교 세력권
그리스 정교 세력권
이슬람교 세력권

라틴 제국 성립
(1204년)

예루살렘 왕국 성립
(1099년)

러시아

불가리아

헝가리

폴란드

빈

베네치아

비잔티움 제국

콘스탄티노폴리스

셀주크 튀르크

안티오크

트리폴리

예루살렘

카프로스섬

지중해

신성 로마 제국

교황령

로마

튀니스

루앙

영국

프랑스

리옹

마르세유

클레르몽

툴루즈

아라곤

포르투갈 카스티야

리스보아(리스본)

십자군의 원정로

제1차(1096~1099년)
제2차(1147~1149년)
제3차(1189~1192년)
제4차(1202~1204년)
제8차(1270년)

한눈에 알아보는 십자군 전쟁

배경	○ 농업 생산량 향상으로 인한 인구 증가 → 농경지 부족 ○ 유럽인들의 대외 팽창 추진: 상인(지중해 무역 장악), 교황(교황권 확대)
원인	○ 11세기 후반 셀주크 튀르크의 예루살렘 점령 → 성지 순례 금지 → 비잔티움 제국 황제가 도움을 요청 → 교황 우르바누스 2세가 십자군 전쟁 선포
전개	○ 약 170년 동안 8차례 원정 ○ 제1차 원정만 승리, 나머지는 모두 패배 ○ 여러 차례 지속된 전쟁으로 종교적 열정이 식음 ○ 상업적 이익만을 추구하는 것으로 변질 → 성지 탈환 실패
영향	○ 교황권 쇠퇴 ○ 왕권 강화 ○ 제후와 기사 계층 몰락 ○ 동방과 지중해 교역 활발 → 상업과 도시 발전 ○ 이슬람 문화와 비잔티움 문화가 유럽으로 유입

자세히 알아보는 십자군 전쟁

8차례에 걸친 긴 전쟁이 시작되다

약 170년 동안 총 8차례에 걸친 원정을 통해 벌어진 십자군 전쟁은 성지인 예루살렘을 탈환하기 위해 만들어진 크리스트교 연합군과 이슬람교도 간의 전쟁이었다. 중세 서유럽을 지탱한 기둥 중 하나는 크리스트교였다. 특히 카노사의 굴욕 이후 교황은 태양, 황제는 달이라고 불릴 정도로 교황권은 황제권보다 더 우위에 서게 되었다.

크리스트교가 가장 번성했던 중세 시대에는 예수의 무덤이 있는 예루살렘으로 성지 순례를 가는 사람이 많았다. 당시 예루살렘은 이슬람

| 예수의 무덤이 있는 예루살렘 성묘교회

세력이 지배하고 있었지만, 성지 순례를 하는 데는 문제가 없었다. 하지만 11세기 후반 이슬람 왕조인 셀주크 튀르크가 예루살렘을 점령하면서 성지 순례를 방해하기 시작했다. 이렇듯 셀주크 튀르크가 비잔티움 제국을 위협하자, 비잔티움 제국의 황제 알렉시우스 1세는 로마의 교황 우르바누스 2세에게 도움을 요청했다.

우르바누스 2세는 1095년 클레르몽 공의회에서 지원군을 파견하기로 결정하고, 십자군 원정에 참가하라고 청중을 설득했다. 그러자 수많은 사람이 십자군에 참여하겠다고 나섰다. 사실 유럽 사람들 모두가 이 전쟁을 원했다고 해도 과언이 아니었다.

비잔티움 제국은 이번 기회에 이슬람 세력을 몰아내고 영토를 넓히려고 했다. 또한 로마 교황은 자신의 권력을 더 높일 수 있는 기회라고 생각했으며, 왕들은 크리스트교도로서의 사명을 다하고자 했다. 지방의 제후들은 영지를 넓히려고 했으며, 기사들은 전쟁에서 공을 세워 부와 명예를 얻고자 했다. 상인들은 더 많은 돈을 벌고자 했으며, 농민들은 새로운 땅에서 새 삶을 시작해 가난하고 고단한 삶에서 벗어나고자 했다. 결국 많은 사람이 신앙심을 바탕으로 십자군 원정에 참여했지만, 이보다는 십자군을 통해 한몫 챙겨 보고자 하는 경제적인 욕심이 더 컸다.

1096년 제1차 십자군 원정이 시작되었다. 3년 만에 예루살렘에 도착한 십자군은 이슬람 병사는 물론 이슬람 상인들과 순례자들까지 닥치는 대로 죽이고 재물을 빼앗았다. 이들은 예루살렘을 빼앗는 데 성공하고, 4개의 크리스트교 왕국을 건설했다. 하지만 1147년에 출정한 제2차 십자군은 더욱 강해진 이슬람군을 상대로 크게 패배했다.

십자군 전쟁을 통틀어 최고의 정예 군대가 참전한 제3차 십자군 전쟁에서는 이슬람 세계를 정복한 살라딘과 '사자왕'이라는 별명을 가진 영국의 왕 리처드 1세가 지휘관으로 참전했다. 리처드 1세는 살라딘을 상대로 용맹하게 싸웠지만, 예루살렘을 되찾는 데는 성공하지 못했다. 하지만 1192년 평화적으로 휴전 협정을 맺어 유럽인들이 자유롭게 성지 순례를 할 수 있도록 했다.

| 리처드 1세와 살라딘의 전투

십자군 원정은 시간이 지날수록 점점 더 타락하기 시작했다. 특히 제4차 십자군은 베네치아 상인들과 협작해 예루살렘을 점령하기는커녕 비잔티움 제국의 수도인 콘스탄티노폴리스를 공격했다. 이들은 황제를 내쫓고 닥치는 대로 약탈해 가장 추악한 원정을 만들고 말았다. 이후 십자군은 4번이나 더 원정을 떠났지만, 결국 성지 탈환이라는 목표를 이루는 데 실패했다.

십자군 전쟁 이후 달라진 중세 도시

십자군 원정의 실패는 중세 유럽의 많은 부분을 바꾸어 놓았다. 십자군 원정으로 인해 많은 사람이 희생된 데다 14세기 중엽 유럽을 휩쓴 흑사병 때문에 유럽 인구가 3분의 1 이상 줄었다. 더 이상 일할 사람들이 없어지자 농사지을 땅은 남아돌게 되고, 중세 시대를 지탱했던 장원제는 서서히 무너졌다. 특히 절대적이었던 교황의 권위가 쇠퇴하면서 크리스트교 중심의 중세 시대가 막을 내렸고, 영주들 또한 큰 타격을 입었다. 반면 왕은 전쟁에 참여했던 영주들의 땅을 차지하면서 점차 세력을 키웠다. 왕권이 점점 더 강해지자, 왕은 중앙 집권 국가를 꿈꾸기 시작했다.

십자군 전쟁이 벌어지는 동안 동방과의 무역을 통해 전쟁 물자가 생산·운반되는 과정에서 상업이 발달했다. 상업이 활발해지면서 성채를 중심으로 도시도 발달했다. 상인들과 수공업자들은 자신들의 권리와 안전을 지키기 위해 길드를 조직했다.

| 중세 유럽 전역을 휩쓴 흑사병

유럽인들은 십자군 전쟁을 통해 이슬람 세계와 만나면서 수준 높은 문화와 지식을 접하게 되었다. 그동안 유럽에서는 수도원과 교회에서 주로 교육을 담당했다. 하지만 십자군 전쟁을 계기로 고대 그리스와 로마 시대의 서적들이 유럽에 소개되면서 새로운 학문을 연구할 수 있게 되었다. 그중 중세 유럽 학문에 가장 영향을 많이 끼친 사람은 아리스토텔레스였다. 신학자였던 토마스 아퀴나스는 아리스토텔레스의 논리학을 연구해 스콜라 철학을 발

| 토마스 아퀴나스 조각상

전시켰다. 이 시기에는 유럽 곳곳에 대학이 유행처럼 번지면서 신학은 물론 의학과 법학 등을 가르치는 대학이 많아졌다.

결국 군사적으로 볼 때 십자군 전쟁은 실패한 전쟁이라고 평가할 수 있지만, 유럽의 입장에서는 십자군 전쟁을 통해 많은 이득을 보았다고 할 수 있다.

1	십자군 전쟁이 일어나기 전, 서유럽 교황과 황제의 관계는 어땠나요?
2	십자군 전쟁은 모두 몇 차례 일어났나요?
3	십자군 전쟁은 왜 일어나게 되었나요?
4	십자군 원정을 떠난 사람들(교황, 왕, 지방의 제후, 기사, 상인, 농민)의 목적은 무엇인가요?
5	십자군 원정을 떠난 사람들(교황, 왕, 지방의 제후, 기사, 상인, 농민)이 원정을 통해 이룬 결과는 무엇인가요?
6	십자군 전쟁의 과정을 설명해 보세요.
7	십자군 전쟁의 결과를 설명해 보세요.
8	십자군 전쟁이 실패한 후 교황권과 황제권에는 어떤 변화가 있었나요?
9	십자군 전쟁이 가져온 유럽의 상업 발달에 대해 설명해 보세요.
10	십자군 전쟁을 통해 중세 유럽의 학문에는 어떤 변화가 있었나요?
11	
12	
13	
14	
15	

쟁점과 토론 논제

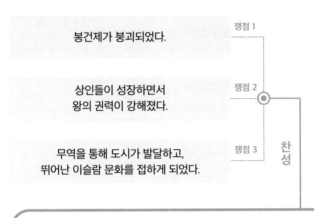

봉건제가 붕괴되었다. **쟁점 1**

상인들이 성장하면서
왕의 권력이 강해졌다. **쟁점 2**

무역을 통해 도시가 발달하고,
뛰어난 이슬람 문화를 접하게 되었다. **쟁점 3** **찬성**

십자군 전쟁은 유럽 사회에 긍정적인 영향을 끼쳤다.

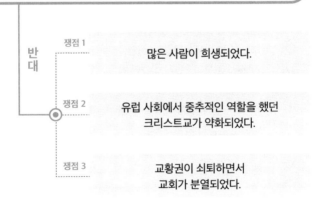

반대 **쟁점 1** 많은 사람이 희생되었다.

쟁점 2 유럽 사회에서 중추적인 역할을 했던
크리스트교가 약화되었다.

쟁점 3 교황권이 쇠퇴하면서
교회가 분열되었다.

추가 토론 논제

1. 십자군 전쟁의 목적은 예루살렘 탈환이었다.
2. 십자군 원정은 크리스트교도를 보호하기 위해 일어났다.
3. 십자군 전쟁은 오늘날 종교 갈등의 원인이다.

논제	십자군 전쟁은 유럽 사회에 긍정적인 영향을 끼쳤다.	
용어 정의	○ **십자군 전쟁**: 예루살렘을 되찾기 위해 1096년부터 1270년까지 이어진 크리스트교 연합군과 이슬람교도 간의 전쟁 ○ **긍정적**: 그러하거나 옳다고 인정하는 것 ○ **영향**: 어떤 사물의 효과나 작용이 다른 것에 미치는 일	
	찬성	반대
쟁점 1	봉건제가 붕괴되었다.	많은 사람이 희생되었다.
근거	십자군 원정의 실패로 많은 사람이 희생된 데다가 흑사병으로 인해 유럽 인구의 3분의 1 이상이 줄어들자, 노동력이 부족해지고 농노의 몸값이 올라갔다. 상인들이 도시로 모여들면서 상업이 활발해지고, 도시의 규모와 경제력은 더 커졌다. 일부 농노는 돈을 내고 신분상의 자유와 부를 누리기도 했다. 이런 과정을 통해 장원제가 무너졌다.	교황은 클레르몽 공의회를 열어 십자군 원정에 참가하라고 청중을 설득했다. 지방의 제후들과 기사, 농민들이 참여하기를 원했다. 그 바탕에는 신앙심이 있기는 했지만, 사실 이들은 십자군을 통해 경제적인 욕심을 더 채우려 했다. 십자군 원정을 떠난 사람들은 이슬람 병사는 물론 이슬람 상인과 순례자, 심지어 같은 크리스트교도까지 닥치는 대로 죽이고 재물을 빼앗았다.

쟁점 2	상인들이 성장하면서 왕의 권력이 강해졌다.	유럽 사회에서 중추적인 역할을 했던 크리스트교가 약화되었다.
근거	십자군 전쟁의 실패로 교황의 권위가 약해지고, 전쟁에 참여했던 영주들의 땅을 차지하면서 왕권은 더욱 강해졌다. 왕은 동방과의 교류로 돈을 많이 번 상인들에게 세금을 받아 나라를 운영했다. 대신 상인들은 왕의 보호 아래 자유롭게 상업과 무역을 할 수 있었으며, 정치적인 행사에도 참여했다. 이렇게 커진 왕의 권력은 중앙 집권적인 근대 국가를 탄생시켰다.	크리스트교는 중세인들에게 정신적인 부분과 일상생활에서 큰 영향을 주었다. 하지만 십자군 전쟁의 실패로 교황권이 몰락하고 신앙이 약화되어 교회의 권위는 나락으로 떨어졌다. 일부 사람은 신이 크리스트교를 버렸다고 생각하며 무함마드를 숭배하기까지 했다. 결국 십자군 전쟁이 실패로 돌아가면서 크리스트교 중심의 중세 시대는 막을 내리게 되었다.
쟁점 3	무역을 통해 도시가 발달하고, 뛰어난 이슬람 문화를 접하게 되었다.	교황권이 쇠퇴하면서 교회가 분열되었다.
근거	십자군 전쟁으로 상업이 활발해지면서 도시가 발달했다. 유럽인들은 이슬람 세계와 교류하면서 수준 높은 문화와 지식을 접하게 되었다. 이를 계기로 고대 그리스와 로마 시대의 서적들이 유럽에 소개되면서 새로운 학문을 연구할 수 있었다. 이 시기에 신학은 물론 의학과 법학 등을 가르치는 대학이 생겨났다.	중세 서유럽을 지탱해 주었던 크리스트교는 십자군 전쟁이 실패한 이후 교황의 권위와 함께 쇠퇴하기 시작했다. 프랑스의 왕 필리프 4세와 교황 보니파키우스 8세가 대립하면서 아비뇽 유수가 벌어졌다. 이후 로마와 아비뇽 양쪽에서 교황이 선출되면서 교회의 분열과 개혁의 움직임이 나타나기 시작했다.

찬성 측 입론서

▌논의 배경

십자군 전쟁은 1096년부터 1270년까지 8차례에 걸쳐 치러진 대규모의 종교 전쟁이었다. 예루살렘 성지를 되찾기 위해 크리스트교 연합군과 이슬람교도 간에 전쟁이 벌어진 것이다. 십자군 전쟁 과정에서 동방과의 무역이 활발해지자, 유럽 사회에서는 상업이 활기를 띠기 시작하고 성채를 중심으로 도시가 발달했다. 십자군 전쟁 이후에는 봉건제가 서서히 붕괴되면서 중앙 집권 체제의 국가가 등장하기 시작했다. 이번 토론을 통해 십자군 전쟁이 유럽 사회에 긍정적인 영향을 끼쳤는지에 대해 논의해 보고자 한다.

▌용어 정의

○ **십자군 전쟁**: 예루살렘을 되찾기 위해 1096년부터 1270년까지 이어진 크리스트교 연합군과 이슬람교도 간의 전쟁
○ **긍정적**: 그러하거나 옳다고 인정하는 것
○ **영향**: 어떤 사물의 효과나 작용이 다른 것에 미치는 일

쟁점 1 봉건제가 붕괴되었다.

유럽의 중세 시대는 봉건제가 이끌고 있었다. 당시 봉건제는 군주와 영주가 충신 계약을 맺어 영주는 충성을 맹세하는 동시에 땅의 주인이 되는 제도였다. 하지만 십자군 원정이 실패로 돌아가자, 중세 유럽

의 많은 부분이 바뀌었다. 십자군 원정으로 많은 사람이 희생된 데다가 14세기 중엽 흑사병의 유행으로 유럽 인구가 3분의 1 이상 줄어들었다. 이로 인해 노동력이 부족해지고 농노의 몸값은 올라갔다. 상인들과 수공업자들이 도시로 모여들면서 상업이 활발해지고, 도시의 규모와 경제력은 더욱더 커져 갔다. 자유로운 경제 시장이 이루어지면서 일부 농노는 돈을 내고 신분상의 자유를 누렸으며, 경작지를 직접 사거나 팔기도 했다. 이런 과정을 통해 중세 시대를 지탱했던 장원제는 서서히 무너졌다.

쟁점 2 상인들이 성장하면서 왕의 권력이 강해졌다.

기나긴 십자군 전쟁에서 실패하자, 교황에 대한 불만이 커졌다. 그동안 절대 권력을 휘둘렀던 교황의 권위가 약해지면서 자연스럽게 각 나라의 왕권이 강해졌다. 이렇게 해서 크리스트교 중심의 중세 시대는 점점 막을 내리게 되었다. 왕은 전쟁에 참여했던 영주들의 땅을 차지하면서 점차 세력을 키웠다. 동방과의 교류가 활발해지고 상업과 도시가 더욱 발달하면서 상인들이 돈을 많이 벌게 되었다. 왕은 상인들에게 세금을 받아 나라를 운영했다. 대신 상인들은 왕의 보호 아래 자유롭게 상업 활동과 무역을 통한 경제 활동을 할 수 있었으며, 정치적인 행사에도 참여했다. 이런 과정을 통해 중앙 집권적인 근대 국가가 탄생했다.

쟁점 3 무역을 통해 도시가 발달하고, 뛰어난 이슬람 문화를 접하게 되었다.

십자군 전쟁이 벌어지는 동안 동방과의 무역을 통해 전쟁 물자가 생산·운반되는 과정에서 상업이 활발해지고, 성채를 중심으로 도시가 발달했다. 11세기경 베네치아와 제노바 등의 지중해 도시를 중심으로 동방 무역이 발전했고, 밀라노와 토리노 등에서는 직물업이 발달했다. 이 뿐만 아니라 유럽인들은 십자군 전쟁을 통해 이슬람 세계와 교류하면서 수준 높은 문화와 지식을 접했다. 이를 계기로 고대 그리스와 로마 시대의 서적들이 유럽에 소개되면서 새로운 학문을 연구할 수 있게 되었다. 이 시기에 유럽 곳곳에는 신학은 물론 의학과 법학 등을 가르치는 대학이 생겨났다.

▌논의 배경

크리스트교는 중세 서유럽을 지탱해 준 종교였다. 카노사의 굴욕 이후 교황권이 강력해지고, 예수의 무덤이 있는 예루살렘으로 성지 순례를 가는 사람들이 많아졌다. 11세기 후반에 셀주크 튀르크가 성지 순례를 방해하자, 예루살렘 탈환을 목적으로 크리스트교 연합군이 형성되었다. 이들은 신앙심을 바탕으로 십자군 전쟁을 일으켰지만, 결국 한몫 챙겨 보고자 하는 욕심이 더 컸다. 이로 인해 십자군 원정은 황제를 내쫓고 상인들을 죽이거나 약탈하는 추악한 원정으로 변질되고 말았다. 이번 토론을 통해 십자군 전쟁이 유럽 사회에 긍정적인 영향을 끼쳤는지에 대해 논의해 보고자 한다.

▌용어 정의

○ **십자군 전쟁**: 예루살렘을 되찾기 위해 1096년부터 1270년까지 이어진 크리스트교 연합군과 이슬람교도 간의 전쟁
○ **긍정적**: 그러하거나 옳다고 인정하는 것
○ **영향**: 어떤 사물의 효과나 작용이 다른 것에 미치는 일

쟁점 1 많은 사람이 희생되었다.

약 170년 동안 8차례에 걸쳐 치러진 십자군 전쟁은 많은 사람의 생명을 앗아 갔다. 교황 우르바누스 2세는 원정에 앞서 클레르몽 공의회에

서 지원군을 파견하기로 결정하고, 십자군 원정에 참가하라고 청중을 설득했다. 그러자 수많은 사람이 십자군에 참여하겠다고 나섰다. 지방의 제후들과 기사들은 전쟁으로 공을 세워 명예나 돈을 얻고자 했으며, 농민들은 새로운 땅에서 새 삶을 찾고자 했다. 이들은 신앙심을 바탕으로 십자군 원정에 참여했지만, 그보다는 십자군을 통해 경제적인 욕심을 더 채우려 했다. 1096년 제1차 십자군 원정이 시작되었다. 3년 만에 예루살렘에 도착한 십자군은 이슬람 병사는 물론 이슬람 상인들과 순례자들까지 닥치는 대로 죽이고 재물을 빼앗았다. 십자군 원정은 시간이 지날수록 점점 더 타락하기 시작했다. 제4차 십자군은 예루살렘을 점령하기는커녕 비잔티움 제국의 수도인 콘스탄티노폴리스까지 공격했다. 이들은 황제를 내쫓고 닥치는 대로 약탈해 가장 추악한 원정을 만들고 말았다.

쟁점 2 │ 유럽 사회에서 중추적인 역할을 했던 크리스트교가 약화되었다.

중세 시대를 지탱해 온 크리스트교는 사람들에게 정신적인 부분과 일상생활에서 큰 영향을 주었다. 십자군 전쟁은 약 170년 동안 제8차까지 이어졌음에도 크리스트교의 성지인 예루살렘 탈환에 실패함으로써 유럽권이 이슬람교도에게 패배한 전쟁이 되었다. 교황의 예상과 달리 제1차를 제외한 모든 원정에서 실패했기 때문이다. 그 결과 교황권이 몰락하고 신앙이 약화되어 교회의 권위가 떨어지고 말았다. 일부 사람은 신이 크리스트교를 버렸다며 무함마드를 숭배하기도 했다. 십자군 전쟁 이전에는 교회가 가장 강력한 봉건 세력이었지만, 십자군 전쟁이 실패로 돌아가면서 크리스트교 중심의 중세 시대가 막을 내리게 되었다.

쟁점 3   교황권이 쇠퇴하면서 교회가 분열되었다.

십자군 전쟁의 실패로 교황의 권위가 약화되자, 프랑스의 왕 필리프 4세는 교황권을 두고 교황 보니파키우스 8세와 대립했다. 이후 필리프 4세의 지원으로 교황이 된 클레멘스 5세는 교황청을 로마에서 아비뇽으로 옮겼다. 이 사건을 아비뇽 유수라고 한다. 이로 인해 아비뇽 교황과 로마 교황, 이렇게 교황이 둘이 되어 버렸다. 이후 유럽 곳곳에서 교회의 분열과 개혁의 움직임이 나타났다. 이때 영국의 위클리프와 보헤미아의 후스는 교회의 세속화와 두 명의 교황이 선출되는 것에 대한 문제점을 고발했다. 그러자 로마 가톨릭 교회는 콘스탄츠 공의회를 소집해 위클리프를 이단으로 규정하고 후스를 화형에 처해 버렸다. 교황이 두 명이 되면서 크리스트교는 분열되기 시작했다.

07
백년 전쟁

교과서 수록 부분

○ 중학교 역사①: Ⅱ. 4. 크리스트교 문화의 형성과 확산
○ 고등학교 세계사: Ⅳ. 2. 유럽 세계의 형성과 동요 / 유럽 사회의 형성
　과 발전

학습 목표

1. 백년 전쟁 당시 영국과 프랑스의 상황을 이해할 수 있다.
2. 백년 전쟁의 과정을 설명할 수 있다.
3. 백년 전쟁의 결과에 대해 토론할 수 있다.

잉글랜드 왕국

아쟁쿠르 전투(1415년)

런던

칼레

슬로이스

플랑드르

영국 해협

크레시 전투(1346년)

셰르부르

루앙

랭스

신성
로마 제국

브르타뉴

노르망디

파리

트루아

오를레앙

부장송

앙주

볼루아

부르고뉴 공국

푸아티에

오를레앙 전투(1429년)

푸아티에 전투(1356년)

프랑스 왕국

리옹

비스케이만

교황령

카스티용 전투(1453년)

카스티용

아비뇽

프로방스

보르도

기옌 공국

카르카손

나바라

아라곤

백년 전쟁이 일어났을 때의 영국령(1337년)
브레니티 조약 후의 영국령(1360년)
1429년의 영국령
백년 전쟁이 끝났을 때의 영국령(1453년)
영국군의 진로
잔 다르크의 진로

한눈에 알아보는 백년 전쟁

배경	○ 봉건 영주의 세력 약화 ○ 교황권 쇠퇴 ○ 왕권 강화
원인	○ 프랑스, 왕위 계승권 문제가 생김 → 필리프 6세가 왕위에 오름 ○ 영국의 왕 에드워드 3세, 프랑스 왕위 계승 주장 → 필리프 6세에게 밀림 ○ 프랑스의 왕, 플랑드르 제후에게 막대한 세금 요구 → 프랑스의 왕과 플랑드르 사이가 나빠짐 ○ 에드워드 3세, 플랑드르에 양모 공급 중단 선언 → 플랑드르 사람들, 영국 지지 → 프랑스, 영국 왕실의 땅인 기엔 지방 몰수 → 에드워드 3세, 프랑스 공격
전개	○ 1340년 첫 번째 전투: 영국 승리 ○ 1346년 크레시 전투: 영국 승리 ○ 크레시 전투 이후 흑사병 유행으로 전쟁 잠시 중단 ○ 1415년 아쟁쿠르 전투: 영국의 헨리 5세, 부르고뉴파와 손잡음 → 영국 승리 ○ 영국군, 프랑스 남부 공격 → 프랑스의 땅 대부분 차지 → 샤를 7세, 오를레앙으로 도망 ○ 1429년 오를레앙 전투: 잔 다르크 등장 → 영국군 격파 ○ 잔 다르크, 1430년 영국군에게 넘겨짐 → 1431년 화형을 당함 ○ 1453년 프랑스의 승리로 백년 전쟁이 끝남
결과	○ 왕권 강화 → 죽은 귀족과 기사의 땅을 왕이 모두 차지 → 상비군을 갖춤 ○ 프랑스, 국가에 대한 개념 발달

자세히 알아보는 백년 전쟁

영원한 맞수, 영국과 프랑스가 충돌하다

중세 유럽에서는 십자군 전쟁 후 봉건제가 무너지면서 왕권이 강해지기 시작했다. 하지만 프랑스는 필리프 6세 때 왕위 계승권 때문에 큰 위기에 처했다. 필리프 6세가 등극하기 전에 프랑스의 왕은 카페 왕조의 마지막 왕인 샤를 4세였다. 샤를 4세가 후계자를 남기지 못하고 죽자, 샤를 4세의 사촌인 필리프 6세가 왕위에 올랐다. 이때 당시 영국의 왕인 에드워드 3세는 자신이 프랑스의 국왕이 되어야 한다고 나섰다. 에드워드 3세는 샤를 4세의 아버지인 필리프 4세의 딸 이사벨의 아들이었다. 즉, 샤를 4세와 에드워드 3세는 삼촌과 조카 사이여서 사촌지간인

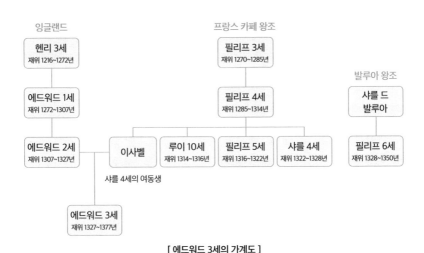

[에드워드 3세의 가계도]

필리프 6세보다 더 가까운 촌수였다. 그
래서 에드워드 3세는 자신이 필리프 6세
보다 왕위 후계자 순위가 앞선다고 주장
했다.

| 에드워드 3세

이 시기에 플랑드르에서 사고가 발생
했다. 지금 벨기에 지방인 플랑드르는 홍
수가 심한 지역이었다. 플랑드르 사람들
은 바다를 막아 간척지를 만들어 소금을
생산하고, 소와 양을 키우면서 엄청난 부
를 축적해 자유롭게 땅도 소유하게 되었다. 730년에 프랑크 왕국에 복
속되지만, 플랑드르 제후는 프랑스 왕국 안에서 막강한 힘을 가지게 되
었다.

당시 플랑드르는 모직물을 생산하는 유럽 최대의 공업 지대였다. 모
직물의 원료인 양털은 주로 영국에서 공급되었다. 프랑스에 속해 있던
플랑드르는 경제적으로 영국의 영향을 크게 받을 수밖에 없었다. 플랑
드르와 영국이 서로 친하게 지내자, 프랑스의 왕은 플랑드르 제후에게
막대한 세금을 바치라고 압박했다. 이렇게 해서 플랑드르와 프랑스의
왕과의 사이는 점점 나빠졌다.

필리프 6세에게 밀려난 에드워드 3세는 플랑드르에 양모 공급 중단
을 선언했다. 이에 곤란해진 플랑드르 사람들은 영국을 지지했다. 그
러자 프랑스도 프랑스 안에 있는 영국 왕실의 땅인 기옌 지방을 몰수해
버렸다. 기옌은 유럽 최대의 포도주 생산지로 유명한 곳이었다. 이에
프랑스의 왕을 공격할 명분을 찾은 에드워드 3세는 1339년 프랑스 함

대를 향해 대포를 쏘았다. 이렇게 백년 전쟁이 시작되었다.

길고 지루한 백년 전쟁이 시작되다

1340년에 일어난 첫 전투는 규모가 그리 크지 않았다. 이 전투에서
는 영국이 승리했다. 1346년에 벌어진 크레시 전투에는 에드워드 3세
와 필리프 6세가 직접 참전했으며, 결과는 프랑스의 대패였다. 영국의
강력한 무기였던 장궁 때문이다. 장궁은 길이가 1.5~1.8m에 이르렀기
때문에 200m 밖에서 쏘더라도 기사의 철판 갑옷은 물론 멀리 달아나는
기사와 말을 한꺼번에 죽일 수 있었다.

크레시 전투 이후 유럽에 퍼진 흑사병 때문에 전쟁은 잠시 중단되었
다. 쥐를 통해 전염되는 흑사병은 유럽 인구의 3분의 1 정도를 사망에
이르게 했다. 당시에는 전쟁보다 무서운 전염병이었다.

1356년에는 에드워
드 3세의 장남인 흑태자
와 필리프 6세의 뒤를 이
은 장 2세가 전투를 벌였
다. 이 전투에서 패배한
장 2세는 영국군에게 붙
잡혀 갔다. 이 때문에 영
국과 프랑스는 평화 협
정을 맺게 되고, 영국은
노르망디에서 아키텐에

| 크레시 전투

| 아쟁쿠르 전투

이르는 옛 영토를 되찾게 되었다.

　1415년 프랑스 귀족 부르고뉴파와 아르마냐크파의 권력 다툼으로 프랑스는 혼란스러워졌다. 이 틈을 타 영국의 헨리 5세는 부르고뉴파와 손을 잡고 프랑스를 공격해 큰 승리를 거두었다. 이 전투가 바로 아쟁쿠르 전투다.

　아쟁쿠르 전투에서 진 프랑스의 왕 샤를 6세는 영국의 왕 헨리 5세에게 왕의 자리를 넘겨주겠다는 트루아 조약에 서명하고 말았다. 그런데 조약이 이행되기 전에 샤를 6세와 헨리 5세가 사망했다. 트루아 조약에 따라 헨리 5세의 아들 헨리 6세는 영국과 프랑스 모두의 왕이 되었다. 하지만 샤를 7세는 트루아 조약이 무효라며 자신이 프랑스의 왕이라고 선언했다. 샤를 7세는 아르마냐크파와 힘을 합쳐 영국군에 저항했지만, 영국군을 몰아낼 힘이 부족했다.

프랑스의 영웅, 잔 다르크가 등장하다

영국군은 이번에야말로 프랑스를 모두 차지하겠다고 벼르고 있었다. 영국군은 샤를 7세가 지배하던 프랑스 남부를 공격해 프랑스 땅의 대부분을 차지했다. 그러자 샤를 7세는 오를레앙으로 도망가 버렸다.

번번이 지던 프랑스군이 전세를 뒤집은 것은 1429년에 벌어진 오를레앙 전투에서였다. 영국군이 오를레앙 성을 포위한 이듬해인 1429년, 17세였던 잔 다르크는 신의 계시를 듣고 샤를 7세를 찾아갔다. 하지만 시골 출신인 어린 소녀의 말을 믿는 사람은 없었다. 샤를 7세는 가짜를 내세워 잔 다르크를 시험해 보기로 했다. 잔 다르크가 샤를 7세를 바로 찾아내자, 정말로 신의 계시를 받았을지도 모른다고 생각한 왕은 잔 다르크에게 군대를 내주었다.

잔 다르크는 바로 군대를 이끌고 오를레앙 성으로 향했다. 처음에는 잔 다르크를 무시했던 프랑스군은 적군에게 달려드는 잔 다르크의 용기에 힘을 얻어 영국군을 격파하기 시작했다. 결국 프랑스군은 잔 다르크 덕분에 오를레앙을 구하게 되었고, 샤를 7세는 무사히 대관식을 치러 프랑스의 정식 왕이 되었다.

| 잔 다르크 동상

| 마녀로 몰려 화형을 당하는 잔 다르크

잔 다르크는 1430년 프랑스 귀족 부르고뉴파 군사에게 잡혀 영국군에게 넘겨졌다. 프랑스를 구한 잔 다르크가 영국의 종교 재판에 넘겨져 위기에 처했는데도 샤를 7세는 잔 다르크를 구하기 위해 아무 조치도 내리지 않았다. 잔 다르크가 국민의 영웅이 되자 경계심을 느꼈기 때문이다. 결국 잔 다르크는 마녀라는 누명을 쓰고 1431년 화형에 처해졌다. 이 소식을 들은 프랑스군은 똘똘 뭉쳤고, 기세를 몰아 파리를 되찾았다. 결국 영국이 점령하고 있었던 모든 프랑스 땅을 되찾은 프랑스군은 1453년 백년 전쟁을 승리로 이끌었다.

프랑스, 왕권 강화와 함께 국가의 개념이 싹트다

백년 전쟁 후 프랑스에는 많은 변화가 일어났다. 우선 왕권이 더욱 강해졌다. 오랜 전쟁으로 귀족들과 기사들이 죽자, 주인이 없어진 땅은 모두 왕의 차지가 되었다. 이를 통해 넉넉한 재정이 생긴 왕은 용병을 고용해 강력한 군대를 갖추었다. 이를 상비군이라 한다. 상비군이 총과 대포 등 신무기로 무장하자, 기사들이 설 곳은 점점 더 줄어들었다.

또 하나의 중요한 변화는 프랑스 국민의 태도다. 프랑스인들에게 '나

| 백년 전쟁 이후 샤를 8세와 군대

는 프랑스 사람이다.'라는 의식이 자리 잡게 된 것이다. 그전까지 농민
들은 프랑스의 왕보다는 자신이 속한 영주에게만 소속감과 충성심을
가졌다. 하지만 이들은 백년 전쟁 후반부에 자발적으로 나라를 위해 싸
웠다. 이때부터 프랑스는 국가에 대한 개념이 발달했으며, 프랑스 사람
들은 프랑스의 왕을 중심으로 똘똘 뭉쳤다. 그럴수록 프랑스 왕권은 더
욱 강해졌다.

생각을 부르는 질문, 하브루타

1	유럽의 봉건제에 대해 설명해 보세요.
2	플랑드르 사람들은 어떻게 부유해졌나요?
3	백년 전쟁의 원인은 무엇인가요?
4	크레시 전투와 아쟁쿠르 전투에 대해 설명해 보세요.
5	흑사병은 어떤 병이었으며, 유럽은 이 병으로 인해 어떻게 변했나요?
6	잔 다르크는 어떤 인물이었나요?
7	오를레앙 전투에 대해 설명해 보세요.
8	샤를 7세는 왜 잔 다르크를 도와주지 않았나요?
9	백년 전쟁의 결과에 대해 설명해 보세요.
10	영국과 프랑스는 왜 오늘날까지 서로 사이가 안 좋을까요?
11	
12	
13	
14	
15	

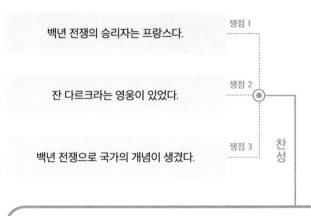

백년 전쟁의 승리자는 프랑스다.　쟁점 1

잔 다르크라는 영웅이 있었다.　쟁점 2

백년 전쟁으로 국가의 개념이 생겼다.　쟁점 3　찬성

백년 전쟁에서 거둔 프랑스의 승리는 정당하다.

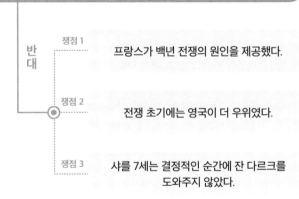

반대

쟁점 1　프랑스가 백년 전쟁의 원인을 제공했다.

쟁점 2　전쟁 초기에는 영국이 더 우위였다.

쟁점 3　샤를 7세는 결정적인 순간에 잔 다르크를
도와주지 않았다.

추가 토론 논제

1. 잔 다르크는 진정한 영웅이다.
2. 백년 전쟁은 플랑드르 때문에 일어났다.
3. 백년 전쟁은 영국과 프랑스에 긍정적인 영향을 미쳤다.

토론 요약서

논제	백년 전쟁에서 거둔 프랑스의 승리는 정당하다.	
용어 정의	○ **백년 전쟁**: 중세 말, 영국과 프랑스가 116년 동안 벌인 전쟁 ○ **프랑스**: 유럽 서부에 있는 공화국. 987년 프랑크 왕국이 멸망한 후 생겼으며, 유럽에서 3번째로 큰 나라임 ○ **정당하다**: 이치에 맞아 올바르고 마땅하다	
	찬성	반대
쟁점 1	백년 전쟁의 승리자는 프랑스다.	프랑스가 백년 전쟁의 원인을 제공했다.
근거	프랑스의 기엔 지방 몰수에 화가 난 에드워드 3세는 백년 전쟁을 일으켰다. 영국은 첫 번째와 두 번째 전투에서 승리했다. 영국의 헨리 5세는 프랑스 귀족 부르고뉴파와 손을 잡고 프랑스를 공격해 또다시 승리했다. 하지만 잔다르크의 활약과 노르망디에서의 전투로 백년 전쟁의 최종 승리는 프랑스가 가져갔다.	필리프 6세가 왕위에 오르자, 영국의 왕 에드워드 3세는 자신이 프랑스의 국왕이 되어야 한다고 주장했다. 이에 프랑스의 왕은 플랑드르 제후에게 세금을 바치라고 압박했다. 에드워드 3세가 플랑드르 양모 공급 중단을 선언하자, 프랑스도 기엔 지방을 빼앗아 버렸다. 이에 에드워드 3세는 백년 전쟁을 일으키게 되었다.

쟁점 2	잔 다르크라는 영웅이 있었다.	전쟁 초기에는 영국이 더 우위였다.
근거	적군에게 용감하게 달려드는 잔 다르크의 모습을 보고 힘을 얻은 프랑스군은 영국 군대를 격파했다. 이후 샤를 7세는 프랑스의 정식 왕이 되었다. 영국군에게 넘겨진 잔 다르크는 영국의 종교 재판을 받게 되었지만, 샤를 7세는 잔 다르크를 구해 주지 않았다. 이에 분개한 프랑스군은 영국군을 몰아내고 파리를 되찾았다.	영국은 크레시 전투에서 장궁을 사용해 큰 승리를 거두었다. 흑태자와 싸운 장 2세는 영국군에게 잡히고 말았다. 그 결과 영국은 노르망디에서 아키텐에 이르는 옛 영토를 되찾게 되었다. 이후 영국의 헨리 5세는 프랑스 귀족 부르고뉴파와 손을 잡고 프랑스를 공격해 대승을 거두었다.
쟁점 3	백년 전쟁으로 국가의 개념이 생겼다.	샤를 7세는 결정적인 순간에 잔 다르크를 도와주지 않았다.
근거	백년 전쟁 이후 주인이 없어진 땅은 모두 왕의 차지가 되었다. 넉넉한 재정을 얻게 된 왕은 용병을 고용해 강력한 군대를 갖추었다. 더불어 프랑스 국민에게는 민족의식이 자리 잡는 계기가 되었다. 이들은 자발적으로 나라를 위해 용맹하게 싸웠으며, 프랑스의 왕을 중심으로 똘똘 뭉쳤다. 그럴수록 프랑스 왕권은 더욱더 강해졌다.	샤를 7세는 시험을 통과한 잔 다르크에게 바로 군대를 내주었다. 전쟁을 승리로 이끈 잔 다르크는 1430년 영국군에게 넘겨졌다. 하지만 잔 다르크를 시기한 샤를 7세는 아무런 조치를 내리지 않았다. 결국 잔 다르크는 화형에 처해졌다. 이에 프랑스군은 똘똘 뭉쳐 파리를 되찾고, 영국이 점령하던 모든 프랑스 땅도 찾게 되었다.

▌논의 배경

당시 플랑드르 지역은 경제적으로는 영국, 정치적으로는 프랑스의 영향을 받고 있었다. 플랑드르와 영국이 서로 친하게 지내자, 프랑스의 왕은 플랑드르 제후에게 막대한 세금을 바치라고 압박했다. 이로 인해 플랑드르와 프랑스의 갈등이 심해졌다. 그러던 중 프랑스 왕위 계승을 두고 영국과 프랑스의 관계는 더욱 악화되었다. 결국 백년 전쟁이 시작되었고, 116년에 걸쳐 벌어진 전쟁은 프랑스의 승리로 끝났다. 이번 토론을 통해 백년 전쟁에서 거둔 프랑스의 승리가 정당한지에 대해 논의해 보고자 한다.

▌용어 정의

○ **백년 전쟁**: 중세 말, 영국과 프랑스가 116년 동안 벌인 전쟁
○ **프랑스**: 유럽 서부에 있는 공화국. 987년 프랑크 왕국이 멸망한 후 생겼으며, 유럽에서 3번째로 큰 나라임
○ **정당하다**: 이치에 맞아 올바르고 마땅하다

쟁점 1 백년 전쟁의 승리자는 프랑스다.

프랑스의 왕위 계승권에서 필리프 6세에게 밀려난 에드워드 3세는 플랑드르에 양모 공급 중단을 선언했다. 그러자 프랑스는 기엔 지방을 몰수해 버렸다. 프랑스의 왕을 공격할 명분을 찾던 에드워드 3세는

1339년 프랑스 함대를 향해 대포를 쏘았다. 이것이 백년 전쟁의 시작이었다. 1340년에 일어난 첫 전투는 규모가 크지 않았고 영국의 승리로 끝났다. 1346년 크레시 전투에서는 영국의 강력한 무기 때문에 프랑스가 큰 패배를 맛보았다. 이후 유럽 전역을 휩쓸었던 흑사병 때문에 전쟁이 잠시 중단되었다. 1415년 프랑스의 내분으로 혼란스러워진 틈을 탄 영국의 헨리 5세는 프랑스 귀족 부르고뉴파와 손을 잡고 프랑스를 공격해 승리를 거두었다. 이렇게 영국의 승리로 끝이 나는 줄 알았지만, 잔 다르크의 활약과 노르망디에서의 전투로 프랑스는 백년 전쟁에서 최종 승리했다.

쟁점 2 　잔 다르크라는 영웅이 있었다.

　잔 다르크는 1412년 프랑스 동레미 지방의 양치기 집안에서 태어났다. 그녀는 17세 때 '전쟁에 나가 프랑스를 지키라'는 신의 계시를 들었다. 잔 다르크는 그길로 샤를 7세를 찾아갔다. 샤를 7세의 시험에 통과한 잔 다르크는 군대를 이끌고 오를레앙 성으로 향했다. 처음에는 잔 다르크를 무시했던 프랑스군도 적군에게 달려드는 잔 다르크의 용기에 힘을 얻어 영국 군대를 격파하기 시작했다. 잔 다르크 덕분에 오를레앙을 구하게 된 샤를 7세는 무사히 대관식을 치르고 프랑스의 정식 왕이 되었다. 하지만 잔 다르크는 영국군에게 넘겨져 영국의 종교 재판을 받았다. 샤를 7세는 국민의 영웅이 된 잔 다르크를 시기해 아무런 조치도 내리지 않았다. 이 소식을 들은 프랑스군은 영국군을 몰아내고 파리를 되찾았다. 이렇게 해서 백년 전쟁은 프랑스의 승리로 끝났다.

쟁점 3 **백년 전쟁으로 국가의 개념이 생겼다.**

백년 전쟁 이후 프랑스에는 많은 변화가 생겨났다. 우선 오랜 전쟁으로 인해 귀족들과 기사들이 죽자, 주인이 없어진 땅은 모두 왕의 차지가 되었다. 넉넉한 재정이 생긴 왕은 용병을 고용해 강력한 군대를 갖추었다. 상비군이 총과 대포 등 신무기로 무장하자, 기사들이 설 곳은 점점 더 줄어들었다. 백년 전쟁을 겪으면서 프랑스 국민의 태도도 변하기 시작했다. 프랑스인들에게 '나는 프랑스 사람이다.'라는 민족의식이 자리 잡게 된 것이다. 그전까지 농민들은 왕보다는 자신이 속한 영주에게만 소속감과 충성심을 가졌다. 봉건제하에서는 너무나도 당연한 현상이었다. 프랑스 사람들은 백년 전쟁이 후반에 접어들자, 나라를 위해 자발적으로 싸웠다. 이때부터 프랑스는 국가에 대한 개념이 생겼으며, 프랑스의 왕을 중심으로 똘똘 뭉쳤다. 그럴수록 프랑스 왕권은 더욱더 강해졌다.

▋논의 배경

  1337년부터 1453년까지 영국과 프랑스 간에 전쟁이 일어났다. 프랑스의 무기와 전술은 영국에 비해 훨씬 뒤처져 있었다. 이때 나타난 잔다르크 덕분에 프랑스는 가까스로 위기를 모면하고, 프랑스의 옛 영토들을 되찾았다. 잔 다르크는 프랑스 귀족 부르고뉴파 군사에게 잡혀 영국군에게 넘겨졌다. 하지만 프랑스의 왕 샤를 7세는 잔 다르크가 화형을 당하는 상황에서도 도움을 주지 않았다. 이번 토론을 통해 백년 전쟁에서 거둔 프랑스의 승리가 정당한지에 대해 논의해 보고자 한다.

▋용어 정의

  ○ **백년 전쟁**: 중세 말, 영국과 프랑스가 116년 동안 벌인 전쟁
  ○ **프랑스**: 유럽 서부에 있는 공화국. 987년 프랑크 왕국이 멸망한 후 생겼으며, 유럽에서 3번째로 큰 나라임
  ○ **정당하다**: 이치에 맞아 올바르고 마땅하다

쟁점 1 ┃ 프랑스가 백년 전쟁의 원인을 제공했다.

  프랑스는 십자군 전쟁 이후 왕위 계승권 문제로 큰 위기에 처했다. 샤를 4세가 후계자를 남기지 못하고 죽자, 사촌인 필리프 6세가 왕위에 올랐다. 이때 당시 영국의 왕인 에드워드 3세가 자신이 프랑스의 국왕이 되어야 한다며 나섰다. 샤를 4세와 에드워드 3세는 삼촌과 조카 사

이어서 사촌지간인 필리프 6세보다 왕위 계승 순위가 더 앞섰기 때문이다. 그러던 중 플랑드르가 영국과 친하게 지내자, 프랑스의 왕은 플랑드르 제후에게 막대한 세금을 바치라고 압박했다. 이를 계기로 플랑드르와 프랑스 왕과의 관계는 점점 악화되었다. 이후 필리프 6세에게 밀려난 에드워드 3세가 플랑드르에 양모 공급 중단을 선언하자, 플랑드르 사람들은 더욱더 영국을 지지했다. 그러자 프랑스도 프랑스 안에 있는 영국 왕실의 기엔 지방을 빼앗았다. 결국 에드워드 3세는 참지 못하고 전쟁을 일으켰는데, 이것이 백년 전쟁의 시작이었다.

쟁점 2 전쟁 초기에는 영국이 더 우위였다.

영국은 크레시 전투에서 장궁을 사용해 큰 승리를 거두었다. 장궁의 길이는 1.5~1.8m에 이르렀기 때문에 200m 밖에서 쏘더라도 기사의 철판 갑옷은 물론 멀리 달아나는 기사와 말을 한꺼번에 죽일 수 있었다. 1356년에는 에드워드 3세의 장남인 흑태자와 필리프 6세의 뒤를 이은 장 2세가 맞붙어 싸웠다. 이 전투에서 패배한 장 2세는 영국군에게 붙잡히고 말았다. 이 때문에 영국과 프랑스는 평화 협정을 맺게 되고, 영국은 노르망디에서 아키텐에 이르는 옛 영토를 다시 찾게 되었다. 이후 아쟁쿠르 전투에서는 영국의 헨리 5세가 프랑스 귀족 부르고뉴파와 손을 잡고 프랑스를 공격해 대승을 거두었다. 영국군은 프랑스군보다 수가 훨씬 적었지만, 뛰어난 전술과 무기 덕분에 전쟁 초기에 승리를 거둘 수 있었다.

샤를 7세는 결정적인 순간에 잔 다르크를 도와주지 않았다.

잔 다르크는 독실한 신자인 부모님 밑에서 자라 하나님의 말씀에 귀를 기울였다. 프랑스를 도우라는 신의 계시를 들은 잔 다르크는 전쟁에 참여하기로 결심하고 샤를 7세를 찾아갔다. 샤를 7세는 가짜 왕을 내세워 잔 다르크를 시험해 보기로 했다. 잔 다르크가 왕을 바로 찾아내자, 정말로 신의 계시를 받았을지도 모른다고 생각한 샤를 7세는 바로 군대를 내주었다. 1430년 프랑스를 승리로 이끈 잔 다르크는 프랑스 귀족 부르고뉴파 군사에게 잡혀 영국군에게 넘겨졌다. 하지만 국민들의 영웅이 된 잔 다르크를 시기한 샤를 7세는 잔 다르크를 위해 아무런 조치를 내리지 않았다. 결국 잔 다르크는 마녀라는 누명을 쓰고 1431년 화형에 처해졌다. 이 소식을 들은 프랑스군은 오히려 똘똘 뭉쳐 파리를 되찾았고, 기세를 몰아 영국이 점령하던 모든 프랑스 땅도 찾게 되었다.

1450년
구텐베르크, 활판 인쇄술 발명

1488년
바르톨로메우 디아스, 희망봉 발견

1492년
콜럼버스, 서인도 제도 도착

1498년
바스쿠 다 가마, 인도 항로 개척

1517년
루터, 종교 개혁

1519년
마젤란, 항해 시작(~1522년)

1543년
코페르니쿠스, 자동설 발표

1546년
슈말칼덴 전쟁(~1547년)

1555년
아우크스부르크 화의

1556년
에스파냐, 펠리페 2세 즉위

1558년
영국, 엘리자베스 1세 즉위

1571년
레판토 해전

1588년
칼레 해전

1602년
네덜란드, 동인도 회사 설립

1618년
30년 전쟁(~1648년)

1643년
프랑스, 루이 14세 즉위

1740년
프로이센, 프리드리히 2세 즉위

CHAPTER 3

르네상스

08

대항해 시대

교과서 수록 부분

○ 중학교 역사①: Ⅲ. 4. 신항로 개척과 유럽 지역 질서의 변화
○ 고등학교 세계사: Ⅳ. 3. 유럽 세계의 변화

학습 목표

1. 신항로의 개척 배경과 전개 과정을 이해할 수 있다.
2. 신항로 개척 이후 유럽의 변화를 설명할 수 있다.
3. 대항해 시대가 가져온 유럽의 경제적 발전에 대해 토론할 수 있다.

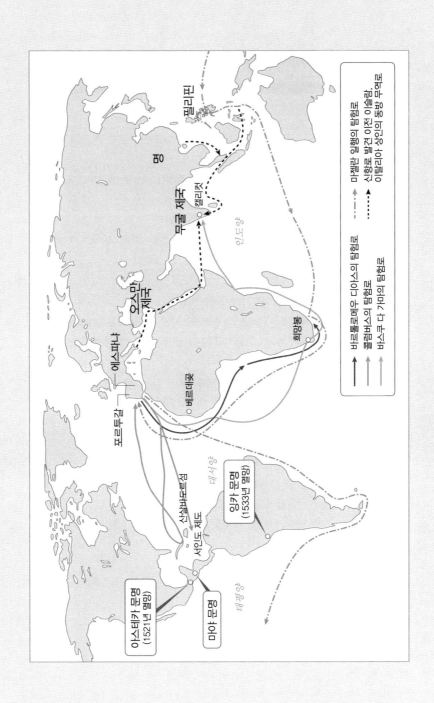

필리핀

명

무굴 제국

캘리컷

인도양

오스만 제국

에스파냐

포르투갈

희망봉

베르데곶

대서양

잉카 문명
(1533년 멸망)

산살바도르섬

서인도 제도

아스테카 문명
(1521년 멸망)

마야 문명

태평양

바르톨로메우 디아스의 탐험로
콜럼버스의 탐험로
바스쿠 다 가마의 탐험로
마젤란 일행의 탐험로
신항로 발견 이전 이슬람,
이탈리아 상인의 동방 무역로

한눈에 알아보는 대항해 시대

배경	○ 동방에 대한 호기심 증가: 유럽인들, 『프레스터 존의 전설』과 『동방견문록』 등을 접하게 됨 ○ 경제적 요인: 동방의 산물(계피, 후추, 생강 등의 향신료와 비단, 도자기 등)에 대한 수요 증가 ○ 이슬람 세력(오스만 제국)의 지중해 장악 ○ 과학 기술의 발달: 지리학·천문학·조선술·항해술 발달, 나침반 사용 → 원양 항해가 가능해짐
전개	○ 포르투갈: 동쪽으로 항해 • 엔히크 왕자: 아프리카 서해안 탐험 • 바르톨로메우 디아스: 아프리카의 남단 희망봉에 도착(1488년) • 바스쿠 다 가마: 아프리카의 희망봉을 돌아 인도 캘리컷에 도착(1498년) ○ 에스파냐: 서쪽으로 항해 • 콜럼버스: 서인도 제도 도착(1492년) • 마젤란: 대서양과 태평양을 건너 필리핀 도착, 3년 만에 귀환 → 최초로 세계 일주 성공(1522년)
결과	○ 유럽의 변화 • 무역 중심지: 지중해에서 대서양으로 이동 • 가격 혁명: 아메리카 대륙에서 금과 은 유입 → 유럽의 물가 상승 → 신흥 상공업 계층이 이익을 봄 • 상업 혁명: 상공업, 금융업 발달 → 시민 계층 성장, 주식회사(동인도 회사) 등장 ○ 아메리카의 변화 • 원주민의 문명 파괴: 아스테카 문명(멕시코고원), 잉카 문명(안데스고원) • 원주민의 노동 착취: 인구 감소 • 유럽의 전염병 유행 • 노예 무역 발달

자세히 알아보는 대항해 시대

유럽 모험가들의 탐험이 시작되다

15세기 유럽은 170여 년에 걸친 십자군 원정의 실패로 크리스트교의 확산이 중단되었으며, 14세기 중엽 유럽 인구의 3분의 1을 사망하게 했던 흑사병으로 인해 팽창을 주도할 만한 상황은 아니었다. 그런데도 유럽인들이 신항로를 개척하려 한 이유는 무엇일까?

가장 큰 이유는 바로 돈이었다. 당시 유럽에서는 동방의 비단과 도자기, 향신료 등이 인기가 많았다. 특히 인도의 후추는 고기의 누린내를 잡아 주고, 장기간 보관하는 데 큰 도움을 주었으며, 맛도 더욱 풍부하게 해 주었다. 이제 후추는 유럽인들에게 없어서는 안 될 향신료가 된 것이다. 후추의 수요가 엄청 늘어나자, 가장 비쌀 때는 후추 한 줌의 가격이 황소 반 마리와 맞먹을 정도였다.

| 마르코 폴로의 『동방견문록』

그동안 동방의 물품들은 비잔티움 제국을 거쳐 유럽으로 공급되었다. 하지만 1453년 오스만 제국의 침공으로 비잔티움 제국이 멸망하자, 유럽 국가

들은 더 이상 오스만 제국을 통해 무역할 수 없게 되었다. 일확천금을 벌수 있는 향신료를 얻기 위해서는 새로운 무역로의 개척이 절실히 필요했다.

또한 십자군 원정을 통해 전해진 동방의 문물들이나 마르코 폴로의 『동방견문록』은 동방에 대한 유럽인

| 항해사가 사용했던 나침반

들의 호기심을 자극하기에 충분했다. 여기에 중국에서 전해진 나침반과 지구 구형론은 유럽인들을 본격적으로 신항로 개척에 뛰어들게 만들었다.

신항로 개척의 선두 주자, 포르투갈과 에스파냐

신항로 개척은 유럽 대륙의 서쪽 끝인 이베리아반도의 두 국가인 포르투갈과 에스파냐에서 시작되었다. 포르투갈과 에스파냐는 레콩키스타(국토 회복 운동) 과정에서 세워진 크리스트교 왕국이다.

신앙심과 모험심이 강했던 포르투갈의 엔히크 왕자는 크리스트교 전파와 후추로 막대한 돈을 벌기 위해 가장 먼저 바다로 나갔다. 엔히크는 유럽에서 제일가는 조선 기술자와 항해 기술자, 지리학자, 천문학자들을 모아 각종 지리서나 지도 항해 기록 등을 연구했다. 결국 그는 서아프리카로 향하는 항로를 개척했다.

엔히크에 이어 포르투갈 왕의 명령을 받은 탐험가 바르톨로메우 디

아스는 1488년 아프리카 항로 탐사 중에 희망봉을 발견했다. 이후 바스쿠 다 가마는 바르톨로메우 디아스가 발견한 희망봉을 돌아 인도양을 거쳐 1498년 드디어 포르투갈의 숙원인 인도 항로 개척에 성공했다.

한편 포르투갈이 아프리카를 돌아 인도로 항해하면서 돈도 벌고 식민지를 개척했다는 소식을 들은 에스파냐의 이사벨라 여왕은 마음이 조급해졌다. 이대로 있다가는 포르투갈이 해상 무역을 모두 장악할지도 모르기 때문이었다. 이때 콜럼버스가 찾아와 대서양 항해 계획을 전했다. 콜럼버스는 지구가 둥글기 때문에 서쪽으로 항해하면 인도에 더 빨리 도착할 것이라고 생각했다. 포르투갈과 영국, 프랑스 등으로부터 거절당했던 콜럼버스는 이사벨라 여왕의 지원을 받아 드디어 대서양 항해의 꿈을 펼치게 되었다.

콜럼버스는 3척의 배를 이끌고 약 70일 동안 항해한 끝에 카리브해의 섬들을 발견했다. 그는 그곳을 인도로 착각했다. 그래서 원주민에게 인도 사람이라는 뜻인 '인디언'이라는 이름을 붙여 주었다. 이후 그곳은 서인도 제도로 불렸다. 콜

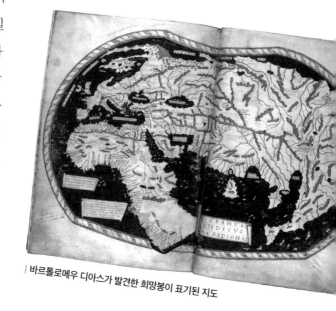

| 바르톨로메우 디아스가 발견한 희망봉이 표기된 지도

| 신대륙을 발견한 콜럼버스

럼버스는 그곳에서 얻은 금과 은을 가지고 금의환향했지만, 그토록 원했던 후추는 얻지 못했다. 이 일로 사기꾼 취급을 받게 된 콜럼버스는 더 이상 에스파냐의 지원을 받을 수 없게 되었고, 결국 실의에 빠져 세상을 떠나고 말았다.

아메리고 베스푸치는 4차례의 탐험을 통해 콜럼버스가 발견한 곳이 인도가 아닌 신대륙이라는 사실을 밝혀냈다. '아메리카'라는 명칭은 그의 이름에서 딴 것이다.

1519년에는 마젤란이 세계 일주를 시작했다. 마젤란은 남아메리카 남단을 돌아 필리핀에 도착했지만, 그곳에서 원주민에게 피살당하고 말았다. 다행히 그의 일행이 귀환해 처음으로 세계를 일주하는 데 성공했다. 이로써 지구가 둥글다는 것이 처음으로 입증되었다.

신항로 개척이 끼친 영향

신항로가 개척되자 무역의 중심지는 지중해에서 대서양으로 옮겨졌다. 유럽인들은 값싼 노동력을 착취하기 위해 식민지를 만들었고, 식민지에서 노예를 데려다 이윤을 착취하는 플랜테이션 농업을 개발했다.

새로운 작물이 신대륙에서 유럽으로 전파되었는데, 그중 설탕의 인기가 가장 높았다. 하지만 기온이 높은 지역에서 자라는 사탕수수의 특성상 유럽인들과 원주민은 죽어 나가기 일쑤였다. 그러자 유럽인들은 튼튼한 아프리카 흑인들에게 눈을 돌려 노예 무역을 시작했다. 흑인 노예들은 사탕수수 농장, 커피 농장, 담배 농장과 금광, 은광에서 죽을 때까지 강제 노역에 시달려야만 했다.

이 과정에서 에스파냐는 아메리카의 아스테카 문명과 잉카 문명을 약탈하고 파괴했으며, 농장을 만들어 원주민의 노동력을 착취했다. 유럽인

| 은광에서 강제 노역에 시달리는 흑인 노예들

들이 퍼뜨린 전염병과 유럽인들에 의한 학살로 아메리카 원주민의 수는 급격히 줄었고, 살아남은 사람은 노예가 되었다.

유럽인들은 신항로 개척으로 생긴 무역로를 통해 삼각 무역을 하기 시작했다. 이들은 총포와 직물 등을 아프리카에 팔았고, 다시 아프리카에서 노예들을 사 아메리카 플랜테이션 농장에 팔았다. 이렇게 해서 얻은 작물들과 금은은 다시 유럽으로 유입되었다.

아메리카를 통해 대량의 금과 은이 유럽으로 쏟아져 들어오자 인플레이션이 일어났다. 인플레이션이란 화폐 가치가 하락해 물가 수준이 전반적으로 상승하는 현상을 말하는데, 이를 가격 혁명이라고 한다. 이로 인해 임금 노동자들이나 화폐 지대를 받던 전통 귀족들은 손해를 보았지만, 상공업자들은 부를 쌓을 수 있었다.

신대륙에서 건너온 설탕, 감자, 고구마, 옥수수, 담배 등은 유럽 곳곳으로 퍼져 나갔으며, 동시에 커피, 밀, 말, 소와 같은 유럽의 물자들은 신대륙으로 건너갔다. 이러한 현상으로 세계 각국의 작물과 상품이 교환됨으로써 세계 상업의 규모가 크게 확대된 상업 혁명이 일어났다.

한편 포르투갈과 에스파냐가 신항로를 개척해 막대한 이익을 거두자 영국, 프랑스, 네덜란드 등도 동인도 회사를 세워 해외 식민지 개척에 본격적으로 나섰다. 하지만 새로운 배를 만들거나 선원들을 모집하는 데는 많은 돈이 필요했다. 이런 원거리 항해에 필요한 대규모의 자금 문제를 해결하기 위해 네덜란드

| 동인도 회사의 표식이 그려진 동전

왕실과 상인 연합에 의해 만들어진 아이디어가 바로 주식이다.

1602년에 설립된 네덜란드 동인도 회사는 세계 최초의 주식회사다. 동인도 회사는 전쟁 선포, 평화 조약 체결, 군대 유지, 요새 건설과 같은 특권을 가지고 있었으며, 이러한 독점적인 권리를 통해 막대한 이익을 챙겼다.

1	콜럼버스는 왜 신대륙을 개척하려고 했을까요?
2	15세기에 일어난 탐험들은 어떤 문제를 일으켰나요?
3	대항해 시대 때 남아메리카의 금과 은이 에스파냐에 불러온 변화는 무엇인 가요?
4	가격 혁명이란 무엇인가요?
5	대항해 시대 때 남아메리카의 금이 유럽으로 들어오면서 상공업자들이 부를 쌓게 되는데, 이것을 시민의 개념과 연관 지어서 설명해 보세요.
6	대항해 시대 때 플랜테이션 농업은 어떻게 생겨났나요?
7	대항해 시대 때 절대 왕정이 등장하게 된 이유는 무엇인가요?
8	절대 왕정에 나오는 상비군과 관료제는 무엇인가요?
9	중상주의는 무엇인가요?
10	동인도 회사는 왜 만들어졌으며, 무엇을 하는 곳이었나요?
11	
12	
13	
14	
15	

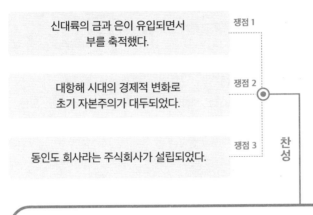

신대륙의 금과 은이 유입되면서
부를 축적했다.

쟁점 1

대항해 시대의 경제적 변화로
초기 자본주의가 대두되었다.

쟁점 2

동인도 회사라는 주식회사가 설립되었다.

쟁점 3

찬성

대항해 시대 때는 경제적으로 긍정적인 발전이 이루어졌다.

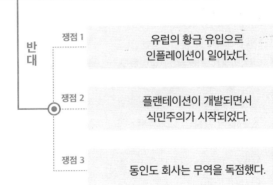

반대

쟁점 1

유럽의 황금 유입으로
인플레이션이 일어났다.

쟁점 2

플랜테이션이 개발되면서
식민주의가 시작되었다.

쟁점 3

동인도 회사는 무역을 독점했다.

추가 토론 논제

1. 콜럼버스는 위대한 탐험가다.
2. 대항해 시대의 신항로 개척은 긍정적인 결과를 가져왔다.
3. 유럽인들은 신대륙을 발견하기 위해 바람직하게 행동했다.

논제	대항해 시대 때는 경제적으로 긍정적인 발전이 이루어졌다.
용어 정의	○ **대항해 시대:** 15~16세기에 걸쳐 유럽인들이 신항로 개척이나 신대륙 발견을 왕성하게 하던 시대 ○ **경제적:** 인간 생활에 필요한 재화나 용역을 생산·분배·소비하는 모든 활동에 관한 것 ○ **긍정적:** 그러하거나 옳다고 인정하는 것

	찬성	반대
쟁점 1	신대륙의 금과 은이 유입되면서 부를 축적했다.	유럽의 황금 유입으로 인플레이션이 일어났다.
근거	콜럼버스는 에스파냐의 후원을 받아 1492년 서인도 제도에 정착했다. 포르투갈 탐험가들은 아프리카와 사하라 사막을 점령하고, 이곳에서 금을 채굴해 유럽으로 보냈다. 에스파냐로 유입된 금과 은은 전쟁 자금으로 쓰이거나 영국 및 이탈리아의 은행가들에게 넘어갔고, 다시 유럽 전반으로 흩어지거나 중국과의 무역에 사용되었다.	유럽인들은 아메리카 대륙의 금과 은을 모두 약탈해 갔다. 에스파냐가 거머쥐고 있던 금은이 여러 경로를 통해 유럽 전체에 쏟아지자, 인플레이션이 일어났다. 이로 인해 1세기 동안 유럽의 물가는 4배 가까이 급상승했다. 물가 폭등으로 인해 시민들은 물론 정부도 자금난을 겪게 되었다.

쟁점 2	대항해 시대의 경제적 변화로 초기 자본주의가 대두되었다.	플랜테이션이 개발되면서 식민주의가 시작되었다.
근거	신항로 개척의 선두 주자인 에스파냐는 아메리카 대륙에 도착한 후 플랜테이션 농장을 경영해 많은 이익을 챙겼다. 이로 인해 유럽과 아메리카, 아프리카를 잇는 삼각 무역이 형성되었다. 하지만 대량의 금은, 귀금속 등이 유럽에 들어오면서 가격 혁명이 일어났다. 이후 상업과 공업을 중시하는 현상은 초기 자본주의가 발전하는 토대가 되었다.	유럽 국가들은 설탕을 얻기 위해 서인도 제도 쟁탈전을 벌였다. 신대륙에서 전파된 설탕의 인기가 높아지자, 유럽인들은 아프리카 흑인을 노예로 사들여 사탕수수 농장에 팔아 노예 무역을 시작했다. 이 과정에서 아스테카 문명과 잉카 문명이 약탈되고 파괴되었으며, 유럽인들이 퍼뜨린 전염병과 유럽인들에 의한 무자비한 학살로 인해 아메리카 원주민 인구가 급격히 줄었다.
쟁점 3	동인도 회사라는 주식회사가 설립되었다.	동인도 회사는 무역을 독점했다.
근거	영국과 프랑스, 네덜란드는 동인도 회사를 세워 해외 식민지 개척에 나섰다. 네덜란드 왕실과 상인 연합은 자금 문제 해결을 위해 시민들에게 투자를 받아 그 돈으로 무역선을 꾸리고 수익을 재분배했다. 1602년 네덜란드에 동인도 회사가 세워졌다. 부자들뿐 아니라 서민들도 투자하면서 주식을 통해 이익을 얻게 되었다.	동인도 회사를 처음 만든 네덜란드는 시민들에게 돈을 투자받아 무역선을 꾸리고, 향신료 무역에서 얻은 이익을 시민들에게 나누어 주었다. 17세기 초 동인도 회사는 특허장을 발급받아 인도와 아프리카, 일본, 청나라 등의 무역에 대한 독점권을 통해 막대한 이익을 챙겼다. 또한 동인도 회사는 전쟁 선포, 평화 조약 체결, 군대 유지, 요새 건설과 같은 특권을 가지고 있었다.

찬성 측 입론서

▌논의 배경

　유럽은 오랜 세월 동안 동방 무역로를 통해 향신료와 비단 등을 수입해 부를 축적했다. 그런 가운데 『프레스터 존의 전설』이나 마르코 폴로의 『동방견문록』이 발간되자, 동방에 대한 환상과 호기심은 더욱 커졌다. 하지만 동로마 제국이 멸망한 이후 지중해가 이슬람 세력에 의해 가로막히자, 유럽인들은 대서양으로 눈을 돌릴 수밖에 없었다. 새로운 동방 무역로의 개척을 계기로 대항해 시대가 열리게 된 것이다. 이번 토론을 통해 대항해 시대 때 경제적으로 긍정적인 발전이 이루어졌는지에 대해 논의해 보고자 한다.

▌용어 정의

　○ **대항해 시대**: 15~16세기에 걸쳐 유럽인들이 신항로 개척이나 신대륙 발견을 왕성하게 하던 시대
　○ **경제적**: 인간 생활에 필요한 재화나 용역을 생산·분배·소비하는 모든 활동에 관한 것
　○ **긍정적**: 그러하거나 옳다고 인정하는 것

쟁점 1 　신대륙의 금과 은이 유입되면서 부를 축적했다.

　유럽인들의 뛰어난 조선술과 항해 기술은 먼 거리를 항해하거나 신항로를 개척할 때 큰 도움이 되었다. 먼저 대서양 연안에 있는 포르투

갈과 에스파냐가 신항로 개척에 대한 열망을 키워 나갔다. 이런 가운데 콜럼버스는 에스파냐의 전폭적인 후원을 받아 1492년 서인도 제도에 정착했다. 포르투갈 탐험가들은 아프리카 대륙 북부에 있는 세우타 점령을 계기로 금이 풍부한 사하라 사막을 포함한 여러 지역을 점령하기 시작했다. 이 지역 외에도 잉카나 아스테카에 있는 황금 유물까지 합치면 유럽이 축적한 금의 양은 어마어마했다. 에스파냐로 유입된 금과 은은 전쟁 자금으로 쓰이거나 영국 및 이탈리아의 은행가들에게 넘어갔고, 다시 유럽 전반으로 흩어지거나 당시 공식 화폐로 은을 사용하던 중국과의 무역에 사용되었다.

쟁점 2 대항해 시대의 경제적 변화로 초기 자본주의가 대두되었다.

유럽의 경제 무대는 새로운 항로가 열리면서 지중해에서 대서양으로 바뀌었다. 신항로 개척의 선두 주자들은 주변 국가를 포함한 아시아와 아메리카 대륙에 진출해 식민지를 찾기 시작했다. 에스파냐는 아메리카 대륙에 도착해 설탕과 담배, 커피 등을 재배할 수 있는 플랜테이션 농장을 경영했고, 값싼 노동력 덕분에 많은 이익을 챙겼다. 더불어 유럽과 아메리카, 아프리카를 잇는 삼각 무역이 형성되면서 감자와 고구마, 코코아, 옥수수 등이 신항로를 따라 빠르게 확산되었다. 하지만 대량의 금은, 귀금속 등이 유럽에 들어오면서 물가가 크게 뛰었다. 그 결과 화폐의 가치가 하락하면서 가격 혁명이 일어났다. 이후 사람들은 이윤을 남길 수 있는 상업과 공업을 중시하게 되었으며, 이는 초기 자본주의가 발전하는 토대가 되었다.

동인도 회사라는 주식회사가 설립되었다.

포르투갈과 에스파냐가 신항로를 개척해 막대한 이익을 챙기자, 영국과 프랑스, 네덜란드는 동인도 회사를 세워 해외 식민지 개척에 본격적으로 나섰다. 하지만 새로운 배를 만들거나 선원들을 모집하는 데는 많은 돈이 필요했다. 네덜란드 왕실과 상인 연합은 자금 문제를 해결하기 위해 시민들에게 투자를 받아 무역선을 꾸리고, 수익은 재분배하기로 했다. 이때부터 주식이라는 개념이 확립되면서 1602년에는 네덜란드 동인도 회사가 세워졌다. 부자들뿐만 아니라 서민들도 투자하면서 주식을 통해 이익을 얻었고, 나아가 서로 사고파는 오늘날의 주식과 비슷한 형태로 발전했다.

▌논의 배경

   15세기 유럽에서는 170여 년에 걸친 십자군 원정의 실패로 크리스트
교의 확산이 중단되었으며, 14세기 중엽 흑사병으로 인해 팽창을 주도
할 만한 상황은 아니었다. 이러한 상황에서도 유럽인들이 신항로를 개
척하려 한 이유는 돈 때문이었다. 당시 유럽에서는 동방의 비단과 도자
기, 향신료 등이 인기가 많았다. 하지만 1453년 오스만 제국의 침공으
로 비잔티움 제국이 멸망하면서 유럽 국가들은 더 이상 오스만 제국을
통해 무역할 수 없게 되었다. 그래서 새로운 무역로의 개척이 절실히
필요했다. 이번 토론을 통해 대항해 시대 때 경제적으로 긍정적인 발전
이 이루어졌는지에 대해 논의해 보고자 한다.

▌용어 정의

   ○ **대항해 시대**: 15~16세기에 걸쳐 유럽인들이 신항로 개척이나 신대
     류 발견을 왕성하게 하던 시대
   ○ **경제적**: 인간 생활에 필요한 재화나 용역을 생산·분배·소비하는
     모든 활동에 관한 것
   ○ **긍정적**: 그러하거나 옳다고 인정하는 것

   쟁점 1 **유럽의 황금 유입으로 인플레이션이 일어났다.**
유럽인들은 신항로 개척이 시작된 후 아메리카 대륙의 금과 은을 모

두 약탈해 갔다. 이들은 더 이상 가져갈 금이 없어지자, 원주민에게 사금 생산까지 강요했다. 에스파냐가 거머쥐고 있던 금과 은이 전쟁 자금으로 쓰이거나 영국, 이탈리아 은행으로 흘러 들어가면서 유럽 전체에 금과 은이 넘쳐나게 되었다. 갑자기 많은 금과 은이 쏟아지자, 인플레이션이 일어났다. 인플레이션이란 화폐 가치가 하락해 물가 수준이 전반적으로 상승하는 현상을 말한다. 이로 인해 1세기 동안 유럽의 물가는 4배 가까이 급격히 상승했고, 물가 폭등으로 인해 시민들은 물론 정부도 자금난을 겪었다.

쟁점 2 플랜테이션이 개발되면서 식민주의가 시작되었다.

17세기 이후 유럽 국가들은 서인도 제도를 차지하기 위해 싸움을 시작했다. 가장 큰 이유는 설탕 때문이었다. 신대륙에서 전파된 설탕은 인기가 가장 높았지만, 기온이 높은 지역에서 자라는 사탕수수의 특성 때문에 원주민은 죽어 나가기 일쑤였다. 그러자 유럽인들은 튼튼한 흑인들에게 눈을 돌렸고, 아프리카 흑인을 노예로 사들여 사탕수수 농장에 팔아 노예 무역을 시작했다. 그 후 유럽인들은 값싼 노동력을 착취하기 위해 식민지를 만들었고, 노예를 데려다 이윤을 착취하는 플랜테이션 농업을 개발했다. 이 과정에서 에스파냐는 아메리카의 아스테카 문명과 잉카 문명을 약탈하고 파괴했으며, 농장을 만들어 원주민의 노동력을 착취했다. 아메리카의 원주민은 유럽인들이 퍼뜨린 전염병과 유럽인들로 인한 무자비한 학살로 인구가 급격히 줄었으며, 살아남은 사람들은 노예가 되었다.

쟁점 3 **동인도 회사는 무역을 독점했다.**

상업 혁명이 일어나자 많은 나라가 본격적으로 해외 식민지 개척에 나섰다. 네덜란드는 비용 문제를 해결하기 위해 시민들에게 돈을 투자받아 무역선을 꾸리고, 향신료 무역에서 얻은 이익을 시민들에게 나누어 주었다. 이로 인해 동인도 회사가 만들어졌다. 동인도 회사는 영국, 프랑스, 네덜란드 등에서 설립된 회사다. 17세기 초 동인도 회사는 특허장을 발급받아 인도와 아프리카, 일본, 청나라 등의 무역에 대한 독점적인 권리를 통해 막대한 이익을 챙겼다. 동인도 회사는 전쟁 선포와 평화 조약 체결, 군대 유지와 요새 건설 등과 같은 특권을 가지고 있었다. 동인도 회사가 무역을 독점하면서 모두가 공정한 무역을 할 수 있는 기회가 사라졌고, 이는 경제적으로 부정적인 영향을 끼쳤다.

09

종교 개혁

학습 목표

1. 종교 개혁의 원인을 설명할 수 있다.
2. 종교 전쟁의 원인, 과정, 결과를 설명할 수 있다.
3. 종교 개혁이 유럽 사회에 끼친 영향에 대해 토론할 수 있다.

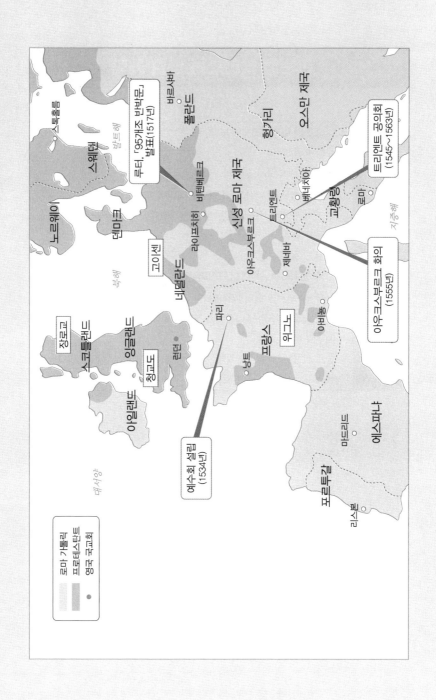

노르웨이

스웨덴

스톡홀름

발트해

덴마크

북해

루터, 「95개조 반박문」
발표(1517년)

바르샤바

폴란드

오스만 제국

헝가리

베네치아

트리엔트 공의회
(1545~1563년)

로마

교황령

비텐베르크

라이프치히

아우크스부르크

트리엔트

신성 로마 제국

제네바

아우크스부르크 화의
(1555년)

지중해

고이센

네덜란드

장로교

스코틀랜드

청교도

잉글랜드

런던

파리

위그노

프랑스

낭트

아비뇽

마드리드

아일랜드

대서양

에스파냐

예수회 설립
(1534년)

포르투갈

리스본

로마 가톨릭
프로테스탄트
영국 국교회

한눈에 알아보는 종교 개혁

발단	○ 교회의 타락과 성직자의 부패
	○ 교황권 약화
	○ 북유럽 르네상스의 영향을 받음
전개	○ 독일: 교황 레오 10세가 성 베드로 성당의 증축 비용 마련을 위해 면벌부 판매 → 루터, 「95개조 반박문」 발표(1517년) → 루터파 제후들과 농민들의 지지
	○ 스위스: 칼뱅, 예정설 주장 → 신흥 상공업자들의 호응
	○ 영국: 헨리 8세, 수장법 선포(1534년)
결과	○ 아우크스부르크 화의 체결(1555년) → 루터파 교회를 공식적으로 인정
	○ 영국 국교회 확립: 엘리자베스 1세, 통일법 반포(1559년)
	○ 예수회 설립
	○ 종교 전쟁: 구교(로마 가톨릭)와 신교(프로테스탄트)의 대립 → 위그노 전쟁(프랑스), 30년 전쟁(독일)

자세히 알아보는 종교 개혁

마르틴 루터, 교회 개혁을 부르짖다

그동안 막강한 권력을 누렸던 로마 가톨릭은 16세기로 접어들면서 큰 위기를 맞게 되었다. 당시 부패한 성직자들이 헐벗고 굶주리는 농민들은 외면한 채 교회 신도들에게 면벌부를 팔아 자신들의 재산을 불리고 사치를 부리는 데에만 혈안이 되어 있었기 때문이다. 면벌부만 있으면 과거의 죄뿐만 아니라 먼 미래의 죄까지 벌을 면제받을 수 있다는 꼬임에 넘어가 많은 사람이 면벌부를 샀다. 이에 교회를 완전히 뜯어고쳐야 한다는 목소리가 커지면서 종교 개혁이 일어났다.

교회의 부패와 타락을 처음으로 비판한 성직자는 14세기 후반 영국의 존 위클리프였다. 하지만 교황은 꿈쩍도 하지 않았다. 이어 15세기 초반 보헤미아의 성직자인 얀 후스도 교회의 부패와 타락을 비판했지만, 이단으로 낙인찍혀 화형을 당했다.

이후 독일 비텐베르크의 신학자인 마르틴 루터가 교황을 비판했다. 그는 로마 교황청이 『성서』를 왜곡하고 있다며 면벌부 판매를 중지할 것을 요구했다. 1517년 루터는 면벌부 판매를 비판하는

| 마르틴 루터 초상화

「95개조 반박문」을 교회 정
문에 보란 듯이 내걸었다.
이 반박문은 많은 사람의 주
목을 받으며 순식간에 유럽
전역으로 알려졌다.

│『구텐베르크 성경』

　루터의 사상이 퍼지는 데
가장 큰 공헌을 한 것은 구
텐베르크의 금속 활판 인쇄기였다. 이 기기 덕분에 루터의 글을 읽은
사람이 많아지자, 교회 개혁을 부르짖는 루터의 목소리는 더욱더 커졌
다. 1521년 교황이 루터를 파문해 버리자, 루터와 교황은 철천지원수가
되었다.

루터의 종교 개혁이 성공하다

　신성 로마 제국의 여러 제후는 루터를 열렬히 지지했다. 당시 제후들
은 교회의 권위를 내세운 교황에게 많은 간섭을 받고 있었는데, 루터를
내세워 교황에게 맞설 명분이 필요했기 때문이다.
　루터는 신성 로마 제국의 황제 카를 5세의 요청으로 청문회에 참석
했지만, 자신의 주장을 철회하지 않았다. 그러자 카를 5세는 루터를 추
방해 버렸다. 다행히 작센 제후의 도움을 받은 루터는 『성서』를 일반 민
중도 읽을 수 있는 독일어로 번역하는 데 성공했다. 그전까지 라틴어로
기록되어 있던 『성서』는 성직자와 귀족만 읽을 수 있었다. 하지만 이
제는 민중도 『성서』를 읽을 수 있게 되어서 성직자들이 더 이상 민중을

| 루터의 종교 개혁

속일 수 없었다.

시간이 흐를수록 루터를 지지하는 사람들이 점점 많아졌다. 결국 1546년 신성 로마 제국의 카를 5세와 루터를 지지하는 제후들 사이에 슈말칼덴 전쟁이 벌어졌다. 막강한 군대를 거느리고 있어 루터파 제후들을 쉽게 제압할 수 있을 것이라 생각한 카를 5세는 루터파의 저항에 부딪쳤다. 그러자 카를 5세 편에 섰던 제후들도 서서히 루터파 제후들 편으로 돌아섰다. 결국 카를 5세는 1555년 아우크스부르크 화의에서 루터파 교회를 정식으로 인정했다. 이렇게 해서 탄생한 종교를 신교, 또는 개신교라고 부른다. 개신교는 프로테스탄트, 즉 저항이라는 뜻이다.

농민 반란을 외면한 루터

루터가 시작한 종교 개혁은 민중의 저항 의지에도 불을 지펴 1524년 농민 전쟁이라 불리는 대규모 봉기가 시작되었다. 이들을 이끈 사람은 신학자인 토마스 뮌처였다. 당시 부패한 교회로부터 착취를 당하고 있었던 농민들은 설움을 폭력으로 해결하려 했다.

| 농민 전쟁 추모비

이들은 수도원과 영주들의 성을 불사르고 재산을 약탈했다.

농민들은 루터가 자신들을 지지해 줄 것이라고 믿었다. 하지만 루터는 교회의 부패를 바로잡고자 했을 뿐 중세의 신분 질서를 무너뜨리려고 한 것은 아니었다. 그래서 루터는 농민들을 불손한 세력이라고 비난하며, 제후들에게 농민들의 반란을 진압해야 한다고 주장했다. 결국 농민 반란은 혁명의 뜻을 이루지 못하고 무자비하게 진압되었다.

유럽 곳곳에서 종교 개혁이 일어나다

스위스에서는 루터의 영향을 받은 츠빙글리가 취리히를 중심으로 종교 개혁을 시도했으나 실패했다. 뒤이어 등장한 칼뱅은 『성서』에 나와 있지 않은 모든 교리와 의식을 배격했다. 그러면서 애당초 구원받을 사람은 이미 예정되어 있으며, 정직하고 성실하게 산다면 구원받을 수 있다는 예정설을 주장했다.

칼뱅은 종교 개혁을 시
도해 성공했고, 스위스 제
네바의 정권을 장악했다.
칼뱅의 주장은 상공업자들
의 지지를 받아 서유럽 각
지로 확산되었으며, 자본
주의 정신의 출현으로 이
어졌다. 삽시간에 유럽으
로 퍼져 나간 칼뱅파는 프
랑스의 위그노, 잉글랜드
의 청교도, 스코틀랜드의

| 헨리 8세와 앤 불린

장로교, 네덜란드의 고이센으로 각각 정착했다. 우리나라 신교 교회의
대부분은 칼뱅파에 뿌리를 둔 것이다.

이 무렵 영국에서도 종교 개혁이 일어났다. 영국의 종교 개혁을 일으
킨 장본인은 성직자가 아닌 국왕 헨리 8세였다. 헨리 8세는 바람둥이로
유명했는데, 5번 이혼하고 6번 결혼했다. 그는 아들을 낳지 못했던 첫
번째 왕비 캐서린과 이혼한 후 앤 불린과 결혼하기를 원했다. 하지만
교황이 이혼을 허락하지 않자, 수장법을 선포하고 자신이 영국 교회의
수장이 되어 영국 교회를 교황청과 분리했다. 이 종교를 영국 국교회
(오늘날의 성공회)라고 부른다. 헨리 8세는 수도원을 해체하고 교회의 토
지와 재산을 몰수해 왕실 재산으로 포함시켰다. 영국 국교회는 교리상
가톨릭과 크게 다를 것이 없었다.

로마 가톨릭의 내부 개혁 운동

종교 개혁이 유럽 전역으로 확산되자, 로마 가톨릭은 엄청난 위기에 직면했다. 특히 신성 로마 제국의 카를 5세는 제후들의 반란으로 가장 큰 위기감을 느꼈다. 카를 5세와 교황은 1545년 이탈리아의 트리엔트에서 공의회를 열었다. 이들은 가톨릭 교리를 재확인하고 가톨릭 개혁을 위해 면벌부 판매를 중단했으며, 성직자의 부정부패를 막기 위해 교회법을 엄격하게 집행했다. 또 성직자의 결혼을 금지했으며, 돈을 주고 성직을 살 수도 없게 했다. 이뿐만 아니라 공의회는 종교 개혁의 확산을 저지하기 위해 종교 재판을 강화하고, 신교를 모두 이단으로 낙인찍어 금서 목록을 작성했다.

교황은 새롭게 조직된 가톨릭 수도회인 예수회를 적극적으로 지원

| 트리엔트 공의회

했다. 1540년에 등장한 예수회는 청빈한 생활을 강조하고 하나님께의 순종을 중요하게 여겼으며, 군대 조직처럼 교황의 명령을 바로 실행에 옮겨야 한다는 특별한 규칙이 있었다. 예수회는 가톨릭을 전 세계에 퍼뜨리기 위해 해외 선교에 힘썼다. 예수회 선교사들은 대부분 학식이

뛰어난 지식인이었기 때문에 교육을 중요하게 여겼다. 이들은 학교를 통해 가톨릭의 세력을 넓히는 데 앞장섰다.

구교와 신교, 종교 갈등이 시작되다

종교 개혁 결과 유럽의 종교는 크게 두 가지로 나뉘었다. 개혁과 함께 새로 일어난 프로테스탄트, 즉 개신교와 이전부터 존재해 온 로마 가톨릭이다. 루터의 종교 개혁 때 일어난 슈말칼덴 전쟁에 이어 유럽 곳곳에서 신교와 구교가 대립해 극심한 종교 갈등을 겪었다.

| 프랑스의 개신교 박해

그중 에스파냐의 종교 재판은 아주 잔인했다. 레콩키스타를 성공적으로 완수한 에스파냐의 페르난도 2세와 이사벨 여왕은 유대인과 이슬람교도를 추방하며 완벽한 가톨릭 국가를 꿈꾸었다. 종교 개혁의 바람이 유럽 곳곳으로 퍼져 나가자, 신교의 확산을 막고 신교를 탄압하는 수단으로 종교 재판을 이용했다. 당시 신교도의 10%가 종교 재판을 통해 처형되었다.

프랑스에서는 수만 명의 신교도가 목숨을 잃는 사건이 일어났다. 사건의 시작은 프랑스 남부 지방에서 국왕과 대립하던 귀족들이 개신교로 개종하면서부터였다. 당시 국왕이었던 앙리 2세는 위그노의 세력이 커지자 위기감을 느꼈다. 앙리 2세가 사고로 갑자기 세상을 떠나면서 위그노의 세력이 더 커질 것을 우려한 가톨릭 귀족은 위그노 귀족과 36년 동안 내전을 벌였다. 이 전쟁이 위그노 전쟁이다.

그중 성 바르톨로메오 축일에 일어났던 위그노의 학살은 종교 갈등 가운데 최악의 사건이었다. 화해를 가장한 가톨릭 세력이 결혼식을 축하하기 위해 모여든 위그노파를 몰살시켰기 때문이다. 위그노 전쟁은 1598년 앙리 4세의 낭트 칙령으로 막을 내렸으며, 이후 신교가 허용되었다.

영국에서는 종교 전쟁이 일어나지 않았지만, 신교도에 대한 탄압은 있었다. 헨리 8세와 캐서린의 딸 메리 1세 여왕은 독실한 가톨릭 신도였다. 하지만 헨리 8세가 캐서린과 이혼하기 위해 가톨릭을 버리고 영국 국교회를 만들자, 메리 1세는 개신교에 대한 반감이 커졌다.

결국 메리 1세는 에스파냐의 펠리페 2세와 결혼한 후 대대적으로 개신교 신도를 색출해 처형했다. 그래서 얻게 된 별명이 '피의 메리'였다.

메리 1세가 자식 없이 세상을 떠나자, 엘리자베스 1세가 여왕의 자리에 앉았다. 엘리자베스 1세는 영국 국교회 신도였지만, 종교 탄압은 하지 않았다. 그래서 영국의 종교 갈등도 상당히 줄어들었다.

| 30년 전쟁 당시 병사들의 모습

 신성 로마 제국이 구교를 강요하자, 신교파가 반기를 들면서 30년 전쟁이 시작되었다. 가톨릭파인 페르디난트 2세가 보헤미아의 왕위에 오르면서 신교파와 갈등을 빚어 일어난 전쟁이다. 처음에는 오스트리아 내전으로 시작되었다가 독일 전역으로 확대되었다. 하지만 나중에는 온 유럽이 구교파와 신교파로 나뉘어 정치적 이해관계에 따라 개입하면서 국제적 성격의 전쟁이 되었다.

생각을 부르는 질문, 하브루타

1	면벌부는 무엇인가요?
2	종교 개혁이 일어난 이유는 무엇인가요?
3	루터의 사상이 퍼지는 데 가장 큰 공헌을 한 것은 무엇인가요?
4	루터의 종교 개혁이 성공한 이유는 무엇인가요?
5	종교 개혁 후 농민들이 대규모 봉기를 일으킨 이유는 무엇인가요?
6	칼뱅의 종교 개혁에 대해 설명해 보세요.
7	헨리 8세가 일으킨 종교 개혁의 원인은 무엇인가요?
8	예수회에 대해 설명해 보세요.
9	구교와 신교가 나뉘게 된 계기는 무엇인가요?
10	위그노 전쟁에 대해 설명해 보세요.
11	
12	
13	
14	
15	

쟁점과 토론 논제

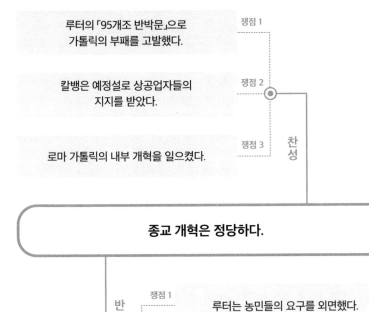

루터의 「95개조 반박문」으로
가톨릭의 부패를 고발했다.

쟁점 1

칼뱅은 예정설로 상공업자들의
지지를 받았다.

쟁점 2

로마 가톨릭의 내부 개혁을 일으켰다.

쟁점 3

찬성

종교 개혁은 정당하다.

반대

쟁점 1

루터는 농민들의 요구를 외면했다.

쟁점 2

구교와 신교의 갈등으로
종교 탄압이 시작되었다.

쟁점 3

종교 전쟁으로 수많은 사람이 희생되었다.

추가 토론 논제

1. 칼뱅의 직업 소명설은 크리스트교의 본질에 어긋난다.
2. 크리스트교는 종교 개혁을 통해 범세계적인 종교로 성장할 수 있었다.
3. 루터의 종교 개혁은 크리스트교의 분열만 야기했다.

토론 요약서

논제	종교 개혁은 정당하다.
용어 정의	○ **종교 개혁**: 16세기 유럽에서 일어난 종교 운동으로 로마 가톨릭 교회의 타락을 비판하며 개혁하려 함 ○ **정당하다**: 이치에 맞아 올바르고 마땅하다

	찬성	반대
쟁점 1	루터의 「95개조 반박문」으로 가톨릭의 부패를 고발했다.	루터는 농민들의 요구를 외면했다.
근거	교황이 면벌부를 판매하자, 마르틴 루터는 「95개조 반박문」을 발표해 로마 교황청이 『성서』를 왜곡하고 있다고 고발했다. 면벌부 판매 중지와 함께 인간의 구원은 오직 신앙과 은총으로부터 나온다는 루터의 반박문은 유럽 전역으로 퍼졌다. 당시 발명된 구텐베르크의 금속 활판 인쇄기의 영향이 컸다. 특히 루터의 주장은 신성 로마 제국 제후들의 지지를 받았다.	루터의 종교 개혁은 민중의 저항 의지에도 불을 지펴 1524년 대규모 농민 전쟁이 벌어졌다. 농민들은 수도원과 영주들의 성을 불사르고 재산을 약탈했다. 하지만 루터는 중세의 신분 질서를 유지해야 한다며 농민들의 반란을 외면하고, 제후들에게 농민들의 반란을 진압해야 한다고 주장했다. 결국 농민들의 반란은 실패로 돌아갔다.

쟁점 2	칼뱅은 예정설로 상공업자들의 지지를 받았다.	구교와 신교의 갈등으로 종교 탄압이 시작되었다.
근거	스위스에서는 츠빙글리가 종교 개혁을 시도했다가 실패하자, 칼뱅이 종교 개혁을 시도해 성공했다. 칼뱅은 『성서』에 나와 있지 않은 모든 교리와 의식을 배격했으며 예정설을 주장했다. 칼뱅의 주장은 상공업자들의 지지를 받아 서유럽 각지로 확산되었다. 칼뱅파는 프랑스의 위그노, 잉글랜드의 청교도, 스코틀랜드의 장로교, 네덜란드의 고이센으로 각각 정착했다.	종교 개혁이 확산되자, 신교와 구교의 대립이 발생했다. 가톨릭은 종교 재판을 가장해 신교를 탄압했다. 에스파냐에서는 페르난도 2세와 이사벨 여왕이 완벽한 가톨릭 국가를 위해 유대인과 이슬람교도를 추방했다. 영국에서는 헨리 8세가 가톨릭을 버리고 영국 국교회를 만들자, 그의 딸 메리 1세는 펠리페 2세와 결혼한 후 대대적으로 개신교 신도를 색출해 처형했다.
쟁점 3	로마 가톨릭의 내부 개혁을 일으켰다.	종교 전쟁으로 수많은 사람이 희생되었다.
근거	로마 가톨릭은 루터와 칼뱅의 종교 개혁으로 위기를 맞았다. 이에 로마 가톨릭은 1545년 트리엔트 공의회를 열어 가톨릭 개혁을 단행했다. 우선 면벌부 판매를 중단하고, 성직자의 부정부패를 막기 위해 교회법을 엄격하게 집행했다. 성직자의 결혼과 돈을 주고 성직을 사는 것을 금지했다. 이후 예수회도 적극적으로 지원했다. 또 종교 재판을 강화해 신교를 모두 이단으로 낙인찍고 금서 목록을 작성했다.	신교와 구교의 대립은 종교 전쟁으로까지 이어졌다. 위그노 전쟁은 프랑스 국왕과 대립하던 귀족들이 개신교로 개종하자, 가톨릭 귀족들이 위그노 귀족들과 36년 동안 벌인 전쟁이다. 또 신성 로마 제국이 구교를 강요하자, 신교파가 반기를 들면서 30년 전쟁이 시작되었다. 이 전쟁은 유럽 전역이 구교파와 신교파로 나뉘어 서로 정치적 이해관계에 따라 개입하면서 국제적 성격의 전쟁이 되었다.

▌논의 배경

부패한 성직자들은 종교 개혁이 일어날 당시에 헐벗고 굶주리는 농민들을 외면했다. 이들은 교회 신도들에게 면벌부를 팔아 자신들의 재산을 늘리고 사치를 부리는 데에만 혈안이 되어 있었다. 많은 사람이 면벌부만 있으면 과거의 죄뿐만 아니라 먼 미래의 죄까지 벌을 면제받을 수 있다는 꼬임에 넘어가 면벌부를 샀다. 이에 교회의 타락과 부패를 고발하고, 교회를 완전히 뜯어고쳐야 한다는 종교 개혁이 일어났다. 이번 토론을 통해 종교 개혁이 과연 정당했는지에 대해 논의해 보고자 한다.

▌용어 정의

○ **종교 개혁**: 16세기 유럽에서 일어난 종교 운동으로 로마 가톨릭 교회의 타락을 비판하며 개혁하려 함

○ **정당하다**: 이치에 맞아 올바르고 마땅하다

쟁점 1 ▌루터의 「95개조 반박문」으로 가톨릭의 부패를 고발했다.

로마 가톨릭 교회가 성 베드로 성당의 증축비 마련을 위해 면벌부를 판매하자, 알프스 이북에서는 교황에 대한 비판이 거세게 일어났다. 독일 비텐베르크의 신학자였던 마르틴 루터는 1517년 「95개조 반박문」을 발표해 로마 교황청이 『성서』를 왜곡하고 있다고 고발했다. 루터는 이

반박문을 통해 면벌부 판매 중지를 요구하고, 인간의 구원은 오직 신앙과 은총으로부터 나온다고 알렸다. 그의 반박문은 많은 사람의 주목을 받았으며, 유럽 전역으로 퍼져 나갔다. 당시 발명된 구텐베르크의 금속 활판 인쇄기 덕분이었다. 시간이 지나면서 루터를 지지하는 사람이 늘어났는데, 특히 신성 로마 제국의 여러 제후가 루터를 열렬히 지지했다.

쟁점 2 칼뱅은 예정설로 상공업자들의 지지를 받았다.

스위스에서는 1519년 츠빙글리를 중심으로 성서 지상주의를 내걸고 종교 개혁을 시도했으나 실패했다. 뒤이어 등장한 칼뱅이 종교 개혁을 시도해 성공하고, 스위스 제네바의 정권을 장악했다. 칼뱅은 『성서』에 나와 있지 않은 모든 교리와 의식을 배격했다. 그는 애당초 구원받을 사람은 이미 예정되어 있고, 하나님을 믿으며 정직하고 성실하게 산다면 그 사람은 구원받을 수 있다는 예정설을 주장했다. 칼뱅의 주장은 상공업자들의 지지를 받았으며, 서유럽 각지로 확산되어 자본주의 정신의 출현으로 이어졌다. 삽시간에 유럽으로 퍼져 나간 칼뱅파는 프랑스의 위그노, 잉글랜드의 청교도, 스코틀랜드의 장로교, 네덜란드의 고이센으로 각각 정착했다.

쟁점 3 로마 가톨릭의 내부 개혁을 일으켰다.

루터와 칼뱅이 앞장서 종교 개혁을 일으키자, 로마 가톨릭은 엄청난 위기에 직면했다. 이에 로마 가톨릭은 1545년 트리엔트 공의회를 열어 교황의 권위와 교리를 재확인하고, 가톨릭 개혁을 단행했다. 먼저 면벌부 판매를 중단하고, 성직자의 부정부패를 막기 위해 교회법을 엄격하게 집행했다. 또한 성직자의 결혼과 돈을 주고 성직을 사는 것을 금지했다. 이후 교황은 새롭게 조직된 가톨릭 수도회인 예수회를 적극적으로 지원했다. 공의회는 종교 개혁의 확산을 저지하기 위해 종교 재판을 강화하고, 신교를 모두 이단으로 낙인찍어 금서 목록을 작성했다. 종교 개혁 덕분에 로마 가톨릭 내부에 긍정적인 변화가 일어나면서 로마 가톨릭의 부패를 바로잡을 수 있었다.

▌논의 배경

종교 개혁이 진행되었던 1524년 농민 전쟁이 일어났다. 당시 부패한 교회로부터 착취당하고 있었던 농민들은 그동안 당한 설움을 폭력으로 해결하려고 했다. 농민들은 루터가 자신들을 지지해 줄 것이라 믿었다. 하지만 루터는 교회의 부패를 바로잡고자 했을 뿐 중세의 신분 질서를 무너뜨리려고 한 것은 아니라면서 오히려 농민들을 불손한 세력이라고 비난했다. 이후에도 종교 개혁으로 인한 구교와 신교의 갈등은 더욱 심각해져 전쟁으로까지 확대되었다. 이번 토론을 통해 종교 개혁이 과연 정당했는지에 대해 논의해 보고자 한다.

▌용어 정의

○ **종교 개혁:** 16세기 유럽에서 일어난 종교 운동으로 로마 가톨릭 교회의 타락을 비판하며 개혁하려 함

○ **정당하다:** 이치에 맞아 올바르고 마땅하다

쟁점 1 루터는 농민들의 요구를 외면했다.

루터는 로마 교황청이 『성서』를 왜곡하고 있다며 면벌부 판매 중지를 요구하고, 「95개조 반박문」을 보란 듯이 교회 정문에 걸어 놓았다. 그가 시작한 종교 개혁은 민중의 저항 의지에도 불을 지펴 1524년 대규모 농민 전쟁이 벌어졌다. 신학자였던 토마스 뮌처를 중심으로 당시 부

패한 교회로부터 착취를 당하고 있었던 농민들은 그간의 설움을 표출했다. 이들은 수도원과 영주들의 성을 불사르고 재산을 약탈했다. 농민들은 루터가 자신들을 변호해 주고 지지해 줄 것이라고 굳게 믿었다. 하지만 루터는 중세의 신분 질서를 무너뜨리려는 목적은 아니었다며 농민들의 요구를 외면했다. 그는 오히려 제후들에게 농민들의 반란을 진압해야 한다고 주장했다. 결국 농민들의 반란은 혁명의 뜻을 이루지 못하고 실패했다.

쟁점 2　구교와 신교의 갈등으로 종교 탄압이 시작되었다.

유럽에서 종교 개혁이 확산되자, 종교 개혁으로 새롭게 태어난 개신교(신교)와 이전부터 존재해 온 로마 전통 가톨릭(구교)이 극심한 대립을 이루었다. 절박해진 로마 가톨릭은 종교 재판을 가장해 신교를 탄압하고 확산을 막는 수단으로 이용했다. 아직 가톨릭 세력이 강했던 에스파냐에서는 레콩키스타를 성공적으로 완수한 페르난도 2세와 이사벨 여왕이 완벽한 가톨릭 국가를 이룬다는 명분으로 유대인과 이슬람교도를 추방했다. 영국에서는 헨리 8세가 아내 캐서린과 이혼하기 위해 가톨릭을 버리고 영국 국교회를 만들자, 그의 딸 메리 1세는 개신교에 대한 반감이 커졌다. 메리 1세는 에스파냐의 펠리페 2세와 결혼한 후 대대적으로 개신교 신도를 색출해 처형했다. 그래서 붙여진 그녀의 별명은 '피의 메리'였다.

쟁점 3　종교 전쟁으로 수많은 사람이 희생되었다.

신교와 구교의 대립은 종교 전쟁으로까지 이어졌다. 대표적인 종교 전쟁이 위그노 전쟁과 30년 전쟁이다. 프랑스 남부 지방에서 국왕과 대립하던 귀족들이 개신교로 개종하자, 위그노의 세력이 더 커질 것을 우려한 가톨릭 귀족들은 위그노 귀족들과 36년 동안 내전을 벌였다. 이 전쟁이 위그노 전쟁이다. 신성 로마 제국이 구교를 강요하자 신교파가 반기를 들면서 30년 전쟁이 시작되었는데, 가톨릭파인 페르디난트 2세가 보헤미아의 왕위에 오르면서 신교파와 갈등을 빚었다. 이 전쟁은 처음에는 오스트리아 내전으로 시작되었다가 독일 전역으로 확대되었다. 나중에는 온 유럽이 구교파와 신교파로 나뉘어 정치적 이해관계에 따라 개입하면서 국제적 성격의 전쟁이 되었다.

10

절대 왕정

학습 목표

1. 절대 왕정의 특성을 설명할 수 있다.
2. 절대 왕정 체제가 각 나라에서 전개된 양상을 알 수 있다.
3. 절대 왕정이 유럽 사회에 끼친 영향에 대해 토론할 수 있다.

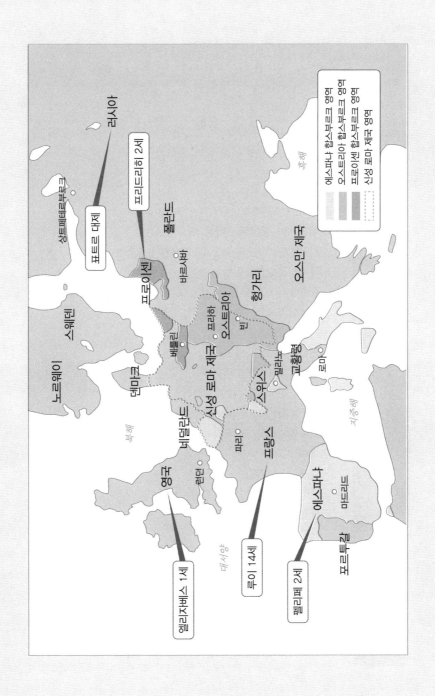

러시아

상트페테르부르크

표트르 대제

프리드리히 2세

프로이센

폴란드

바르샤바

스웨덴

노르웨이

덴마크

베를린

신성 로마 제국

프라하

오스트리아

빈

헝가리

오스만 제국

흑해

네덜란드

런던

영국

파리

밀라노

스위스

교황령

로마

프랑스

루이 14세

대서양

엘리자베스 1세

마드리드

에스파냐

펠리페 2세

포르투갈

지중해

북해

에스파냐 합스부르크 영역
오스트리아 합스부르크 영역
프로이센 합스부르크 영역
신성 로마 제국 영역

한눈에 알아보는 절대 왕정

원인/성립	○ 성립: 16~18세기 유럽에서 중앙 집권적 체제 등장 → 국왕이 입법·사법·행정적인 권한을 모두 가지고 절대 권력 행사
	○ 기반
	• 사상적 기반: 왕권신수설
	• 정치적 기반: 관료제 + 상비군 → 왕권 강화
	• 경제적 기반: 중상주의 정책
	  - 관료제와 상비군 운영에 필요한 유지 비용 마련
	  - 국가가 경제 활동 지원 및 통제
	  - 상공업 시민 계층과 제휴(시민은 왕의 재정 지원, 왕은 상인 지원)
	  - 국내 산업 보호, 수출 장려, 수입 억제 정책

과정/특징	○ 서유럽의 절대 왕정
	• 에스파냐: 펠리페 2세
	  - 대서양 무역의 주도권 획득
	  - 아메리카 식민지에서 금은 착취로 대제국 건설
	  - 무적함대로 지중해 해상권 장악
	  - 영국 함대를 상대로 무적함대 대패
	• 영국: 엘리자베스 1세
	  - 영국 국교회 확립
	  - 무적함대 격파 후 해상권 장악
	  - 모직물 공업 육성
	  - 빈민 구제법 제정
	  - 동인도 회사 설립 → 아시아 진출
	• 프랑스: 루이 14세
	  - 왕권신수설 신봉
	  - 중상주의 정책 실시 → 콜베르 등용
	  - 베르사유 궁전 건립
	  - 낭트 칙령 폐지 → 위그노(신교) 상공업자, 해외로 망명

	○ 동유럽의 절대 왕정 　• 프로이센: 프리드리히 2세 　　- 오스트리아 왕위 계승 전쟁에서 승리 → 슐레지엔 지방 획득 　　- 중상주의 정책 　　- 근대적 산업 장려와 교육 개혁 　　- 계몽 군주 　• 오스트리아: 마리아 테레지아 　　- 오스트리아 왕위 계승 전쟁에서 패배 → 슐레지엔 지방 상실 　　- 강력한 중앙 집권화 → 정치 안정 　　- 근대적 산업 장려 　• 러시아: 표트르 대제 　　- 근대화 추진 → 서유럽 문화와 제도를 적극적으로 수용 　　- 영토 확장(흑해 북부, 발트해 진출)
결과	○ 상품 시장과 원료 공급지 확보를 위해 식민지 쟁탈전으로 전개 ○ 에스파냐, 경제적 기반 취약으로 국력 쇠퇴 ○ 영국, 북아메리카에 식민지 건설 ○ 프랑스, 무리한 대외 전쟁으로 인한 재정난

자세히 알아보는 절대 왕정

절대 왕정의 성립과 특징

16~18세기 유럽에서는 절대 왕정 체제가 등장했다. 강한 권력을 가진 왕을 중심으로 한 중앙 집권적인 정치 체제가 필요했기 때문이다. 왕권은 신에게 부여받은 것이기 때문에 무조건 복종해야 한다는 왕권신수설이 절대 왕권을 정당화했다. 이를 위해서는 왕의 명령을 충실히 이행하는 충성스러운 관리들과 상비군이 필요했다. 상비군은 평상시 나라를 지키면서 귀족들의 반란을 진압할 수 있는 군대를 말한다. 하지만 관료제와 상비군을 유지하고 관리하기 위해서는 많은 돈이 필요했다. 그래서 왕은 상공 시민 계층을 끌어들였다.

왕은 이들에게 많은 세금을 내도록 해 통치에 필요한 돈을 충당했고, 대신 이들을 도와주기 위해 중상주의 정책을 펼쳤다. 당시에는 마키아

| 『군주론』 표지

벨리의 『군주론』에 나온 "군주가 권력을 유지하기 위해서는 여우와 같은 지혜(책략)와 사자와 같은 힘(무력)을 사용할 필요가 있으며, 모든 이에게 반드시 도덕적인 사람으로 보이지 않아도 된다."라는 사상이 지배적이었다. 왕들은 이러한 사상 때문에 성직자와 귀족의 권력을 장악할 수 있었다.

서유럽 최고의 절대 왕정 펠리페 2세

펠리페 2세가 다스리는 에스파냐는 유럽에서 가장 힘이 센 국가였다. 이탈리아 일부 지역과 네덜란드, 벨기에를 다스리고 있었던 펠리페 2세는 제일 먼저 절대 왕정을 이루었다. 그는 아메리카에서 유입된 귀금속을 바탕으로 무적함대를 이끌어 지중해 패권을 주름잡았다.

| 펠리페 2세 초상화

독실한 가톨릭 신자였던 펠리페 2세는 1571년 레판토 해전에서 오스만 제국을 격파했다. 하지만 그의 극단적인 가톨릭 강요 정책은 주변 나라에 강한 저항을 불러일으켰고, 이는 네덜란드의 종교 전쟁으로 이어졌다.

펠리페 2세는 아메리카에서 들어온 막대한 양의 금과 은을 전쟁에 모두 쏟아부었고, 결국 국가 재정은 위기에 처했다. 급기야 네덜란드는 에스파냐로부터 독립했고, 엘리자베스 1세가 이끄는 영국 함대를 상대로 무적함대마저 패하고 말았

| 레판토 해전

다. 에스파냐의 경제적 구심점이었던 이슬람교도가 국외로 빠져나가자, 경제 활동에 큰 타격이 왔다. 이후 에스파냐의 국력은 점점 쇠퇴했다.

영국의 절대 왕정을 이끈 엘리자베스 1세

엘리자베스 1세는 45년 동안 영국을 다스렸다. 종교적으로 중용 정책을 펼쳤던 여왕은 영국 국교인 성공회와 가톨릭교를 탄압하지 않았다. 또한 해적 프랜시스 드레이크와 탐험가 월터 롤리를 적극적으로 지원해 영국

| 프랜시스 드레이크에게 작위를 주는 엘리자베스 1세

을 가장 강한 해군력을 갖춘 나라로 키웠다. 그 결과 당시 가장 강력했던 에스파냐의 무적함대를 물리쳐 해상권을 장악한 후 대항해 시대의 주도권을 가지게 되었다.

영국은 동인도 회사를 세워 해외 시장을 개척하면서 인도는 물론 전 세계에 식민지를 건설해 '해가 지지 않는 나라'라는 명성을 얻었다. 또한 빈민 구제법을 만들어 국민들의 삶을 보살폈으며, 국내 산업을 육성하고 발전시켰다. 엘리자베스 1세는 영국의 철학자 베이컨과 대문호 셰익스피어 등과도 활발하게 교류하며 영국의 예술과 문학을 부흥시켰다.

태양왕 루이 14세

5세 때 왕위에 오른 루이 14세는 프랑스 절대 왕정의 전성기를 이루었다. 그는 콜베르를 재무 장관으로 등용해 중상주의 정책을 펼쳐 국가 재정을 확보하고, 관료제와 상비군을 구축했다.

| 루이 14세 초상화

루이 14세는 스스로를 태양왕이라 칭하고, 귀족과 시민들에게 왕권신수설을 주장했다. 그는 왕실의 권위를 과시하기 위해 화려하고 웅장한 베르사유 궁전을 지어 궁정 문화를 꽃피웠다. 이를 통해 프랑스의 예술과 문화가 전 유럽에 퍼졌다. 하지만 루이 14세가 일으킨 많은 전쟁과 베르사유 궁전 건축 때문에 국가의 재정난이 심화

| 베르사유 궁전

되었다.

　루이 14세는 낭트 칙령을 폐지해 프랑스를 가톨릭 국가로 만들고자 했다. 낭트 칙령의 폐지로 신교도인 위그노가 박해를 당하자, 유능한 위그노 상공업자들이 프랑스를 떠났다. 이는 결국 프랑스 경제에 큰 타격을 주었다. 루이 16세 때에 이르러서는 과중한 세금을 견디지 못한 시민들이 프랑스 혁명을 일으켰다.

러시아의 절대 왕정 표트르 대제

　서유럽보다 도시와 상공업 발달이 늦었던 동유럽에서는 상공 시민 계층이 제대로 성장하지 못했다. 그래서 표트르 대제는 다른 나라들을 방문해 선진 기술을 익혔다. 네덜란드의 동인도 회사 선착장에서는 직접 배 만드는 기술을 배우기도 했다.

　표트르 대제는 러시아의 국내 산업 발전을 위해 영국의 왕립 학회에 참석해 과학적으로 발전한 서유럽 문화를 적극적으로 받아들였다.

| 표트르 대제

또한 표트르 대제는 상비군 강화를 통해 절대 왕정을 견고히 다졌다. 그는 스웨덴과의 전쟁에서 승리해 부동항인 발트해 항구를 획득했으며, 상트페테르부르크를 건설해 수도로 삼았다. 표트르 대제는 서유럽화 정책 추진의 하나로 귀족들에게 긴 수염을 자르라고 명령하고, 반대하는 귀족들에게는 수염세를 내도록 했다.

생각을 부르는 질문, 하브루타

1	절대주의의 뜻은 무엇인가요?
2	왕권신수설의 뜻은 무엇인가요?
3	중상주의의 뜻은 무엇인가요?
4	영국의 절대 왕정을 이끈 엘리자베스 1세에 대해 설명해 보세요.
5	영국이 강대국이 된 과정에 대해 설명해 보세요.
6	에스파냐의 절대 왕정을 이끈 펠리페 2세에 대해 설명해 보세요.
7	프랑스의 절대 왕정을 이끈 사람은 누구인가요?
8	루이 14세는 국가의 재정 기반을 어떻게 늘려 갔나요?
9	루이 14세는 역사상 무엇을 남겼나요?
10	절대 왕정이 유럽 사회에 끼친 영향은 무엇인가요?
11	
12	
13	
14	
15	

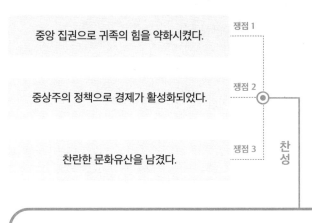

중앙 집권으로 귀족의 힘을 약화시켰다. ······ 쟁점 1

중상주의 정책으로 경제가 활성화되었다. ······ 쟁점 2

찬란한 문화유산을 남겼다. ······ 쟁점 3

찬성

절대 왕정은 바람직한 정치 체제다.

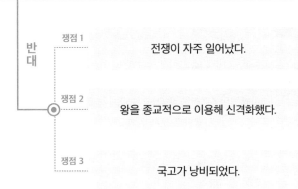

반대

쟁점 1 ······ 전쟁이 자주 일어났다.

쟁점 2 ······ 왕을 종교적으로 이용해 신격화했다.

쟁점 3 ······ 국고가 낭비되었다.

추가 토론 논제

1. 절대 왕정은 유럽 국가들에 좋은 영향을 끼쳤다.
2. 서유럽의 절대 왕정은 동유럽의 절대 왕정보다 뛰어났다.
3. 루이 14세의 절대 왕정은 프랑스에 긍정적인 영향을 미쳤다.

논제	절대 왕정은 바람직한 정치 체제다.
용어 정의	○ **절대 왕정**: 왕이 국가의 모든 권력을 장악하고 절대적인 권력을 행사하는 정치 형태 ○ **바람직하다**: 바랄 만한 가치가 있다 ○ **체제**: 사회를 하나의 유기체로 봤을 때 그 조직이나 양식, 또는 그 상태

	찬성	반대
쟁점 1	중앙 집권으로 귀족의 힘을 약화시켰다.	전쟁이 자주 일어났다.
근거	왕은 절대 왕정을 유지하기 위해 자신의 명령을 직접 지방까지 전달하는 관료제와 귀족들의 반란을 제압할 수 있는 상비군이 필요했다. 이에 상공 시민 계급에게 경제적인 지원을 받았으며, 마키아벨리의 『군주론』을 적극 인용해 무력을 사용할 필요가 있다고 강조했다. 이를 바탕으로 유럽의 왕들은 귀족들과 성직자들의 권한을 완벽하게 장악했다.	에스파냐의 펠리페 2세는 무적함대를 만들어 지중해 해상권을 장악했다. 1571년 레판토 해전에서 오스만 제국을 무찔렀으며, 네덜란드와의 종교 전쟁으로 네덜란드를 잃게 되었다. 이후 해상권 장악을 위해 영국과 전쟁을 벌였지만 대패했다. 루이 14세 또한 합스부르크 왕가와의 전쟁을 일으켜 국가 재정을 궁핍하게 만들었다.

쟁점 2	중상주의 정책으로 경제가 활성화되었다.	왕을 종교적으로 이용해 신격화했다.
근거	막대한 군대를 보유하고 권력을 유지하기 위해서는 많은 돈이 필요했다. 왕은 상공업자와 은행업자에게 세금을 많이 내도록 해 필요한 돈을 모았다. 대신 이들이 성장할 수 있도록 중상주의 정책을 실시했다. 이 정책은 상업과 무역의 영역을 확장해 국가의 부를 늘리는 수단으로 쓰였다. 이때 성공한 상공 시민 계층은 자본주의를 발전시킨 자본가가 되었다.	절대 왕정 체제는 왕권신수설을 강력히 주장했다. 루이 14세는 자신을 태양신 아폴론에 비유해 태양왕이라 자칭하고, 왕에게 절대 복종해야 한다는 왕권신수설을 강조했다. 권력이 커지자 프랑스를 가톨릭 국가로 만들고자 했던 루이 14세는 낭트 칙령을 폐지하고, 신교도인 위그노를 박해했다. 이에 위그노는 이웃 나라로 쫓겨나거나 망명 생활을 해야 했다.
쟁점 3	찬란한 문화유산을 남겼다.	국고가 낭비되었다.
근거	왕들은 예술을 국가의 정체성과 통일성을 강화하는 수단으로 사용했다. 영국의 엘리자베스 1세는 대문호 셰익스피어와 철학자 베이컨과 교류해 영국의 르네상스를 부흥시켰다. 프랑스의 루이 14세는 바로크 형식의 아름답고 화려한 건축물인 베르사유 궁전을 증축했다. 프로이센의 프리드리히 2세는 상수시 궁전을 건축했다.	펠리페 2세는 아메리카에서 들어온 막대한 양의 금과 은을 전쟁을 위해 써 버렸다. 또 화려한 성과 교회 건축 등으로 재정을 낭비해 국가의 경제적 기반이 무너졌다. 루이 14세는 부와 막강한 권력을 과시하기 위해 베르사유 궁전을 지었고, 이 때문에 루이 16세 때 프랑스 혁명이 일어났다.

찬성 측 입론서

▮ 논의 배경

   중세 유럽에서는 봉건적 지배 아래 국왕을 비롯한 귀족들이 주종 관계를 맺어 권력을 행사했다. 중세 말기에 유럽은 봉건 체제가 붕괴되었고, 십자군 원정의 실패로 교황권이 추락했으며, 흑사병으로 인한 인구 감소와 가격 혁명 등으로 혼란에 빠졌다. 이러한 상황 속에서 등장한 절대 왕정 체제는 중앙 집권적인 통일 국가의 형태를 띠었다. 절대 군주 시대로 탈바꿈한 유럽은 왕권 중심으로 권력이 형성되면서 근대 국가의 과도기적 정치 형태를 갖추기 시작했다. 이번 토론을 통해 절대 왕정은 바람직한 정치 체제였는지에 대해 논의해 보고자 한다.

▮ 용어 정의

   ○ **절대 왕정**: 왕이 국가의 모든 권력을 장악하고 절대적인 권력을 행사하는 정치 형태
   ○ **바람직하다**: 바랄 만한 가치가 있다
   ○ **체제**: 사회를 하나의 유기체로 봤을 때 그 조직이나 양식, 또는 그 상태

쟁점 1   중앙 집권으로 귀족의 힘을 약화시켰다.

   16~18세기 유럽 각국에서 중앙 집권 체제가 발전하면서 절대 왕정이 등장했다. 절대 왕정 체제는 왕의 권력이 매우 강한 정치 형태다. 왕

의 권력은 신에게서 온 것이기 때문에 절대 복종해야 한다는 왕권신수설은 절대 왕정을 정당화했다. 이는 귀족을 견제하고 넓은 땅을 다스리는 데에 매우 효과적인 정치 체제였다. 왕은 자신의 명령을 직접 지방까지 전달할 수 있는 관료와 평상시 나라를 튼튼하게 지키면서 귀족들의 반란을 진압할 수 있는 상비군이 필요했다. 그래서 왕은 국가의 재정을 확충하기 위해 상공 시민 계급의 지원을 받았다. 또한 마키아벨리의 『군주론』을 적극 활용해 군주가 권력을 유지하기 위해서는 무력을 사용할 필요가 있다고 강조했다. 이를 바탕으로 유럽의 왕들은 성직자와 귀족을 완벽하게 장악하고, 그들의 권력을 약화시켰다.

쟁점 2 중상주의 정책으로 경제가 활성화되었다.

16세기에 절대 왕정이 등장하면서 국왕을 중심으로 상비군과 관료제가 도입되었다. 왕이 막대한 군대를 보유하고 권력을 유지하는 데 필요한 지출도 천문학적으로 늘어났다. 그러자 왕은 돈을 많이 번 상공업자나 은행업자를 포섭했다. 왕은 그들에게 많은 세금을 내도록 해 통치에 필요한 자금을 확보했고, 대신 그들을 도와주기 위해 중상주의 정책을 펼쳤다. 처음에는 무역과 상업을 확장해 국가의 재산을 늘렸지만, 나중에는 원료 공급지 확보를 위해 해외 식민지 개척 사업에도 뛰어들었다. 이때 성공한 상공 시민 계층은 훗날 자본가가 되어 근대 시민 사회 형성의 근간이 되었다.

쟁점 3 찬란한 문화유산을 남겼다.

유럽 왕들은 예술을 국가의 정체성 확립과 통일성을 강조하는 수단으로 사용했다. 45년 동안 영국을 다스린 엘리자베스 1세는 철학자 베이컨과 대문호 셰익스피어와 교류해 영국의 예술과 문학을 부흥시켰다. 프랑스의 루이 14세는 화려하고 웅장한 느낌을 주는 바로크 형식의 베르사유 궁전을 증축했다. 특히 베르사유 궁전의 거울의 방은 공간감과 장식성을 인정받아 지금까지도 화려하고 아름다운 건축물로 사랑받고 있다. 프로이센에서는 프리드리히 2세가 베르사유 궁전에서 영감을 얻어 상수시 궁전을 건축했다. 상수시 궁전은 섬세하면서도 우아한 로코코 양식의 최고 건축물로 손꼽힌다.

▌논의 배경

절대 왕정은 왕권신수설과 마키아벨리의『군주론』을 바탕으로 유럽의 정치 체제로 정착했다. 하지만 절대 왕정이 등장하면서 왕권을 강화하기 위한 수단으로 비용이 많이 드는 건축물을 증축하거나 전쟁이 자주 일어나 국가의 경제력이 약해졌다. 이에 많은 신자나 시민이 희생당하면서 국민들의 원망은 높아져만 갔다. 이번 토론을 통해 절대 왕정은 바람직한 정치 체제였는지에 대해 논의해 보고자 한다.

▌용어 정의

- **절대 왕정**: 왕이 국가의 모든 권력을 장악하고 절대적인 권력을 행사하는 정치 형태
- **바람직하다**: 바랄 만한 가치가 있다
- **체제**: 사회를 하나의 유기체로 봤을 때 그 조직이나 양식, 또는 그 상태

쟁점 1 전쟁이 자주 일어났다.

절대 왕정 시대에는 종교 전쟁을 비롯한 내부 갈등과 더불어 많은 전쟁이 일어났다. 에스파냐의 펠리페 2세는 아메리카에서 들어오는 금과 은을 기반으로 무적함대를 만들어 지중해 패권을 주도했다. 가톨릭 국가인 에스파냐는 1571년에 일어난 레판토 해전에서 오스만 제국을 무

찔렀다. 독실한 가톨릭 신자였던 펠리페 2세의 종교 정책은 종교 전쟁으로 이어졌고, 결국 네덜란드가 독립했다. 이후 에스파냐는 영국과의 전쟁에서 해상권을 장악하기 위해 무적함대로 맞서 싸웠지만 대패하고 말았다. 프랑스의 루이 14세 또한 합스부르크 왕가와의 전쟁을 일으켜 국가 재정을 궁핍하게 만들었다.

쟁점 2 왕을 종교적으로 이용해 신격화했다.

절대 왕정 체제의 특징 중 하나는 왕권신수설을 강력히 주장했다는 것이다. 루이 14세는 절대 왕정의 대표적인 인물이다. 그는 관료제와 상비군을 주둔시키기 위해 중상주의 정책을 펼쳤다. 루이 14세는 자신을 태양왕이라 칭하고, 왕권신수설을 통해 프랑스 귀족들이나 국민들에게 절대 복종을 강요했다. 이로써 절대적인 권력을 가지게 된 루이 14세는 낭트 칙령을 폐지하고 위그노를 박해했다. 이때 많은 위그노 상공업자가 프랑스를 떠나면서 프랑스 경제는 큰 타격을 입었다. 결국 루이 16세 때에 이르러서는 과중한 세금을 견디지 못한 시민들이 프랑스 혁명을 일으켰다.

쟁점 3 국고가 낭비되었다.

절대 왕정은 군주가 권력을 유지하는 데 있어 가장 효과적인 정치 체제다. 하지만 왕의 이미지 강화를 위해 쓰인 금과 은, 무기와 보석으로 인해 엄청난 국고를 소모했다. 에스파냐의 펠리페 2세는 아메리카에서 에스파냐로 들어온 막대한 양의 금과 은을 이웃 나라와의 전쟁을 위해 써 버렸다. 또한 거대하고 화려한 성과 교회 건축 등으로 재정을 낭비하면서 국가의 경제적 기반이 무너져 버렸다. 프랑스의 루이 14세는 베르사유 궁전을 짓는 데 막대한 비용을 쏟아부었으며, 이를 통해 자신의 막강한 권력과 부를 과시했다. 이는 프랑스 경제에 큰 타격을 주었고, 결국 루이 16세 때 프랑스 혁명이 일어났다.

1642년

영국, 청교도 혁명(~1649년)

1688년

영국, 명예혁명(~1689년)

1769년

제임스 와트, 증기 기관 개량

1776년

미국, 독립 선언

1789년

프랑스 혁명

1804년

프랑스, 나폴레옹 재위(~1815년)

1840년

제1차 아편 전쟁(~1842년)

1856년

제2차 아편 전쟁(~1860년)

1857년

인도, 세포이의 항쟁(~1859년)

1861년

미국, 남북 전쟁(~1865년)

1862년

청, 양무운동(~1895년)

1868년

일본, 메이지 유신

1871년

독일 제국 수립

1882년

독일·오스트리아·이탈리아,
3국 동맹 결성

1894년

청일 전쟁(~1895년)

1904년

러일 전쟁(~1905년)

1912년

중화민국 수립

1914년

제1차 세계 대전(~1918년)

1917년

러시아 혁명

1919년

중국, 5·4 운동

1929년

세계 대공황

1939년

제2차 세계 대전(~1945년)

1945년

일본, 연합군에 항복 / 국제 연합 창설

CHAPTER 4

근대

11
영국 혁명

학습 목표

1. 영국 혁명의 과정과 결과에 대해 설명할 수 있다.
2. 영국 혁명의 의의를 파악할 수 있다.
3. 영국 혁명에 대해 토론할 수 있다.

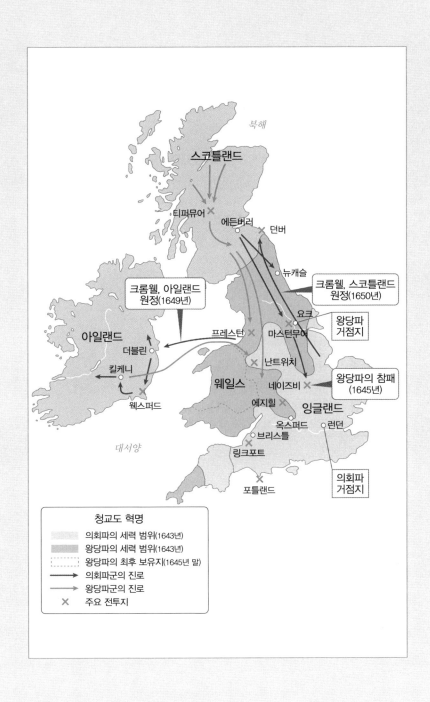

북해

스코틀랜드

티퍼뮤어 ✕   에든버러   ✕ 던버

뉴캐슬

크롬웰, 아일랜드
원정(1649년)

크롬웰, 스코틀랜드
원정(1650년)

아일랜드

더블린

킬케니

웩스퍼드 ✕

프레스턴 ✕   마스턴무어 ✕   요크 ✕

왕당파
거점지

난트위치 ✕

웨일스

네이즈비 ✕

왕당파의 참패
(1645년)

에지힐 ✕   잉글랜드

옥스퍼드   런던

브리스틀 ✕

링크포트 ✕

의회파
거점지

대서양

포틀랜드 ✕

청교도 혁명

▨ 의회파의 세력 범위(1643년)
▨ 왕당파의 세력 범위(1643년)
▱ 왕당파의 최후 보유지(1645년 말)
→ 의회파군의 진로
→ 왕당파군의 진로
✕ 주요 전투지

한눈에 알아보는 영국 혁명

📍 청교도 혁명

배경	○ 17세기 전후 젠트리와 시민 계급 성장 → 의회 진출 → 의회 정치 주도 ○ 제임스 1세: 전제 정치 실시(왕권신수설과 국교회 고수), 의회 무시, 청교도 탄압 → 의회 반발 ○ 찰스 1세: 청교도 박해, 의회 동의 없이 과세
전개	○ 의회, 권리 청원 제출(1628년) ○ 국왕, 의회 해산 ○ 스코틀랜드 반란 ○ 찰스 1세, 의회 소집 ○ 의회, 과세 요구 거부 ○ 왕당파와 의회파의 대립 → 내란(1642년)
결과	○ 의회파 군대의 승리 → 찰스 1세 처형 ○ 크롬웰, 호국경으로 취임 ○ 크롬웰을 중심으로 한 공화정 수립(1649년) 　• 금욕적 독재 정치 실시　• 아일랜드 정복　• 항해법 제정

📍 명예혁명

배경	○ 크롬웰 사망 후 왕정복고 ○ 찰스 2세: 전제 정치 실시 ○ 제임스 2세: 전제 정치 강화, 가톨릭교도 우대 → 의회와 충돌
전개	○ 의회, 제임스 2세 폐위 ○ 공동 왕 추대(제임스 2세의 딸 메리와 그녀의 남편 윌리엄, 1688년) ○ 권리 장전 승인(1689년)
결과	○ 의회 중심의 입헌 군주제 토대 마련(내각 책임제)

자세히 알아보는 영국 혁명

청교도와 젠트리, 신흥 계급으로 급부상하다

엘리자베스 1세가 죽은 후 1603년 스코틀랜드의 왕 제임스 1세가 영국의 왕위를 이어받았다. 영국 의회는 영국과의 오랜 적대국이자 가난한 나라 출신인 그를 좋아하지 않았다.

제임스 1세는 왕권신수설의 신봉자였기 때문에 자신의 권력이 의회의 동의를 받거나 법에 제한받는 것을 싫어했다. 그는 왕실 재정을 핑계로 오래전에 없앤 세금을 다시 만들고, 국교인 성공회를 믿을 것을 강요했다. 당시 국왕과의 사이가 좋지 않았던 청교도와 젠트리는 왕이라도 반드시 법을 지켜야 한다고 생각했다. 결국 제임스 1세는 이들의 반발에 부딪쳐 강력한 왕권을 휘두를 수가 없게 되었다.

젠트리는 엘리자베스 1세의 아버지인 헨리 8세가 영국의 종교 개혁을 실시할 때 교회의 재산과 땅을 모두 빼앗아 나누어 가진 지주들을 일컫는다. 이들은 중간 계급에서 신흥 시민 계급으로 성장하고 있는 세력이었다. 당시 젠트리와 함께 성장한 신흥

| 교도소에 방문한 젠트리

계급은 대부분 칼뱅파인 청교도이자 전문 직업인들이었다.

왕과 의회의 충돌은 제임스 1세의 아들인 찰스 1세 때에 이르러 본격화되었다. 찰스 1세가 의회를 무시한 채 강제로 세금을 거두고 프랑스와 전쟁까지 일으키자, 의회는 권리 청원을 승인해 달라고 요청했다. 찰스 1세는 어쩔 수 없이 권리 청원을 승인했지만, 이후 무려 11년 동안한 번도 의회를 소집하지 않았다. 찰스 1세가 청교도들을 못살게 굴자, 많은 청교도가 신앙의 자유를 찾아 북아메리카로 떠났다.

왕과 의회의 치열한 대립, 청교도 혁명

1640년 찰스 1세는 드디어 의회를 소집했다. 그 이유는 왕이 스코틀랜드까지 영국 국교회를 믿을 것을 강요하자, 청교도가 폭동을 일으켰기 때문이다. 왕은 전쟁을 일으키겠다고 했고, 의회는 이를 단번에 거절했다. 화가 난 찰스 1세는 의회를 해체해 버린 후 스코틀랜드와 전쟁했다. 왕이 전쟁에서 지자, 또다시 의회가 열렸다. 의회는 찰스 1세를 비난하며 앞으로 국교를 강요하거나 부당하게 세금을 걷지 못하게 했고, 국왕의 지시가없어도 의회가 열리도록 했다. 그러자찰스 1세는 군대를 동원해 의회의 지도자를 체포하려 했다. 하지만 힘이 커진 의회는 군대를 동원해 왕당파에 맞

| 청교도의 모습을 나타낸 동상

서 전쟁을 치렀다. 이렇게 해서 청교도 혁명이 시작되었다.

왕을 따르는 왕당파는 종교적으로 대부분 가톨릭과 국교회 신자들이었다. 반면 의회파는 젠트리인 도시의 중소 상인들이었고, 종교적으로는 청교도였다. 처음에는 왕당파가 우세했지만, 시간이 지날수록 의회파의 힘이 더 세졌다. 이때 젠트리 출신의 올리버 크롬웰이 등장했다. 크롬웰은 철기군을 조직해 왕당파와 싸워 승리했다. 그 사이에 찰스 1세는 스코틀랜드로 도망갔지만, 스코틀랜드인들은 찰스 1세를 의회파에 넘겨 버렸다. 1649년 영국에 공화정이 수립되고, 찰스 1세는 반역죄로 처형되었다. 이것으로 청교도 혁명은 마무리되었다.

왕정, 다시 부활하다

의회는 공화정이 수립되면서 막강한 권리를 가지게 되었다. 크롬웰은 무능한 의회를 해산시키고, 자신에게 충성하는 사람들로 의회를 꾸려 군사 독재 정치를 실시했다. 마침내 크롬웰은 호국경이 되어 국왕과 같은 실제 권력을 쥐게 되었다. 호국경은 '영국의 수호자'라는 뜻이다. 크롬웰은 교회의 건물을 부수도록 명령하고, 모든 극장과 술집의 문을 닫게 했으며, 도박을 금지했다. 국민들에게는

| 사후 처형되는 크롬웰의 시신

| 찰스 2세의 대관식

엄격한 청교도 교육을 강요했다. 이렇듯 공포 정치가 계속되자, 국민들의 불만이 점점 커졌다.

1658년 크롬웰이 사망한 후 그의 셋째 아들인 리처드 크롬웰이 호국경의 자리를 이어받았다. 그러자 국왕 지지자들은 찰스 1세의 아들인 찰스 2세를 왕으로 내세웠다. 하지만 프랑스에 망명해 있던 찰스 2세와 그의 동생 제임스 2세는 절대 왕권을 휘둘렀던 루이 14세에게 강한 매력을 느꼈다. 찰스 2세는 왕이 되자마자 가톨릭을 부활시키려고 했다. 의회는 이를 바로 막아 버렸을 뿐만 아니라 인신 보호법을 제정해 개인의 자유를 함부로 해하지 못하도록 했다. 찰스 2세가 죽자, 동생인 제임스 2세가 왕위에 올랐다.

피 한 방울 흘리지 않고 성공한 명예혁명

의회는 가톨릭교도인 제임스 2세가 왕이 되지 못하도록 법안을 만들었다. 이때 이 법안에 찬성하는 쪽인 휘그당과 반대하는 쪽, 즉 왕을 지지하는 토리당으로 나누어졌다. 결국 왕권을 물려받은 제임스 2세는 자신을 반대한 사람들을 군대의 힘으로 눌러 버리고, 가톨릭교도를 관리로 임명했다. 이 사건으로 의회와 국왕과의 갈등은 점점 심해졌다. 결국 토리당 사람들은 휘그당 사람들과 손을 잡고 제임스 2세를 쫓아 버리기로 결정했다.

의회는 제임스 2세의 딸 메리와 메리의 남편인 윌리엄에게 영국의 왕위를 제안했다. 의회의 제안을 받아들인 메리와 윌리엄은 군대를 앞세우고 런던으로 향했다. 이 소식에 혼비백산한 제임스 2세는 프랑스로 도망쳤다.

메리와 윌리엄은 영국의 공동 왕이 되었다. 결국 피 한 방울 흘리지 않고 평화롭게 혁명을 이루어 냈다 해서 붙여진 이름이 명예혁명이다. 메리와 윌리엄은 즉위식에서 의회가 제출한 권리 장전을 받아들여 법률화시켰다. 이로써 의회 중심의 입헌 군주제의 토대가 마련되었다.

| 휘그당과 토리당의 대립

생각을 부르는 질문, 하브루타

1	젠트리의 뜻은 무엇인가요?
2	전제 정치의 뜻은 무엇인가요?
3	엘리자베스 1세의 뒤를 이어 영국의 왕이 된 사람은 누구인가요?
4	청교도 혁명의 배경과 원인에 대해 설명해 보세요.
5	의회가 찰스 1세에게 제출한 권리 청원의 내용은 무엇인가요?
6	왕을 처형하고 공화정을 수립한 사람은 누구인가요?
7	명예혁명의 원인에 대해 설명해 보세요.
8	명예혁명 때 누가 왕으로 추대되었나요?
9	권리 장전의 내용은 무엇인가요?
10	명예혁명으로 얻은 결과에 대해 설명해 보세요.
11	
12	
13	
14	
15	

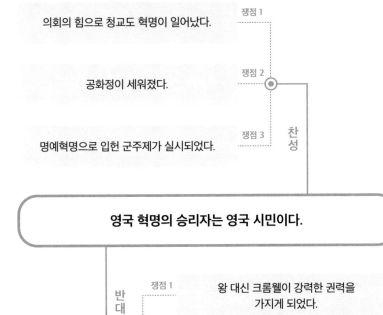

의회의 힘으로 청교도 혁명이 일어났다. 쟁점 1

공화정이 세워졌다. 쟁점 2

명예혁명으로 입헌 군주제가 실시되었다. 쟁점 3 찬성

영국 혁명의 승리자는 영국 시민이다.

반대 쟁점 1 왕 대신 크롬웰이 강력한 권력을 가지게 되었다.

쟁점 2 찰스 2세의 왕정복고가 이루어졌다.

쟁점 3 일부 시민만 혜택을 누렸다.

추가 토론 논제

1. 청교도 혁명은 정당하다.
2. 영국 혁명의 기틀을 마련한 사람은 크롬웰이다.
3. 명예혁명은 영국의 성숙한 시민 의식을 보여 준 사건이다.

논제	영국 혁명의 승리자는 영국 시민이다.	
용어 정의	○ **영국 혁명**: 영국에서 일어난 청교도 혁명과 명예혁명을 아울러 이르 는 말 ○ **승리자**: 싸움이나 경기 따위에서 이긴 사람이나 그런 단체 ○ **시민**: 근대 이후 국가의 중심을 이루는 구성원	
	찬성	반대
쟁점 1	의회의 힘으로 청교도 혁명이 일 어났다.	왕 대신 크롬웰이 강력한 권력을 가 지게 되었다.
근거	엘리자베스 1세가 죽은 후 제임 스 1세가 왕이 되었다. 그의 아들 인 찰스 1세는 전쟁 비용을 부담 하기 위해 의회의 동의 없이 세 금을 거두었다가 권리 청원을 승 인하게 되었다. 그는 11년 후 전 쟁 자금이 필요한 상황이 되자 의 회를 소집했다. 이에 의회는 왕이 지은 죄에 대한 책임을 물었다. 화가 난 찰스 1세가 의회를 해산 시키자, 의회파가 혁명을 일으켰 다. 결국 의회파와 왕당파로 나뉘 어 내전이 일어났고, 의회파가 승 리했다. 1649년 찰스 1세는 처형 을 당했다.	올리버 크롬웰은 의회파를 승리로 이끌고 공화정을 수립했다. 그는 스 스로 호국경이라는 자리에 올라 독 재 정치를 펼쳤다. 국왕이나 다름없 는 권력을 가지게 된 것이다. 크롬 웰은 교회 건물을 부수고 도박을 금 지했으며, 모든 술집과 극장 문을 닫 는 등 엄격한 청교도식의 생활을 강 요했다. 이렇게 많은 것이 제한되자, 시민들의 불만은 나날이 커졌다.

쟁점 2	공화정이 세워졌다.	찰스 2세의 왕정복고가 이루어졌다.
근거	영국은 1642년 청교도 혁명으로 인해 공화정으로 바뀌었다. 절대 왕정은 시민들에게 의견을 표현할 권리를 주지 않았지만, 청교도 혁명의 성공으로 왕의 잘못을 바로잡고 공화정을 세울 수 있었다. 이처럼 국왕 한 사람이 결정하는 정치 체제를 이어 가던 영국이 시민들이 원하는 방향대로 나라를 이끌 수 있는 공화정을 세운 것은 시민들의 승리라고 할 수 있다.	크롬웰이 죽은 후 왕이 된 찰스 2세는 자신의 아버지를 죽음으로 내몰았던 사람들을 모두 잡아들였다. 그는 동생 제임스 2세에게 왕위를 물려주었다. 제임스 2세는 왕이 되자마자 자기 마음대로 나라를 다스렸다. 그는 당시 영국 시민들이 원했던 완전한 전제 정치의 종식을 무시했고, 노골적으로 친가톨릭 정책을 선포했으며, 의회 없는 전제 정치를 표방했다.
쟁점 3	명예혁명으로 입헌 군주제가 실시되었다.	일부 시민만 혜택을 누렸다.
근거	크롬웰이 죽은 후 다시 왕정이 시작되었다. 찰스 2세에 이은 제임스 2세는 가톨릭교도였으며 의회를 무시했다. 1688년 의회가 제임스 2세를 폐위한 후 그의 딸 메리와 그녀의 남편 윌리엄을 왕으로 추대하자, 제임스 2세는 놀라서 프랑스로 도망쳤다. 메리와 윌리엄은 의회가 내놓은 권리 장전을 승인하며 새로운 법을 지킬 것을 맹세했다. 이로써 왕의 권한이 줄어들고 의회의 권한이 늘어났다. 이는 입헌 군주제의 출발점이 되었다.	제임스 2세의 전제 정치를 보다 못한 의회는 그를 쫓아내고, 그의 딸 메리와 그녀의 남편 윌리엄을 불러들였다. 영국의 왕이 된 메리와 윌리엄이 권리 장전을 승인하면서 입헌 군주제가 시작되었고, 정치적으로 나라가 안정되었다. 이와 동시에 산업 혁명이 시작되었지만, 돈이 많은 자본가들은 계속해서 돈을 벌었고 노동자들은 아무리 열심히 일해도 가난에서 벗어날 수 없었다.

▌논의 배경

영국 혁명은 청교도 혁명과 명예혁명을 일컫는 말이다. 찰스 1세는 의회의 승인 없이 세금을 부과하고, 전쟁 비용을 충당했다. 이에 대한 불만이 커지면서 왕당파와 의회파의 대립이 점차 심화되었다. 결국 찰스 1세가 처형되면서 공화정이 수립되지만, 크롬웰의 독재 정치로 인해 왕정복고가 이루어졌다. 제임스 2세의 전제 정치와 친가톨릭 정치는 명예혁명을 촉발시켰고, 영국의 정치 체제는 입헌 군주제로 자리 잡았다. 이번 토론을 통해 영국 혁명의 승리자는 영국 시민이라고 할 수 있는지 논의해 보고자 한다.

▌용어 정의

○ **영국 혁명**: 영국에서 일어난 청교도 혁명과 명예혁명을 아울러 이르는 말
○ **승리자**: 싸움이나 경기 따위에서 이긴 사람이나 그런 단체
○ **시민**: 근대 이후 국가의 중심을 이루는 구성원

쟁점 1 의회의 힘으로 청교도 혁명이 일어났다.

대영 제국의 토대를 마련한 엘리자베스 1세는 후계자를 남기지 못하고 죽었다. 그래서 스코틀랜드의 왕 제임스 6세가 잉글랜드의 왕 제임스 1세가 되었다. 왕권신수설을 신봉했던 그는 의회와 계속해서 갈등

을 빚었다. 그의 아들 찰스 1세도 마찬가지였다. 찰스 1세는 막대한 전쟁 비용을 부담하기 위해 의회의 동의 없이 세금을 거두었다. 그러자 1628년 의회는 동의 없이 세금을 거둘 수 없다는 내용 등이 담긴 권리 청원을 제출했다. 찰스 1세는 이를 마지못해 승인했지만, 의회를 11년 동안 소집하지 않았다. 그는 시간이 흐른 뒤 전쟁 자금이 필요할 때가 되어서야 의회를 소집했고, 의회는 전쟁 자금 지원을 거부하며 오히려 왕이 지은 죄에 대한 책임을 물었다. 이에 화가 난 찰스 1세가 의회를 해산시키자, 의회파가 혁명을 일으켰다. 그 결과 의회파와 왕당파로 나뉘어 내전이 일어났고, 의회파가 승리해 1649년 찰스 1세는 처형당했다. 이러한 청교도 혁명을 통해 의회의 힘으로 독단적이었던 찰스 1세를 물리쳤다.

쟁점 2 공화정이 세워졌다.

1642년에 시작된 청교도 혁명은 영국의 정치 체제가 공화정으로 바뀌는 계기가 되었다. 영국 혁명 이전의 영국은 절대 왕정 국가였다. 절대 왕정은 왕이 국가 권력을 장악하고, 관료제와 상비군을 기반으로 절대적 권한을 가지는 정치 체제다. 이러한 정치 체제는 시민들에게 의견을 표현할 권리를 주지 않았다. 그래서 찰스 1세와 같은 국왕이 나라를 다스리면 잘못된 방향으로 가더라도 이를 저지하기가 쉽지 않았다. 그런데 혁명에 성공함으로써 왕의 잘못을 바로잡고 공화정을 세울 수 있었다. 이처럼 국왕 한 사람이 결정하는 정치 체제를 이어 가던 영국이 시민들이 원하는 방향대로 나라를 이끌 수 있는 공화정을 세운 것은 시민들의 승리라고 할 수 있다.

쟁점 3 **명예혁명으로 입헌 군주제가 실시되었다.**

호국경이었던 크롬웰이 죽은 후 다시 왕정이 시작되었다. 찰스 2세와 그의 동생인 제임스 2세가 왕위를 이어받았는데, 가톨릭교도였던 이들은 약속을 지키지 않고 의회를 무시했다. 그러자 시민들은 제임스 2세가 왕이 되도록 한 왕정복고를 후회하며 그를 쫓아내려고 했다. 1688년 의회는 제임스 2세를 폐위한 후 그의 딸 메리와 그녀의 남편 윌리엄을 왕으로 추대하기 위해 그들에게 편지를 보냈다. 이 소식을 들은 제임스 2세는 놀라서 프랑스로 도망쳤다. 이 때문에 메리와 윌리엄은 전쟁하지 않고 영국에 들어와 왕이 될 수 있었다. 이들은 의회가 내놓은 권리 장전을 승인하며 새로운 법을 지킬 것을 맹세했다. 이로써 왕의 권한이 줄어들고 의회의 권한이 늘어나 입헌 군주제의 출발점이 되었다. 피를 한 방울도 흘리지 않아 명예혁명이라고 불리는 이 사건은 영국이 근대 시민 사회로 가는 데 크게 기여했기 때문에 영국 시민의 승리라고 할 수 있다.

▋논의 배경

영국의 왕 찰스 1세는 의회와 갈등이 잦았다. 왕의 독단적인 과세에 대한 불만이 많았던 의회는 1628년 권리 청원을 보냈다. 의회의 권리를 선언하며 왕이 스스로 세금을 걷을 수 없다는 내용이었다. 하지만 찰스 1세는 의회와의 의견 차이를 좁히지 못했고, 결국 청교도 혁명으로 번졌다. 혁명은 의회파의 승리였지만 결과는 좋지 않았다. 독재자 올리버 크롬웰이 등장했고, 결국 찰스 2세의 왕정복고가 이루어졌기 때문이다. 이번 토론을 통해 영국 혁명의 승리자는 영국 시민이라고 할 수 있는지 논의해 보고자 한다.

▋용어 정의

○ **영국 혁명**: 영국에서 일어난 청교도 혁명과 명예혁명을 아울러 이르는 말

○ **승리자**: 싸움이나 경기 따위에서 이긴 사람이나 그런 단체

○ **시민**: 근대 이후 국가의 중심을 이루는 구성원

쟁점 1 **왕 대신 크롬웰이 강력한 권력을 가지게 되었다.**

1642년 청교도 혁명이 일어나 왕당파와 의회파 사이에 내전이 시작되었다. 이때 올리버 크롬웰이 의회파를 승리로 이끌고, 공화정을 수립하는 데 큰 공을 세웠다. 그런데 그는 공화정이 아닌 독재 정치를 펼쳤

다. 크롬웰은 기존 의회를 해산하고, 자신에게 충성을 약속한 사람들로 다시 의회를 꾸렸다. 이렇게 만들어진 새로운 의회는 모든 권한을 크롬웰에게 넘긴다는 법을 통과시켰다. 크롬웰은 스스로 호국경이라는 자리에 올랐다. 이는 그가 국왕이나 다름없는 권력을 가지게 되었음을 의미했다. 크롬웰은 교회 건물을 부수도록 명령했으며, 도박을 금지하고 모든 술집과 극장 문을 닫는 등 엄격한 청교도식의 생활을 강요했다. 이렇게 많은 것이 제한되자, 시민들의 불만이 나날이 커졌다. 이처럼 크롬웰의 독재는 공화정을 무너뜨렸으며, 시민들을 더욱 힘들게 했다. 따라서 영국 혁명은 시민들의 승리가 아닌 크롬웰의 승리라고 할 수 있다.

쟁점 2 찰스 2세의 왕정복고가 이루어졌다.

크롬웰이 죽은 후 청교도 혁명 때 처형되었던 찰스 1세의 아들인 찰스 2세가 왕이 되었다. 찰스 2세는 종교의 자유를 인정하고, 청교도 혁명에 참여했던 자들을 벌하지 않겠다고 약속한 후 왕위에 올랐다. 하지만 그는 약속을 어기고, 찰스 1세를 죽음으로 내몰았던 사람들을 모두 잡아들였다. 그러고는 자신에게 왕위를 이을 아들이 없으니 동생 제임스 2세에게 왕위를 물려주겠다고 선언했다. 제임스 2세는 가톨릭교도였기 때문에 많은 사람이 그가 왕이 되는 것에 반대했다. 하지만 결국 왕이 된 제임스 2세는 자기 마음대로 나라를 다스렸다. 그는 당시 영국 시민들이 원했던 완전한 전제 정치의 종식을 무시했고, 노골적으로 친가톨릭 정책을 선포했으며, 의회 없는 전제 정치를 표방했다. 이렇듯 다시 왕정이 시작되어 갈등이 계속되었으므로 영국 혁명은 시민의 승리라고 보기 어렵다.

쟁점 3 **일부 시민만 혜택을 누렸다.**

제임스 2세의 전제 정치를 보다 못한 의회는 그를 쫓아내고 새로운 왕을 찾아 나섰다. 의회는 제임스 2세의 딸인 메리와 그녀의 남편인 윌리엄을 불렀고, 그들은 영국의 왕이 되어 권리 장전을 승인했다. 이를 통해 입헌 군주제가 시행되면서 정치적으로 나라가 안정되었다. 이와 동시에 돈이 많아지고 사람들이 도시로 몰리면서 산업 혁명이 시작되었다. 하지만 산업 혁명으로 인해 많은 문제가 생겼다. 돈이 많은 자본가들은 계속해서 돈을 벌었고, 노동자들은 열심히 일해도 적은 임금을 받아 가난에서 벗어날 수 없었다. 결국 영국 혁명으로 인해 시작된 산업 혁명은 자본가와 노동자 사이의 격차를 더욱 벌어지게 했고, 이에 따라 일부 시민만 혜택을 보게 되었다. 따라서 영국 시민들이 원했던 사회를 만들지 못한 영국 혁명은 시민들의 승리라고 볼 수 없다.

12

산업 혁명

학습 목표

1. 산업 혁명이 영국에서 먼저 시작된 배경을 설명할 수 있다.
2. 산업 혁명의 성과와 문제점을 설명할 수 있다.
3. 산업 혁명이 인류에 끼친 영향에 대해 토론할 수 있다.

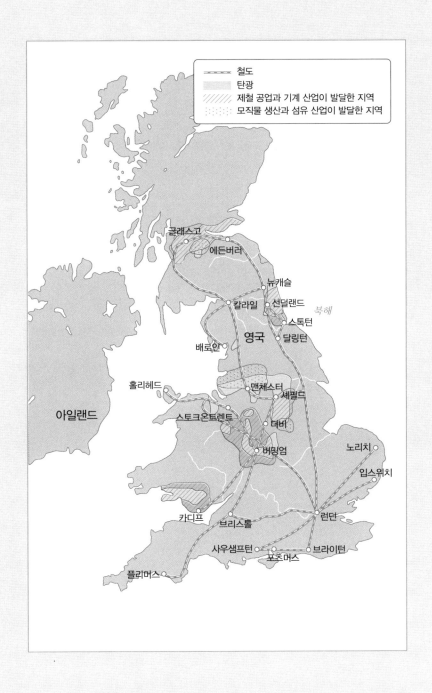

철도
탄광
제철 공업과 기계 산업이 발달한 지역
모직물 생산과 섬유 산업이 발달한 지역

글래스고
에든버러
뉴캐슬
칼라일   선덜랜드
스톡턴
달링턴
배로인   영국
북해
홀리헤드   맨체스터
셰필드
아일랜드   스토크온트렌트   더비
버밍엄
노리치
입스위치
카디프   브리스틀   런던
사우샘프턴   브라이턴
포츠머스
플리머스

한눈에 알아보는 산업 혁명

배경	○ 명예혁명 이후 정치적·사회적으로 안정 ○ 세계 곳곳에 식민지를 세워 넓은 시장 확보 ○ 인클로저 운동으로 노동력 확보 ○ 철, 석탄 등 지하자원 풍부 ○ 모직물 공업 발전과 식민지 무역 등으로 인한 경제적 풍요
전개	○ 18세기 후반 면직물 수요가 늘어남 → 면을 대량으로 빠르게 생산하기 위해 새로운 방직기와 방적기 개발 ○ 제임스 와트, 증기 기관 개량 ○ 철 대량 생산 → 여러 기계 발명 → 관련 산업 발전
결과	○ 사회 구조 변화 • 산업 사회 형성(공장제 기계 공업 및 교통 발달 → 자본주의 경제 체제 확립) ○ 도시화 • 대규모 공장이 있는 지역을 중심으로 도시 성장, 도시 인구 증가 ○ 새로운 계급 출현 • 산업 자본가와 노동자 계급 형성

자세히 알아보는 산업 혁명

영국에서 산업 혁명이 시작되다

영국은 예전부터 수공업과 농업이 발달한 나라였다. 16세기에 양털로 만든 모직물 가격이 많이 오르자, 지주들은 자신의 땅에 모두 울타리를 둘러 목장을 만들었다. 이것을 인클로저 운동이라고 한다. 이로 인해 농민들은 일자리를 잃어버려 무작정 도시로 향할 수밖에 없었다.

인도에서 질 좋고 값이 싼 면화가 들어오면서 면직물을 찾는 사람들이 급격히 늘었다. 이 많은 수요를 채우기 위해서는 기계가 빨리 개발되어야 했다. 제일 먼저 1730년경 존 케이가 '나는 북 방직기'를 개발했다. 1764년 하그리브스가 발명한 '제니 방적기'는 동시에 8가닥의 실을 뽑을 수 있었다. 1769년 크럼프턴은 두 기계의 장점을 결합해 동시에 48가닥의 실을 뽑을 수 있는 '뮬 방적기'를 만들었다. 이어 1784년 카트라이트는 증기의 힘을 이용해 자동으로 옷감을 짜는 역직기를 발명했다.

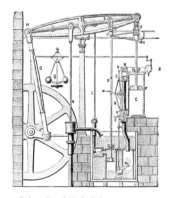

| 제임스 와트의 증기 기관

앞서 발명된 나는 북 방직기, 제니 방적기, 뮬 방적기는 수력으로 움직이는 기계였다. 이러한 수력 방식에는 강수량과 공장의 위치 등 많은 제약이 있었다. 이 문제를 해결한 사람이 바

로 증기 기관을 개량한 제임스 와트다. 증기 기관의 발명으로 바다에서는 증기선이 유럽과 아메리카를 정기적으로 안전하게 다니게 되었다.

기계화된 면직물 산업은 석탄 산업뿐 아니라 철강 산업까지 발전시켰다. 영국에는 철광석과 석탄 같은 자원이 풍부했다. 그래서 철광석으로 기관차와 철도를 만들 수 있었고, 석탄만 있으면 기관차는 언제든지 철도를 달릴 수 있었다.

런던은 산업 혁명으로 인해 큰 도시로 발전했다. 리버풀과 맨체스터 사이에 철도가 생기면서 영국의 대표적인 수출항이 만들어졌고, 은행이 설립되어 금융업도 발전했다. 또한 모스의 무선 전신, 벨의 전화 등이 발명되면서 통신도 발달했다.

이처럼 농업 중심 사회에서 산업 중심 사회로 바꾸어 놓은 산업 혁명은 인간의 생활을 편리하고 풍족하게 해 주었으며, 대량 생산으로 많은 상품을 싸게 살 수 있게 해 주었다.

영국에서 시작된 산업 혁명은 유럽 여러 나라에 영향을 끼쳤다. 특히 벨기에, 프랑스, 독일은 국가가 직접 산업화를 주도해 산업 혁명을 이끌었다. 이후 산업 혁명은 유럽 전역으로 뻗어 나갔다.

| 리버풀과 맨체스터를 잇는 철도

산업 혁명의 그림자

산업 혁명이 좋은 면만 있었던 것은 아니다. 돈이 많은 자본가는 공장을 짓고 노동자를 고용했다. 그런데 자본가는 노동자에게 오랜 시간 강도 높은 일을 시키면서도 임금은 적게 주었다. 이렇게 해서 많은 이윤을 남긴 자본가는 더 많은 공장을 짓고, 온갖 사치를 누리며 살았다. 반면 노동자는 항상 힘겨운 노동에 시달렸지만, 가난에서 벗어나지 못했다.

어린아이와 여성도 노동에 시달렸다. 이들은 폭력과 임금 착취에 시달렸고, 작업 환경이 좋지 않아 사고로 다치거나 죽는 경우도 많았다. 그럼에도 제대로 된 치료나 보상을 받지 못했다.

많은 노동자가 도시로 몰려들자, 주택 부족 현상이 나타났다. 빈민들은 비좁은 공간에서 다수가 모여 살아야 했다. 이로 인해 환경이 더러워져 전염병까지 돌아 수많은 사람이 목숨을 잃었다. 또한 범죄가 늘어나 치안 문제까지 날로 심각해졌다. 하지만 국가는 위생이나 치안 문제를 해결하려고 하지 않았다.

영국의 직물 공업 지대에서는 노동자들의 파업이 일어났다. 노동자들은 공장과 기계가 자신들의 일자리를 빼앗는다고 생각해 공장에 쳐들어가 기계를 파괴하는 러다이트 운동을 벌였다. 이 사건으로 노동조합이 만들어졌으며, 일부 지식인을 중심으로 자본주의 제도를 비판하고 평등한 세상을 만들고자 하는 사회주의 운동이 일어났다.

| 러다이트 운동

생각을 부르는 질문, 하브루타

1	인클로저 운동이란 무엇인가요?
2	18세기 후반 영국의 상황에 대해 설명해 보세요.
3	증기 기관의 출현이 가져온 영향은 무엇인가요?
4	증기 기관차에 대해 설명해 보세요.
5	산업 혁명이란 무엇인가요?
6	산업 혁명으로 통신은 어떻게 발달했나요?
7	어떤 나라가 영국의 산업 혁명에 영향을 받았나요?
8	산업 혁명 당시 노동자의 삶은 어땠나요?
9	산업 혁명이 낳은 두 계급인 부르주아와 프롤레타리아에 대해 설명해 보세요.
10	사회주의 운동이란 무엇인가요?
11	
12	
13	
14	
15	

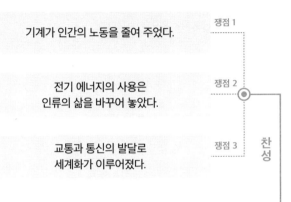

기계가 인간의 노동을 줄여 주었다.   쟁점 1

전기 에너지의 사용은
인류의 삶을 바꾸어 놓았다.   쟁점 2

교통과 통신의 발달로
세계화가 이루어졌다.   쟁점 3

찬성

산업 혁명은 인류 발전에 긍정적인 영향을 미쳤다.

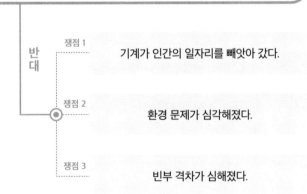

반대

쟁점 1   기계가 인간의 일자리를 빼앗아 갔다.

쟁점 2   환경 문제가 심각해졌다.

쟁점 3   빈부 격차가 심해졌다.

추가 토론 논제

1. 산업 혁명은 많은 사람에게 고통을 안겨 주었다.
2. 산업 혁명으로 인간의 삶은 더 윤택해졌다.
3. 산업 혁명은 영국 사회에 긍정적인 영향을 미쳤다.

토론 요약서

논제	산업 혁명은 인류 발전에 긍정적인 영향을 미쳤다.	
용어 정의	○ **산업 혁명:** 18세기 후반 기계의 발명이나 생산 기술 등으로 유럽 전반에 일어난 변화 ○ **인류:** 세계의 모든 사람 ○ **발전:** 더 낫고 좋은 상태나 더 높은 단계로 나아감	
	찬성	반대
쟁점 1	기계가 인간의 노동을 줄여 주었다.	기계가 인간의 일자리를 빼앗아 갔다.
근거	영국에서는 공장에 많은 기계를 채워 모직물을 만들었다. 1769년 제임스 와트가 개량한 증기 기관은 수증기의 힘을 이용해 기계를 돌리는 장치였다. 이외에도 방적기 등 다양한 기계가 발명되었다. 이러한 기계 때문에 인간이 많은 힘을 들이지 않아도 대량 생산을 할 수 있게 되었고, 새로운 일자리도 많이 생겨났다.	산업 혁명이 일어나면서 대량 생산이 가능해졌다. 자본가는 노동자를 적게 고용해도 상품을 많이 만들 수 있게 되자, 노동자를 해고해 인건비를 줄였다. 기계가 인간의 일자리를 빼앗아 수많은 노동자를 실업자로 만든 것이다. 이에 공포를 느낀 노동자들은 공장의 기계들을 파괴하는 러다이트 운동을 일으키기도 했다.

248 CHAPTER 4 근대

쟁점 2	전기 에너지의 사용은 인류의 삶을 바꾸어 놓았다.	환경 문제가 심각해졌다.
근거	전기는 여러 과학자와 발명가에 의해 발전했다. 패러데이는 전자기 유도 현상을 발견해 많은 전기를 생산할 수 있게 만들었다. 에디슨은 실용적인 전구를 개발하고 상업적으로 보급했으며, 미국에 최초로 발전소를 가동했다. 테슬라와 웨스팅하우스는 에디슨이 만든 직류 방식의 문제점을 해결할 수 있는 교류 방식을 구축하기도 했다.	증기 기관을 점점 많이 사용하게 되면서 석탄 사용량이 증가했다. 이로 인해 배기가스 배출이 과도하게 증가해 대기를 오염시켰다. 산업화 과정에서 인구가 도시로 모여들면서 쓰레기를 처리하는 데도 문제가 발생했다. 쓰레기를 태우면 유해 물질이 배출되었고, 매립하면 쓰레기와 썩은 물이 지하수로 흘러 들어갔다.
쟁점 3	교통과 통신의 발달로 세계화가 이루어졌다.	빈부 격차가 심해졌다.
근거	증기 기관이 발명되면서 훨씬 빠르고 안정적인 이동이 가능해졌다. 이는 통신 발달에도 큰 영향을 주었다. 모스의 무선 전신, 벨의 전화 등이 발명되면서 의사소통이 편리해졌다. 이뿐만 아니라 지구 반대편의 일도 전신을 통해 빠르게 전달해 세계화에 큰 영향을 주었다.	산업 혁명 당시 기계를 이용한 대량 생산은 자본가에게 막대한 이윤을 남겨 주었다. 반면 노동자는 하루 12~14시간 동안 고된 일을 하고도 매우 적은 임금을 받았으며, 불만이 있더라도 쉽게 그만둘 수 없었다. 게다가 도시에는 노동자들을 위한 시설이 잘 마련되어 있지 않았다. 집이나 화장실이 부족했으며, 상수도 시설도 충분하지 않아 전염병이 돌기도 했다.

▌논의 배경

산업 혁명은 정치적으로 안정되고 많은 식민지를 보유하고 있었던 영국에서 가장 먼저 시작되었다. 이후 벨기에, 독일, 프랑스 등 유럽 각국에서도 산업 혁명으로 큰 변화가 일어났다. 대표적으로 수공업으로 일했던 작업장이 기계가 발달하면서 큰 공장으로 전환되었고, 이로써 대량 생산이 가능해졌다. 산업 혁명은 자본주의 경제를 확립했으며, 인간의 노동을 줄여 주었다. 이번 토론을 통해 산업 혁명이 인류 발전에 긍정적인 영향을 미쳤는지 논의해 보고자 한다.

▌용어 정의

○ **산업 혁명**: 18세기 후반 기계의 발명이나 생산 기술 등으로 유럽 전반에 일어난 변화
○ **인류**: 세계의 모든 사람
○ **발전**: 더 낮고 좋은 상태나 더 높은 단계로 나아감

쟁점 1 기계가 인간의 노동을 줄여 주었다.

산업 혁명으로 도입된 기계들은 인간의 노동을 줄여 주었다. 산업 혁명이 가장 먼저 일어난 영국에서는 공장에 많은 기계를 채워 모직물을 만들었다. 1769년 제임스 와트가 개량한 증기 기관이 산업에 투입되어서 가능한 일이었다. 증기 기관은 수증기의 힘을 이용해 기계를 돌리

는 장치였다. 이외에도 방적기 등 많은 기계가 발명되면서 인간은 많은 힘을 들이지 않고 대량 생산을 할 수 있게 되었다. 물론 기계가 발달하면서 일자리를 잃은 사람도 있었지만, 새로운 일자리도 많이 생겨났다. 게다가 가내 수공업으로는 오래 걸렸던 일들을 기계가 처리하면서 다른 분야를 발전시킬 인재 양성이 더욱 수월해졌다.

쟁점 2 전기 에너지의 사용은 인류의 삶을 바꾸어 놓았다.

19세기 말 전기 에너지는 세상을 변화시키는 새로운 에너지로 떠올랐다. 전기는 산업 혁명 당시 기계화된 공장에서 사용했는데, 여러 과학자와 발명가에 의해 발전했다. 패러데이는 전자기 유도 현상을 발견해 많은 전기를 생산할 수 있게 만들었다. 에디슨은 실용적인 전구를 개발하고 상업적으로 보급했으며, 미국에 최초로 발전소를 가동했다. 테슬라와 웨스팅하우스는 에디슨이 만든 직류 방식의 문제점을 해결할 수 있는 교류 방식을 구축하기도 했다. 이러한 교류 방식은 우리가 지금 쓰고 있는 표준 시스템으로, 인간의 생활을 편리하게 해 주고 있다. 냉장고, 세탁기, 컴퓨터 등 많은 전자 제품은 모두 전기 에너지가 있어야 사용할 수 있다. 전기 에너지가 없다면 인류의 삶은 제 기능을 잃게 될 것이다.

쟁점 3 교통과 통신의 발달로 세계화가 이루어졌다.

산업 혁명은 세계화에도 기여했다. 기계에 활용된 증기 기관은 기차나 선박에도 이용되었다. 증기 기관차와 증기선은 육지에서 가축을 이용해 이동하거나 바다에서 바람의 힘을 이용하는 것보다 훨씬 빠르고 안정적으로 이동할 수 있게 해 주었다. 예를 들어 영국에서 미국 뉴욕까지 범선을 이용할 경우 왕복 65일이 걸렸지만, 증기선을 이용하자 27일 만에 왕복할 수 있었다. 산업 혁명은 교통뿐만 아니라 통신 발달에도 큰 영향을 주었다. 모스의 무선 전신, 벨의 전화 등이 발명되면서 통신은 급속도로 대중화되었고, 사람들은 언제든지 원할 때 말로 정보를 전달할 수 있게 되었다. 이러한 통신 기술의 발달은 의사소통을 편리하게 해 주는 것을 넘어 지구 반대편의 일도 전신을 통해 빠르게 전달해 세계화에 큰 영향을 주었다.

반대 측 입론서

▌논의 배경

영국에서 가장 먼저 시작된 산업 혁명은 인류에 큰 영향을 미쳤다. 방적기 등 각종 기계가 발명되면서 진행된 산업 혁명은 유럽 각국으로 이어졌다. 수공업으로 일했던 작업장이 기계가 발달하면서 큰 공장으로 전환되었고, 이로써 대량 생산이 가능해졌다. 산업 혁명은 인간의 노동을 줄여 주기도 했지만, 심각한 환경 문제와 빈부 격차 현상을 초래했다. 이번 토론을 통해 산업 혁명이 인류 발전에 긍정적인 영향을 미쳤는지 논의해 보고자 한다.

▌용어 정의

○ **산업 혁명**: 18세기 후반 기계의 발명이나 생산 기술 등으로 유럽 전반에 일어난 변화

○ **인류**: 세계의 모든 사람

○ **발전**: 더 낫고 좋은 상태나 더 높은 단계로 나아감

쟁점 1 **기계가 인간의 일자리를 빼앗아 갔다.**

산업 혁명이 시작되기 전에는 대부분 가내 수공업으로 상품을 생산했다. 소수의 사람이 여러 단계에 걸쳐 상품을 생산했기 때문에 적은 양이어도 오랜 시간에 걸쳐 만들어 많은 노동자가 일할 수 있었다. 하지만 산업 혁명으로 기계가 도입되면서 대량 생산이 가능해졌다. 자본

가는 노동자를 적게 고용해도 상품을 많이 만들 수 있게 되자, 노동자를 해고해 인건비를 줄였다. 이로 인해 노동자들은 임금이 줄어들거나 일자리를 잃었다. 예를 들어 면직물 산업에 이용한 방직기와 같은 기계가 보급되면서 이전에 옷을 만들던 사람들은 일자리를 잃고 쫓겨나게 된 것이다. 이에 공포를 느낀 노동자들은 공장의 기계들을 파괴하는 러다이트 운동을 일으키기도 했다. 기계 때문에 일자리를 빼앗긴 수많은 노동자는 실업자가 되고 말았다.

쟁점 2 환경 문제가 심각해졌다.

18세기 후반 영국에서 시작된 산업 혁명은 환경에 악영향을 끼쳤다. 제임스 와트가 개량한 증기 기관은 다양한 산업에 활용되었다. 증기 기관은 석탄을 태울 때 생기는 수증기를 이용한 것인데, 점점 많은 산업에 사용되자 석탄 사용량이 증가했다. 이로 인해 배기가스 배출이 과도하게 증가해 대기를 오염시켰다. 게다가 산업화 과정에서 인구가 도시로 모여들면서 쓰레기를 처리하는 데도 문제가 발생했다. 쓰레기를 태울 때는 엄청난 재와 열이 발생하고 유해 물질이 배출되었으며, 매립할 때는 쓰레기와 썩은 물이 지하수로 흘러들어 인간에게 안 좋은 영향을 끼쳤다.

쟁점 3 빈부 격차가 심해졌다.

산업 혁명은 사회 양극화라는 심각한 문제를 일으켰다. 돈이 많은 자본가는 공장을 짓고 기계를 사들이고 노동자를 고용했다. 과거와 달리 기계를 가동해 상품을 대량 생산할 수 있게 되었고, 이는 자본가에게 막대한 이윤을 남겨 주었다. 반면 자본가에게 고용된 노동자의 삶은 형편없었다. 이들은 하루 12~14시간 동안 고된 일을 하고도 매우 적은 임금을 받았기 때문에 먹고사는 것이 쉽지 않았다. 기계가 발달하면서 일자리가 감소해 불만이 있더라도 쉽게 그만둘 수 없었다. 게다가 많은 사람이 한꺼번에 농촌에서 도시로 이동해 이들을 위한 시설이 잘 마련되어 있지 않았다. 집과 화장실이 부족했으며, 심지어 상수도 시설도 충분하지 않아 전염병이 돌기도 했다. 결국 산업 혁명으로 인해 빈부 격차가 심해지면서 일부 자본가만 풍족함과 편리함을 누렸다.

13

미국 혁명

학습 목표

1. 미국 혁명의 배경과 전개 과정을 파악할 수 있다.
2. 미국 혁명의 결과를 설명할 수 있다.
3. 미국 혁명의 역사적 의의에 대해 토론할 수 있다.

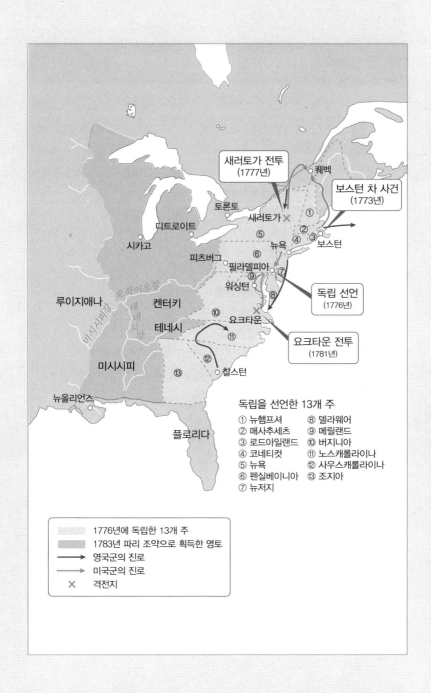

새러토가 전투
(1777년)

보스턴 차 사건
(1773년)

독립 선언
(1776년)

요크타운 전투
(1781년)

퀘벡

토론토

디트로이트

시카고

피츠버그

새러토가

뉴욕

보스턴

필라델피아

워싱턴

루이지애나

켄터키

테네시

미시시피

뉴올리언스

플로리다

요크타운

찰스턴

오하이오강

미시시피강

테네시강

독립을 선언한 13개 주

① 뉴햄프셔   ⑧ 델라웨어
② 매사추세츠   ⑨ 메릴랜드
③ 로드아일랜드   ⑩ 버지니아
④ 코네티컷   ⑪ 노스캐롤라이나
⑤ 뉴욕   ⑫ 사우스캐롤라이나
⑥ 펜실베이니아   ⑬ 조지아
⑦ 뉴저지

1776년에 독립한 13개 주
1783년 파리 조약으로 획득한 영토
영국군의 진로
미국군의 진로
×   격전지

한눈에 알아보는 미국 혁명

배경	○ 7년 전쟁으로 영국의 재정 악화 → 식민지에 세금 부과(인지세 등) → 식민지 반발
전개	○ 보스턴 차 사건: 동인도 회사에 차를 독점 판매할 수 있는 특혜 부여 → 식민지 사람들이 영국 배 습격 → 보스턴항 폐쇄 ○ 식민지 대표들, 제1차 대륙 회의 개최 ○ 독립 전쟁 시작(렉싱턴 전투) ○ 제2차 대륙 회의 개최: 조지 워싱턴을 총사령관으로 임명, 독립 선언문 발표 ○ 새러토가 전투, 요크타운 전투 ○ 파리 조약으로 독립을 인정받음(1783년)
결과	○ 최초의 민주 공화국 탄생 ○ 연방주의: 각 주 자치권 인정, 국방과 외교는 연방 정부 ○ 삼권 분립: 입법, 사법, 행정 분리 ○ 공화정: 선거를 통해 대통령 선출

'보스턴 차 사건'으로 혁명이 시작되다

1606년 영국을 떠난 144명의 남자들이 북아메리카에 도착했다. 이들은 농작물이 제대로 재배되지 않아 굶주려야 했고, 전염병에 시달리면서도 아메리카 최초의 영국 식민지인 제임스타운을 세웠다. 이렇듯 초기에 영국은 아메리카에 식민지를 건설하는 데 많은 어려움을 겪었다.

1620년 종교적인 탄압 때문에 네덜란드에 정착했던 많은 사람이 종교의 자유를 찾아 메이플라워호를 타고 아메리카를 향해 떠났다. 이들은 뉴잉글랜드 지방에 도착했고, 점차 자리를 잡아 가면서 버지니아를 비롯한 13개의 식민지를 만들었다. 각 주에서는 독립된 의회가 만들어졌고, 정부와 같은 정치 조직도 갖추었다.

| 미국 플리머스항으로 들어오는 메이플라워호

영국 정부는 프랑스를 상대로 식민지를 차지하기 위해 1756년부터 1763년까지 7년 전쟁을 치르면서 심각한 재정 적자를 맞았다. 그러자 영국 정부는 갖가지 법을 만들어 식민지에서 세금을 거두어들이기 시작했다.

1765년 영국은 식민지에서 발행하는 잡지나 신문, 각종 문서 등에 영국 정부가 발행하는 인지를 붙여야 한다는 인지세

| 보스턴 차 사건

법을 만들었다. 이에 식민지 사람들이 영국 상품 불매 운동을 벌이자, 인지세법은 없어졌다. 영국은 이에 그치지 않고 1767년 타운센트법을 만들어 영국에서 식민지로 수입되는 종이, 유리, 잉크 등 모든 상품을 살 때마다 세금을 내도록 했다. 식민지 사람들은 이에 대항해 다시 영국 상품 불매 운동을 펼쳤다.

이런 가운데 영국 정부는 1773년 영국 동인도 회사를 살리기 위해 차 조례를 만들고, 식민지에서는 정해진 상인들만 차를 팔 수 있도록 했다. 이에 불만이 쌓인 식민지 사람들은 인디언 복장을 한 채 항구에 정박해 있던 영국 동인도 회사 배에 침입해 실려 있던 차를 모두 바다에 던져 버렸다. 이것이 보스턴 차 사건이다.

이 사건은 곧바로 영국 정부에 알려졌다. 영국 정부는 즉각 보스턴

항을 폐쇄하고 추가로 군대를 보내는 등 강압적인 조치를 취했다. 영국 정부의 탄압이 계속되자, 마침내 영국군과 보스턴의 민병대가 충돌하게 되었다.

최초의 민주 공화국이 탄생하다

당시 식민지 대표는 조지 워싱턴, 패트릭 헨리, 토머스 제퍼슨 등이었다. 영국 정부의 태도에 화가 난 이들은 각 주의 대표들과 함께 1774년 제1차 대륙 회의를 개최했다. 식민지 대표들은 이 회의를 통해 영국군은 당장 되돌아가고 다시 보스턴항을 열라는 내용이 담긴 청원서를 영국 정부에 보내기로 했다.

이후 영국의 탄압과 무력 충돌이 계속되자, 식민지 대표들은 제2차 대륙 회의를 열어 조지 워싱턴을 총사령관으로 임명했다. 조지 워싱턴은 자원입대한 병사와 민병대를 모아 훈련시켰다. 이때 토머스 페인이 쓴 『상식』이 많은 식민지 사람에게 영향을 끼쳐 미국 독립 전쟁의 정당성을 주장하는 데 중요한 역할을 했다.

결국 1776년 7월 4일, 13개 주의 대표들이 모여 정식으로 독립 선언문을 발표하고 독립을 선언했다.

| 미국 독립 전쟁 기념비

이로써 영국과의 독립 전쟁이 시작되었다.

벤저민 프랭클린과 존 애덤스는 영국의 경쟁국인 프랑스로 도움을 요청하러 갔다. 이들은 프랑스로부터 전쟁 자금과 무기 지원을 해 주겠다는 약속을 받아 냈다. 하지만 전쟁 초기에 식민지군의 상황은 별로 좋지 않았다. 무기도 변변치 않았을 뿐만 아니라 정식 훈련도 받지 않은 병사들뿐이었기 때문이다. 반면 정규군인 영국군은 전투 경험이 풍부했으며, 무기와 전략 전술이 뛰어났다.

얼마 뒤, 워싱턴의 지도력과 영국의 적대국인 프랑스, 에스파냐 등의 지원을 받게 되면서 전세가 역전되었다. 특히 1781년에 벌어진 요크타운 전투에서의 승리는 영국이 미국의 독립을 인정하도록 만든 결정타였다. 1783년 파리 조약을 체결하면서 마침내 전쟁은 끝이 났다.

독립을 달성한 13개 주 식민지 대표들은 연합국인 아메리카 합중국을 만들고, 헌법을 정하기 위해 회의했다. 이 회의에서는 각 주별로 광

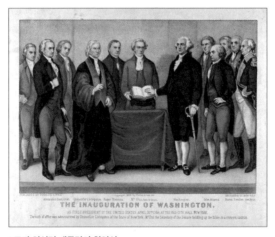

| 조지 워싱턴 대통령의 취임식

범위한 자치권을 인정하되, 전쟁 선포권이나 외교권 등은 중앙에 두는 연방 헌법을 만들었다. 연방 헌법은 입법, 사법, 행정의 삼권 분립에 바탕을 두었다.

1789년 투표를 통해 조지 워싱턴이 미국의 초대 대통령으로 선출되었다. 미국의 독립은 이후 프랑스 혁명에 커다란 영향을 끼쳤다.

생각을 부르는 질문, 하브루타

1	영국 사람들은 왜 북아메리카로 떠났나요?
2	영국 정부는 왜 식민지에 각종 세금을 부과했나요?
3	보스턴 차 사건에 대해 설명해 보세요.
4	동인도 회사란 무엇인가요?
5	미국 혁명 과정을 순서대로 설명해 보세요.
6	조지 워싱턴은 어떤 인물이었나요?
7	식민지군이 영국군을 이긴 이유는 무엇인가요?
8	프랑스와 에스파냐는 왜 미국을 지원했나요?
9	미국 혁명의 영향을 받은 나라는 어디인가요?
10	미국 혁명의 의의는 무엇인가요?
11	
12	
13	
14	
15	

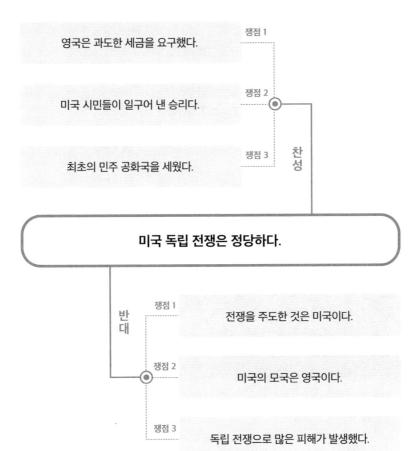

영국은 과도한 세금을 요구했다. 쟁점 1

미국 시민들이 일구어 낸 승리다. 쟁점 2

최초의 민주 공화국을 세웠다. 쟁점 3

찬성

미국 독립 전쟁은 정당하다.

반대

쟁점 1 전쟁을 주도한 것은 미국이다.

쟁점 2 미국의 모국은 영국이다.

쟁점 3 독립 전쟁으로 많은 피해가 발생했다.

추가 토론 논제

1. 보스턴 차 사건은 정당하다.
2. 미국 혁명에서 가장 큰 업적을 세운 사람은 조지 워싱턴이다.
3. 미국의 독립은 영국을 배신한 것이다.

토론 요약서

논제	미국 독립 전쟁은 정당하다.

용어 정의	○ **미국 독립 전쟁**: 1775년 영국의 과도한 정책에 반발해 북아메리카의 식 민지 13개 주와 영국이 일으킨 전쟁 ○ **정당하다**: 이치에 맞아 올바르고 마땅하다

	찬성	반대
쟁점 1	영국은 과도한 세금을 요구했다.	전쟁을 주도한 것은 미국이다.
근거	18세기 중반 영국 정부는 식민지를 차지하기 위해 전쟁 자금을 조달하면서 재정난에 빠졌다. 그러자 식민지에서 과도한 세금을 거두어들이기 시작했다. 수입해 오는 물품들에 세금을 부과했으며, 인지세법을 통과시켰다. 과도한 세금을 요구받으면서도 영국 의회에 참여할 수 없었던 식민지 대표들은 정당한 대우를 받기 위해 독립 전쟁을 일으켰다.	프랑스가 원주민을 끌어들여 영국의 식민지가 있는 남쪽으로 진출하려 하자, 영국과 프랑스 사이에 식민지 쟁탈전이 벌어졌다. 영국은 이 싸움에서 승리했지만, 재정 적자에 시달리게 되었다. 이를 해결하기 위해 식민지에 세금을 요구하자, 식민지 사람들은 보스턴 차 사건을 일으켰다. 이 사건은 미국 독립 전쟁의 빌미를 제공했다.

쟁점 2	미국 시민들이 일구어 낸 승리다.	미국의 모국은 영국이다.
근거	영국 정부가 동인도 회사에 차를 독점 판매하도록 하자, 식민지 사람들은 보스턴 차 사건을 일으켰다. 이 사건으로 무력 충돌이 일어났고, 충돌이 본격화되어 독립 전쟁이 시작되었다. 식민지 사람들은 조지 워싱턴을 총사령관으로 임명하고, 1776년 7월 4일 독립 선언문을 발표했다. 결국 영국은 1783년 파리 조약에서 식민지 13개 주의 독립을 승인했다.	미국은 영국 사람들이 개척한 나라다. 영국 정부가 아메리카로 갈 이민자들을 지원해 주자, 영국 본토에서 종교 등으로 어려움을 겪던 많은 사람이 북아메리카로 이주했다. 영국 정부는 본국의 질서를 해치지 않는 한 식민지 의회의 자치를 허용했다. 그런데도 식민지 사람들이 자신들의 모국인 영국과 전쟁을 일으킨 것은 모국을 배신한 것과 같다.
쟁점 3	최초의 민주 공화국을 세웠다.	독립 전쟁으로 많은 피해가 발생했다.
근거	식민지 사람들은 토머스 페인의 『상식』을 읽고 독립을 꿈꾸게 되었다. 이들은 1776년 7월 4일 정식으로 독립을 선언했고, 다른 국가들의 도움을 받아 독립 전쟁에서 승리했다. 영국의 승인으로 아메리카 합중국이라는 독립 국가가 세워졌다. 이들은 공화정을 선택해 국민이 주인인 나라, 더욱 자유롭고 평등한 나라를 만들려고 했다. 또한 연방 헌법을 제정해 기본권과 자유를 보장했다.	식민지군은 제대로 된 훈련을 받지 못했고, 무기도 충분하지 않았다. 영국의 윌리엄 하우 장군이 이끄는 군대의 공격을 받은 식민지군은 크게 져 4,000여 명밖에 남지 않았다. 이후 식민지군은 5년 동안 계속해서 패했다. 만약 영국에 적대적이었던 프랑스와 에스파냐 등이 지원해 주지 않았다면, 미국은 이 전쟁에서 이길 수 없었을 것이다.

▍논의 배경

· 콜럼버스의 항해로 북아메리카의 존재를 알게 된 유럽은 자국의 식민지화를 위해 힘썼다. 영국 본토에서 종교적인 차별을 받던 청교도와 사회적 자유를 원하는 사람들을 중심으로 많은 영국 사람이 북아메리카로 이주했다. 식민지로 건설된 13개 주는 독립적으로 성장해 나갔다. 하지만 식민지 쟁탈을 위한 7년 전쟁으로 심각한 재정난에 시달리던 영국은 아메리카 식민지에 여러 세금을 부과하기 시작했다. 보스턴 차 사건으로 심화된 갈등은 결국 미국 독립 전쟁으로 이어졌다. 이번 토론을 통해 미국 독립 전쟁이 정당한지에 대해 논의해 보고자 한다.

▍용어 정의

○ **미국 독립 전쟁**: 1775년 영국의 과도한 정책에 반발해 북아메리카의 식민지 13개 주와 영국이 일으킨 전쟁
○ **정당하다**: 이치에 맞아 올바르고 마땅하다

쟁점 1 **영국은 과도한 세금을 요구했다.**

영국의 청교도는 종교의 자유를 찾아 메이플라워호를 타고 새로운 땅에 도착했다. 이들은 추위와 굶주림으로 고통을 받았지만, 원주민의 도움으로 조금씩 적응해 나갔다. 북아메리카 동쪽 해안에 정착한 영국 사람들은 13개 주의 식민지를 건설했다. 처음에 영국 정부는 식민지의

자치권을 대체로 인정해 주었다. 그런데 18세기 중반 영국이 식민지를 차지하기 위해 전쟁 자금을 조달하면서 재정난에 빠지게 되었다. 이에 영국은 식민지에서 과도한 세금을 거두어들이기 시작했다. 사람들이 즐겨 먹던 설탕이나 차와 같은 수입 물품들에 세금을 부과했으며, 신문이나 증서 등 인쇄물에 세금을 매기는 인지세법을 통과시키기도 했다. 사람들의 불만은 점점 커져 갔다. 식민지 대표들은 과도한 세금을 요구받으면서도 영국 의회에 참여할 수 없었다. 이러한 이유로 식민지 대표들은 정당한 대우를 받기 위해 독립 전쟁을 일으킨 것이다.

쟁점 2 ▶ 미국 시민들이 일구어 낸 승리다.

아메리카 대륙에 13개의 식민지가 세워진 후 영국 정부와 식민지 사람들은 계속해서 충돌했다. 영국 정부는 세금을 많이 거두려고 했을 뿐만 아니라 동인도 회사가 차를 독점 판매하도록 했다. 식민지 사람들이 반발했지만, 영국 정부는 꼼짝도 하지 않았다. 그러자 식민지 사람들은 동인도 회사의 배가 보스턴항에 들어왔을 때 배에 침입해 실려 있던 차를 모두 바다에 던져 버렸다. 이것이 보스턴 차 사건이다. 이 사건으로 영국 정부와 식민지 사람들의 사이는 더욱 나빠졌다. 1775년 4월에 무력 충돌이 일어났고, 충돌이 본격화되어 독립 전쟁이 시작되었다. 식민지 사람들은 조지 워싱턴을 총사령관으로 임명하고, 1776년 7월 4일 독립 선언문을 발표했다. 처음에 식민지군은 계속해서 패배하는 등 어려움을 겪었다. 하지만 다른 국가들의 도움을 받아 전투에서 승리하기 시작했다. 결국 영국이 1783년 파리 조약에서 식민지 13개 주의 독립을 승인하며 미국 시민의 힘으로 원하던 바를 이루어 냈다.

최초의 민주 공화국을 세웠다.

식민지 사람들은 영국과 전쟁을 벌이면서 토머스 페인의 『상식』에 영향을 받아 독립을 꿈꾸게 되었다. 제2차 대륙 회의에서 본격적으로 독립에 대해 이야기했고, 토머스 제퍼슨이 독립 선언문을 썼다. 선언문에는 평등과 자유, 행복을 추구할 권리에 관한 내용과 국민이 인정하는 권력만이 정당하다는 내용이 들어 있었다. 마침내 1776년 7월 4일 정식으로 독립을 선언했고, 다른 국가들의 도움을 받아 독립 전쟁에서 승리했다. 그러자 영국은 식민지 13개 주의 독립을 승인할 수밖에 없었다. 결국 영국의 승인으로 아메리카 합중국이라는 독립 국가가 세워졌다. 독립 전쟁을 승리로 이끌었던 조지 워싱턴이 아메리카 합중국의 초대 대통령이 되었다. 이들은 공화정을 선택해 국민이 주인인 나라, 더욱 자유롭고 평등한 나라를 만들려고 했으며, 연방 헌법을 제정해 기본권과 자유를 보장했다. 이렇듯 미국은 독립 전쟁을 통해 세계 최초의 민주 공화국을 세웠다.

▌논의 배경

18세기 초 영국은 북아메리카에 생긴 13개의 식민지를 다스렸다. 프랑스와 7년 전쟁을 벌이면서 재정이 악화된 영국은 식민지에서 세금을 무리하게 징수했다. 게다가 영국이 동인도 회사에 차를 독점적으로 판매할 수 있는 권한을 주자, 불만이 쌓인 식민지 사람들은 보스턴 차 사건을 일으켰다. 이 사건으로 영국과 식민지 간의 갈등이 심화되었고, 식민지의 주도로 전쟁이 벌어졌다. 이번 토론을 통해 미국 독립 전쟁이 정당한지에 대해 논의해 보고자 한다.

▌용어 정의

○ **미국 독립 전쟁**: 1775년 영국의 과도한 정책에 반발해 북아메리카의 식민지 13개 주와 영국이 일으킨 전쟁
○ **정당하다**: 이치에 맞아 올바르고 마땅하다

쟁점 1 전쟁을 주도한 것은 미국이다.

북아메리카 대륙에서 영국과 프랑스의 식민지 쟁탈전이 일어났다. 프랑스는 원주민을 끌어들여 영국의 식민지가 있는 남쪽으로 진출하려 했다. 그러자 영국은 식민지를 지키고 땅을 넓히기 위해 전쟁을 치른 후 승리했다. 하지만 영국은 재정 적자에 시달렸고, 이를 해결하기 위해 다양한 법을 만들어 식민지에서 세금을 거두어 갔다. 식민지 사람들

은 이에 반발하며 영국 정부와의 갈등을 초래했다. 1773년 식민지 사람들은 인디언 복장을 하고 보스턴항에 정착해 있던 동인도 회사의 배에 침입했다. 그리고는 배에 실려 있던 차를 모두 바다에 던져 버렸다. 이것이 보스턴 차 사건이다. 이 사건은 전쟁이 일어나는 데 직접적인 영향을 주었다. 영국의 세금 징수가 지나치기는 했지만, 식민지를 지키기 위한 전쟁으로 발생한 재정난이었기 때문에 불가피했다.

쟁점 2 미국의 모국은 영국이다.

미국은 영국 사람들이 개척한 나라다. 1606년 영국을 떠나 북아메리카에 도착한 사람들은 아메리카 최초의 영국 식민지인 제임스타운을 세웠다. 이후 종교의 자유를 꿈꾸던 사람들이 아메리카 대륙으로 건너가 식민지를 건설했다. 영국 정부는 식민지마다 총독을 임명했지만, 본국의 질서를 해치지 않는 한 식민지 의회의 자치를 허용했다. 실제로 크게 간섭하는 일은 거의 없었다. 즉, 현재 미국 사람들은 종교의 자유를 찾거나 식량 및 자원을 얻으려 했던 영국 사람들의 후손인 것이다. 원래 아메리카 땅에는 인디언이 살고 있었는데, 당시 그곳으로 건너간 영국 사람들이 인디언을 내쫓고 자신들의 땅으로 만들었다. 영국 정부는 아메리카로 갈 이민자들을 지원해 주었고, 영국 본토에서 종교 등으로 어려움을 겪던 사람들이 중심이 되어 북아메리카로 이주했다. 따라서 식민지 사람들이 자신의 모국인 영국이 경제적인 어려움으로 세금을 인상했다고 해서 불만을 내세우는 것은 모국을 배신하는 것과 같다고 할 수 있다.

쟁점 3 **독립 전쟁으로 많은 피해가 발생했다.**

영국 정부는 7년 전쟁을 치르면서 재정난이 심해지자, 식민지에 여러 세금을 부과했다. 이 과정에서 갈등이 생기고 보스턴 차 사건이 일어나면서 독립 전쟁이 시작되었다. 식민지에서는 민병대를 만들며 전쟁을 준비했지만, 상황이 좋지 않았다. 병사들은 훈련이 제대로 되어 있지 않았고, 무기도 충분하지 않았기 때문이다. 식민지는 이러한 상황에서 전투 경험이 많고 훈련이 잘되어 있었던 영국군을 상대해야 했다. 결국 영국의 윌리엄 하우 장군이 이끄는 군대의 공격을 받은 식민지군은 크게 졌고, 4,000여 명밖에 남지 않았다. 이후에도 식민지군은 5년 동안 계속해서 패했다. 만약 영국에 적대적이었던 프랑스와 에스파냐 등이 지원해 주지 않았다면, 미국은 이 전쟁에서 이길 수 없었을 것이다.

14
프랑스 혁명

학습 목표

1. 프랑스 혁명의 배경과 전개 과정을 파악할 수 있다.
2. 프랑스 혁명의 결과를 설명할 수 있다.
3. 프랑스 혁명의 역사적 의의에 대해 토론할 수 있다.

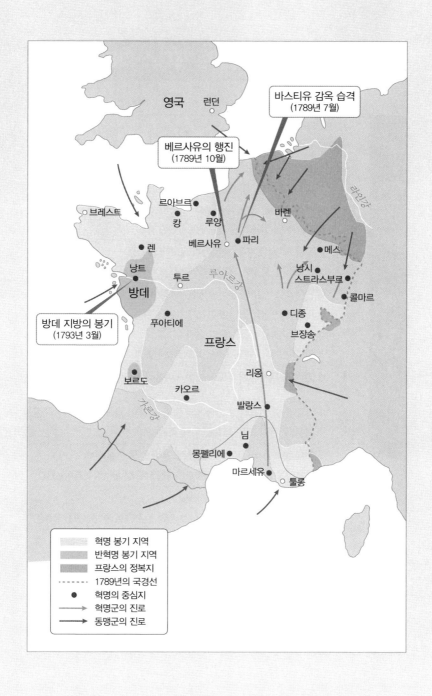

영국 런던

바스티유 감옥 습격
(1789년 7월)

베르사유의 행진
(1789년 10월)

브레스트
르아브르
캉 루앙
바렌
렌
베르사유 파리
낭트
투르 메스
방데
낭시
스트라스부르
루아르강
콜마르
방데 지방의 봉기
(1793년 3월)
푸아티에
디종
프랑스
브장송
보르도
카오르
리옹
발랑스
가론강
님
몽펠리에
마르세유 툴롱

라인강

1789년의 국경선

혁명 봉기 지역
반혁명 봉기 지역
프랑스의 정복지
1789년의 국경선
● 혁명의 중심지
→ 혁명군의 진로
→ 동맹군의 진로

한눈에 알아보는 프랑스 혁명

원인		○ 구제도의 모순 ○ 계몽사상 ○ 국가 재정 위기: 루이 14세 이후 누적, 미국 독립 혁명 지원
전개	국민 의회	○ 제3 신분, 국민 의회 결성 → 테니스 코트의 서약 ○ 바스티유 감옥 습격(1789년) ○ 인권 선언 발표(자유·평등·우애, 재산권 보호)
	입법 의회	○ 지롱드파(온건파)와 자코뱅파(급진파)의 갈등 ○ 프로이센, 오스트리아와 혁명전쟁
	국민 공회	○ 전쟁으로 인한 물가 상승, 식량 부족 → 왕권 정지, 국민 공회 수립 ○ 자코뱅파, 권력 장악(루이 16세 처형) → 제1 공화정 수립 ○ 로베스피에르, 공포 정치 실시 ○ 테르미도르의 반동(1794년): 로베스피에르 처형 → 총재 정부 구성
	총재 정부	○ 5명의 총재가 정치 주도(무능력) → 나폴레옹의 쿠데타(통령 정부 구성)
	통령 정부	○ 나폴레옹: 외국과의 전쟁에서 승리 → 국민 교육 제도, 『나폴레옹 법전』 편찬 → 국민 투표로 황제 즉위(1804년)
	제정	○ 대륙 봉쇄령: 러시아 거부 → 모스크바 원정 → 실패 ○ 나폴레옹 몰락(빈 회의): 정통주의, 복고주의(자유주의·민족주의 탄압)
	7월 혁명	○ 왕정 부활(루이 18세 → 샤를 10세) ○ 샤를 10세: 전제 정치 → 프랑스 시민 봉기(루이 필리프, 입헌 군주정)
	2월 혁명	○ 7월 왕정: 노동자 억압, 선거권 제한 → 산업 혁명으로 노동자 계 층 성장 ○ 선거권 확대 요구 → 7월 왕정 붕괴 ○ 헌법 제정: 보통 선거, 대통령 선출(제2 공화정 수립)
결과		○ 평등한 시민 사회 성립(근대 사회) ○ 자유주의 이념 제창

자세히 알아보는 프랑스 혁명

구제도의 모순, 프랑스 혁명을 일으키다

당시 프랑스의 신분은 3개로 나뉘어 있었다. 제1 신분은 성직자였고, 제2 신분은 귀족이었다. 전체 인구의 2%를 차지했던 이들은 세금을 면제받았으며, 엄청난 재산과 특권을 누리며 살았다. 반면 제3 신분인 평민은 인구의 98%를 차지했지만, 온갖 세금을 다 내면서도 정치에 참여할 수 있는 권리를 보장받지 못했다.

이 시기에는 수백 년 만에 찾아온 가뭄과 혹한으로 인해 흉년이 들었고, 전염병 상황까지 심각했다. 게다가 지주들의 횡포는 평민들의 생활을 더욱더 힘들게 만들었다. 이뿐만이 아니었다. 루이 16세는 7년 전쟁에서의 패배를 만회하기 위해 미국 독립 전쟁에 도움을 주기로 약속했다. 이 때문에 평민들이 내야 할 세금은 더 늘어났고, 국가 재정 또한 심각한 상황에까지 이르게 되었다. 평민들의 불만은 쌓일 대로 쌓여 갔다.

미국의 독립 혁명은 당시 절대 왕정 체제였던 유럽의 여러 나라에 큰 영향을 끼쳤다. 또한 계몽주의 사상가인 루소가 쓴 『사회 계약론』의 영향으로 자유와 평등을 강조하는 계몽사상이 평민들 사이에 퍼져 나갔다. 이는 프랑스의 신분 사회를 무너뜨리는 혁명의 계기가 되었다.

루이 16세는 오스트리아의 공주인 마리 앙투아네트와 결혼했다. 귀족들은 평민들의 힘든 삶을 외면한 채 매일 베르사유 궁전에서 화려한 파티와 사냥을 즐기며 재정을 축냈다. 루이 16세는 프랑스의 재정 상태

| 루이 16세의 대관식

가 악화되자, 전문가들을 임용해 성직자와 귀족에게도 세금을 걷어 재정 문제를 해결하려고 했지만 강력한 반대에 부딪쳤다. 결국 루이 16세는 삼부회를 소집했다. 하지만 제3 신분은 제1 신분과 제2 신분의 횡포에 불만이 많았다. 삼부회의 표결 방식은 신분별로 하나의 투표권만 주었기 때문이다.

이에 평민 대표 부르주아들은 국민 의회라는 정치 단체를 만들고, 궁정의 테니스 코트에 모여 새로운 헌법을 만들었다. 그러자 화가 난 루이 16세는 군대를 동원해 국민 의회를 무력으로 해산하려 했다. 또한 루이 16세가 삼부회의 최고 책임자인 네케르를 해고하자, 1789년 7월 14일 파리 시민들은 무기고에서 총과 화약을 빼앗아 바스티유 감옥을 습격했다. 프랑스 혁명이 시작된 것이다.

평민들의 반란은 파리 시내와 지방 도시는 물론 농촌의 농민들에게까지 번져 나갔다. 이들은 영주의 성을 공격해 토지 문서 등을 불사르고 성직자와 귀족, 관리 들을 죽였다. 살아남은 귀족들은 재산을 버리고 다른 나라로 도피하기 바빴다. 삽시간에 프랑스는 공포의 도가니에 빠지고 말았다.

국민 의회는 농민들의 저항을 진정시키기 위해 봉건제 폐지를 선언했다. 뒤이어 1789년 8월 26일 프랑스 인권 선언을 발표해 혁명의 기본 정신을 제시했다.

루이 16세는 마리 앙투아네트의 오빠인 오스트리아 황제의 도움을 받기 위해 도망가려다 바렌에서 시민들에게 발각되었다. 화가 난 시민들은 국왕을 베르사유에서 파리 튈르리 궁전으로 끌고 와 탑에 가두었다. 이를 기회로 삼아 국민 의회는 1791년 프랑스 헌법을 제정해 입헌 군주제를 탄생시켰다.

| 바스티유 감옥 습격

공화정을 거쳐 나폴레옹의 시대가 오기까지

　프랑스 혁명의 전파를 두려워한 프로이센과 오스트리아는 동맹을 맺고 프랑스를 공격할 준비를 했다. 프로이센과 오스트리아의 동맹을 만만하게 본 프랑스는 선전 포고를 하고 먼저 공격했다. 하지만 프랑스군의 패배가 거듭되자, 파리 시민들은 그 탓을 왕에게 돌려 입법 의회를 해산시키고 국민 공회를 설립한 후 공화정을 선포했다.

　급진파인 자코뱅파가 주도권을 쥐었다. 이들은 국민 공회를 장악하고 농민과 소시민, 노동자의 지지를 받으며 혁명을 이끌어 갔다. 자코뱅파는 결국 1793년 1월, 루이 16세를 단두대에서 처형했다. 이 소식에 놀란 영국과 프로이센, 오스트리아 등 유럽 각국은 대프랑스 동맹을 결성해 프랑스와 전쟁을 시작했고, 프랑스 국민들은 불안에 떨게 되었다. 이에 과격한 공화주의자들은 국민들의 동요를 막기 위해 자코뱅파의 지도자인 로베스피에르를 내세웠다.

　로베스피에르는 의무 교육을 실시하고 물가를 통제하는 등 국민들을 위한 정책을 펼쳤지만, 공화정을 의심하거나 반대하는 세력이 있으면 남녀노소를 불문하고 단두대로 보내 처

| 의회로 향하는 프랑스 농민들

형했다. 그의 독재에 가까운 공포 정치에 불만을 느낀 반대파 세력들은 쿠데타를 일으켜 로베스피에르를 단두대에서 처형했다. 이렇게 해서 공포 정치는 끝나고 자코뱅파는 몰락했다. 이 사건을 테르미도르의 반동이라고 한다.

그 후 1795년 11월, 총재 정부가 세워졌다. 하지만 총재 정부는 부패했으며 무능했다. 1799년 11월, 나폴레옹은 쿠데타를 통해 정권을 장악했다. 이로써 총재 정부는 막을 내리고, 새로운 영웅 나폴레옹의 시대가 시작되었다.

1	미국 혁명에 영향을 받은 사건은 무엇인가요?
2	프랑스의 신분 구조에 대해 설명해 보세요.
3	삼부회란 무엇인가요?
4	프랑스 혁명이 발생하게 된 배경은 무엇인가요?
5	프랑스 혁명 때 국민 의회가 발표한 문서는 무엇인가요?
6	권리 장전, 미국 독립 선언문, 인권 선언문의 공통적인 특징은 무엇인가요?
7	바스티유 감옥 습격 사건이 일어난 계기는 무엇인가요?
8	바스티유 감옥 습격 사건과 인권 선언 발표 후 어떤 법이 제정되었나요?
9	프랑스 혁명기에 공포 정치를 실시한 사람은 누구인가요?
10	프랑스 혁명의 과정과 결과를 설명해 보세요.
11	
12	
13	
14	
15	

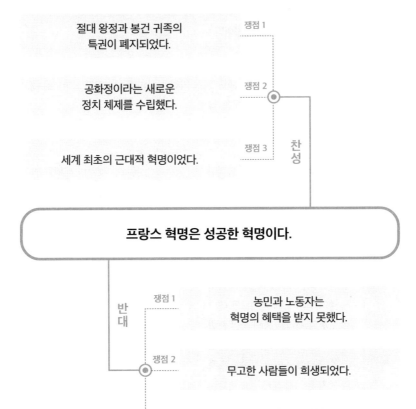

쟁점 1
절대 왕정과 봉건 귀족의
특권이 폐지되었다.

쟁점 2
공화정이라는 새로운
정치 체제를 수립했다.

쟁점 3
세계 최초의 근대적 혁명이었다.

찬성

프랑스 혁명은 성공한 혁명이다.

반대

쟁점 1
농민과 노동자는
혁명의 혜택을 받지 못했다.

쟁점 2
무고한 사람들이 희생되었다.

쟁점 3
왕정 시대가 열렸다.

추가 토론 논제

1. 프랑스 혁명은 피로 이루어졌다.
2. 프랑스 혁명은 시민 계급의 승리였다.
3. 로베스피에르는 새로운 세상을 꿈꾼 혁명가였다.

토론 요약서

논제	프랑스 혁명은 성공한 혁명이다.	
용어 정의	○ **프랑스 혁명**: 1789년부터 1799년까지 프랑스를 뒤흔들었던 시민 혁명 ○ **혁명**: 이전의 관습이나 제도, 방식 따위를 단번에 깨뜨리고 질적으로 새로운 것을 급격하게 세우는 일	
	찬성	반대
쟁점 1	절대 왕정과 봉건 귀족의 특권이 폐지되었다.	농민과 노동자는 혁명의 혜택을 받지 못했다.
근거	루이 16세는 심각한 재정난이 닥치자, 모든 신분에게 세금을 징수하기 위해 삼부회를 소집했다. 하지만 상황은 평민들에게 불리하게 돌아갔다. 이에 평민들은 테니스 코트의 서약을 통해 국민 의회라는 새로운 정치 단체를 만들었다. 이들은 바스티유 감옥을 습격해 토지 문서를 불태우고 귀족들에게 보복했다. 결국 국민 의회는 1789년 8월 4일 봉건제 폐지를 선언했다.	1789년 5월, 베르사유에서 열린 삼부회에서 불만이 컸던 제3 신분 대표자들은 국민 의회를 창설한 후 테니스 코트의 서약을 했다. 하지만 여전히 프랑스의 많은 사람은 시민으로서의 권리를 가지지 못했다. 이는 부르주아의 주도로 인권 선언을 만들어 모든 민중이 아닌 소수 일부가 경제와 정치를 장악했다는 것을 보여 준다.

쟁점 2	공화정이라는 새로운 정치 체제를 수립했다.	무고한 사람들이 희생되었다.
근거	시민들이 주도한 국민 의회는 1791년 헌법을 제정했다. 하지만 시민들이 권리를 얻지 못하자, 국민 의회가 해산되고 입법 의회가 탄생했다. 이후 국민 공회가 등장해 제1 공화정을 수립하면서 시민들에 의해 선출된 자들이 정치를 이끌었다. 제1 공화정은 기존의 부패한 제도를 타파하고 새로운 정치 체제를 수립해 현재 프랑스의 기반을 마련했다.	프랑스 혁명 정부는 오스트리아와 프로이센에 선전 포고를 했다. 하지만 지휘관이 마땅치 않았던 프랑스군은 연이어 패배했다. 이후 등장한 로베스피에르는 혁명 재판소에서 국가적 조치에 반대하는 사람들을 재판하고 사형에 처했다. 인간의 존엄성을 강조한 프랑스 혁명이 점차 본질적인 의미를 잃게 된 것이다.
쟁점 3	세계 최초의 근대적 혁명이었다.	왕정 시대가 열렸다.
근거	대중이 주도한 프랑스 혁명은 자유, 평등, 우애를 바탕으로 국민 주권을 이루어 냈다. 이를 통해 제1 신분과 제2 신분 등 소수로부터 차별과 억압을 받던 다수의 제3 신분이 자유와 권리를 되찾고 새로운 세상을 열게 되었다. 프랑스 혁명의 전개 과정을 지켜본 주변 유럽 국가들은 기존에 굳건히 자리 잡고 있던 비효율적인 군주 정치를 변화시켰다.	루이 16세가 처형된 이후 공화정이 수립되었지만, 로베스피에르의 공포 정치는 폭력적이었다. 이후 5명의 총재가 프랑스를 이끌었지만, 정치적으로 불안정했다. 이때 전쟁에서 승리한 나폴레옹이 쿠데타를 일으켜 1804년 스스로 황제의 자리에 올랐다. 이후 루이 18세와 그의 뒤를 이은 샤를 10세는 왕권신수설을 내세우며 절대 왕정 시대로의 복귀를 시도했다.

▌논의 배경

　당시 프랑스는 심각한 재정난에 시달렸지만, 귀족들의 사치 때문에 평민들의 부담은 커져 갔다. 1789년 프랑스 시민들은 부패한 귀족 중심 사회를 타파하기 위해 혁명을 일으켰다. 전 세계에 큰 충격을 안긴 프랑스 혁명은 구제도의 모순과 계몽사상의 확산, 미국 혁명의 영향을 받았다. 프랑스 시민들은 공화정을 수립하고 헌법을 제정해 자유, 평등, 우애를 바탕으로 시민 계급이 주도하는 정부를 구성했다. 이번 토론을 통해 프랑스 혁명은 성공한 혁명이었는지에 대해 논의해 보고자 한다.

▌용어 정의

○ **프랑스 혁명**: 1789년부터 1799년까지 프랑스를 뒤흔들었던 시민 혁명
○ **혁명**: 이전의 관습이나 제도, 방식 따위를 단번에 깨뜨리고 질적으로 새로운 것을 급격하게 세우는 일

쟁점 1 절대 왕정과 봉건 귀족의 특권이 폐지되었다.

　18세기 프랑스는 절대적 권력을 가진 왕을 중심으로 일부 신분만이 정치·경제적 혜택을 얻고 있었다. 중세부터 이어진 봉건제는 제3 신분을 배척하고, 제1 신분과 제2 신분의 이익만을 추구했다. 17세기 후반 계몽사상은 이러한 절대 왕정을 폐지하고 시민 혁명을 이루는 데 영향을 끼쳤다. 당시 프랑스는 베르사유 궁전을 짓거나 전쟁을 치르기 위해

세금을 많이 걷었다. 그래서 평민들은 오랜 시간 동안 열심히 일해도 항상 생활이 어려웠다. 하지만 성직자들과 귀족들은 세금을 거의 내지 않고 풍족한 삶을 누렸다. 루이 16세는 재정난이 심각해지자, 모든 신분에게 세금을 징수하기 위해 삼부회를 소집했다. 하지만 상황은 평민들에게 불리하게 돌아갔다. 이에 평민들은 테니스 코트의 서약을 통해 국민 의회라는 새로운 정치 단체를 만들고, 바스티유 감옥을 습격해 토지 문서를 불태우고 귀족들에게 보복했다. 결국 국민 의회는 1789년 8월 4일 봉건제 폐지를 선언했다. 프랑스 혁명을 통해 절대적 권력을 붕괴시키고, 시민 계급이 주도하는 세상을 열었던 것이다.

쟁점 2 공화정이라는 새로운 정치 체제를 수립했다.

시민들이 주도한 국민 의회는 모순된 구제도를 폐지하고, 인권 선언을 통해 인간은 자유롭고 평등하며 모든 주권은 국민에게 있음을 발표했다. 이는 프랑스 헌법의 기초가 되었다. 1791년 헌법이 제정되었지만, 여전히 시민들은 권리를 얻지 못했다. 국민 의회가 해산된 후 입법 의회가 탄생했다. 이후 오스트리아와 프로이센과의 전쟁으로 국민 공회가 등장해 제1 공화정이 수립되었다. 이 과정에서 모든 남성에게 투표권이 주어졌고, 의무 교육이 실시되었다. 또한 귀족들의 토지를 농민들에게 대가 없이 나누어 주었고, 최고 가격제 실시로 식량의 가격을 지나치게 올리지 않도록 했다. 한 명의 권력자가 결정하는 것이 아니라 시민들에 의해 선출된 자들이 정치를 이끌었다. 이렇듯 프랑스의 제1 공화정은 기존의 부패한 제도를 타파하고 새로운 정치 체제를 수립해 현재 프랑스의 기반을 마련했다.

세계 최초의 근대적 혁명이었다.

세계 3대 시민 혁명인 프랑스 혁명은 영국 명예혁명, 미국 혁명과 함께 인류 역사에 지대한 영향을 미쳤다. 프랑스 혁명은 자유, 평등, 우애를 바탕으로 국민 주권을 이루어 냈다. 이를 통해 제1 신분과 제2 신분 등 소수로부터 차별과 억압을 받던 다수의 제3 신분이 자유와 권리를 되찾고 새로운 세상을 열게 되었다. 봉건제의 피지배층이었던 평민들이 혁명을 통해 자신들의 운명을 직접 개척하게 된 것이다. 프랑스 혁명의 전개 과정을 지켜본 주변 유럽 국가들도 달라지기 시작했다. 특히 오스트리아, 프로이센, 에스파냐에서는 지배층을 향한 혁명의 바람이 불었다. 사람들은 신으로부터 나온 절대 권력에 대해 의문을 품었고, 이는 기존에 굳건히 자리 잡고 있던 유럽의 비효율적인 군주 정치를 변화시켰다. 따라서 프랑스 혁명은 프랑스뿐만 아니라 유럽, 더 나아가 세계사에서 중대한 사건으로 꼽힌다.

반대 측 입론서

▍논의 배경

프랑스의 부르주아는 부를 축적하며 힘을 키워 나가고 있었다. 제3 신분에 속한 부르주아는 제1, 2 신분인 성직자와 귀족에 비해 특혜가 한정적이었다. 국가의 재정이 어려워지자 삼부회가 소집되었고, 제3 신분은 회의 결과에 불만을 토로하며 독자적인 국민 의회를 결성했다. 하지만 이는 오래가지 못했다. 공화정이 수립된 후 로베스피에르의 공포 정치로 상황이 혼란스러워졌으며, 결국 다시 왕정으로 돌아가게 되었다. 이번 토론을 통해 프랑스 혁명은 성공한 혁명이었는지에 대해 논의해 보고자 한다.

▍용어 정의

○ **프랑스 혁명**: 1789년부터 1799년까지 프랑스를 뒤흔들었던 시민 혁명
○ **혁명**: 이전의 관습이나 제도, 방식 따위를 단번에 깨뜨리고 질적으로 새로운 것을 급격하게 세우는 일

쟁점 1 ▎농민과 노동자는 혁명의 혜택을 받지 못했다.

1789년 5월, 베르사유에서 열린 삼부회에서 제1 신분과 제2 신분이 횡포를 부리자, 제3 신분 대표자들의 불만이 커졌다. 이에 평민 대표들은 테니스 코트의 서약을 통해 국민 의회를 결성했다. 이들은 모든 인간은 자유롭고 평등하다고 주장하며 인권 선언을 발표했고, 정당한 권

리를 얻기 위해 계속 싸웠다. 하지만 봉건제 폐지를 통한 신분제와 특권층을 타파했을 뿐, 노예나 노동자에 대한 변화는 이루어지지 않았다. 재산을 가진 일부에게만 투표권이 있었고, 여전히 많은 프랑스 사람이 시민으로서 권리를 가지지 못했다. 적군과 손잡은 루이 16세 부부를 튈르리 궁전에 가둔 여성들의 권리 또한 인정되지 않았다. 이는 부르주아의 주도로 인권 선언을 만들어 민중이 아닌 일부가 경제와 정치를 장악했다는 것을 보여 준다. 따라서 프랑스 혁명은 사회적 약자를 배제한 채 일어난 사건으로 그 명성이 과장되었음을 알 수 있다.

쟁점 2 무고한 사람들이 희생되었다.

프랑스 혁명의 근본이념은 모든 사람의 자유와 평등, 우애다. 하지만 혁명이 진행되는 과정에서 무고한 사람들이 지나치게 희생되었다. 프로이센과 오스트리아는 혁명의 영향을 두려워하며 동맹을 맺어 프랑스를 압박했다. 이에 힘입어 기존의 귀족들과 성직자들이 반란을 일으키면서 프랑스 혁명 정부는 오스트리아와 프로이센에 먼저 선전 포고를 했다. 하지만 혁명 정부를 이끌 지휘관이 마땅치 않았던 프랑스군은 연이어 패배했다. 애국심으로 뭉친 의용군은 프랑스를 점차 승리로 이끌었고, 그 결과 국민 공회가 등장해 루이 16세를 처형했다. 시민들이 왕을 처형했다는 소식을 들은 유럽 국가들은 망설임 없이 프랑스에 전쟁을 선포했다. 이후 등장한 로베스피에르는 혁명 재판소에서 국가적 조치에 반대하는 사람들을 재판하고 사형에 처했다. 이러한 공포 정치는 개혁에 방해가 되는 요소를 폭력적으로 차단했다. 인간의 존엄성을 강조한 프랑스 혁명은 점차 본질적인 의미를 잃게 되었다.

왕정 시대가 열렸다.

프랑스 혁명 정부는 목표한 새로운 정부 체제를 정착시키지 못했다. 루이 16세를 처형한 이후 공화정을 수립했지만, 로베스피에르의 공포 정치와 과격한 개혁은 오히려 폭력적인 모습을 보여 주었다. 이후 총재 정부는 5명의 총재가 프랑스를 이끌었지만, 여전히 정치적으로 불안정하고 문제점은 해결되지 않았다. 이러한 상황에서 전쟁을 승리로 이끈 나폴레옹이 등장했다. 그는 쿠데타를 일으켜 군대를 통해 사회를 안정시키려 했다. 나폴레옹은 이에 만족하지 않고, 1804년 스스로 황제의 자리에 올랐다. 힘겹게 쟁취한 자유를 잃고 왕정 시대가 다시 열린 것이다. 이후 나폴레옹이 지나친 전쟁으로 섬에 유배되자, 루이 18세가 왕위에 오르면서 정치적으로 후퇴하게 되었다. 루이 18세의 뒤를 이은 샤를 10세는 왕권신수설을 내세우며 절대 왕정 시대로의 복귀를 시도했다. 이에 프랑스 국민들은 또다시 혁명을 감행해야 했다. 이렇듯 치열한 과정 이후 다시 원점으로 돌아간 프랑스 혁명은 완벽하게 성공했다고 할 수 없다.

15
나폴레옹

교과서 수록 부분

○ 중학교 역사①: IV. 1. 유럽과 아메리카의 국민 국가 체제
○ 고등학교 세계사: IV. 4. 시민 혁명과 산업 혁명

학습 목표

1. 프랑스 혁명 이후 나폴레옹 등장까지의 배경을 이해할 수 있다.
2. 나폴레옹의 정복 전쟁 과정을 설명할 수 있다.
3. 나폴레옹의 정복 전쟁이 끼친 영향에 대해 토론할 수 있다.

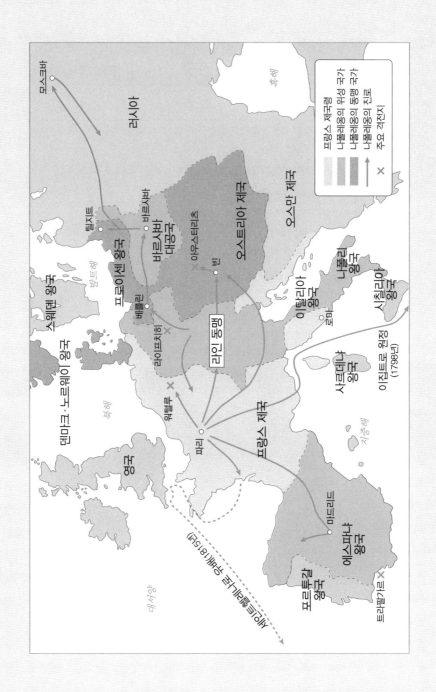

러시아

흑해

모스크바

프로이센 왕국

틸지트

발트 해

바르샤바

바르샤바 대공국

아우스터리츠

오스만 제국

오스트리아 제국

빈

베를린

라이프치히

라인 동맹

이탈리아 왕국

로마

나폴리 왕국

시칠리아 왕국

스웨덴 왕국

덴마크·노르웨이 왕국

영국

북해

워털루

파리

프랑스 제국

사르데냐 왕국

이집트로 원정 (1798년)

지중해

대서양

엘바 섬 유배(1815년)

에스파냐 왕국

마드리드

포르투갈 왕국

트라팔가르

프랑스 제국령

나폴레옹의 위성 국가

나폴레옹의 동맹 국가

나폴레옹의 진로

주요 격전지

한눈에 알아보는 나폴레옹

집권	○ 총재 정부: 5명의 총재가 통치 → 정치 불안, 재정 상태 악화, 대외 전쟁 지속
	○ 나폴레옹: 쿠데타를 일으켜 권력 장악(1799년), 황제 즉위(1804년)
업적	○ 영국을 제외한 유럽 제패
	○ 자유주의, 민족주의 제창
	○ 국민 교육 실시
	○ 『나폴레옹 법전』 편찬
몰락	○ 영국과의 트라팔가르 해전에서 패배
	○ 영국을 고립시키기 위해 대륙 봉쇄령 실시 → 러시아가 이를 어김
	○ 러시아 응징을 위해 모스크바 원정에 나섬 → 실패
	○ 유럽 동맹국들과 라이프치히 전투를 벌이지만 패배 → 폐위
	○ 유배지에서 탈출해 재기 모색
	○ 최후의 반란에서 실패한 후 유배지에서 사망

'나폴레옹의 시대'가 열리다

나폴레옹 보나파르트는 1769년 8월 15일 코르시카섬에서 태어났다. 독서가 취미였던 그는 『알렉산드로스 대왕』, 『카이사르』 등의 위인전이나 역사책, 수학책, 그리고 군사 전략에 관한 책을 많이 읽었다. 이런 과정을 통해 학문은 물론 기술 개발과 역사, 문화에 대한 지성을 두루 갖추었다. 이는 그가 나중에 훌륭한 군사 전략가로 활약하는 데 밑거름이 되었다.

1793년 프랑스 남부의 툴롱에서 왕당파의 반란이 일어났다. 그러자 나폴레옹은 대포로 도시를 공격해 성공적으로 반란을 진압하고 사령관으로 승진했다. 그가 프랑스의 영웅으로 급부상하게 된 것은 1797년 이탈리아 원정에서 오스트리아를 물리치면서부터였다.

| 프랑스의 이집트 원정

나폴레옹은 프랑스의 적대국이었던 영국의 힘을 빼기 위해 이집트 원정에 나섰다. 이집트를 차지하게 되면 지중해를 손에 넣어 영국과 인도의 연결을 끊을 수 있을 뿐만 아니라 이후 프랑

스가 인도를 공격할 발판을 만들 수 있기 때문이다. 프랑스 해군은 넬슨 제독이 이끄는 영국 해군에 격파당했다. 하지만 나폴레옹은 육지에서 벌어진 전쟁에서 승리해 이집트의 수도 카이로와 알렉산드리아를 정복했다.

그즈음 영국, 러시아, 오스트리아 등이 동맹을 맺고 프랑스 국경까지 쳐들어오자, 나폴레옹은 이집트를 탈출해 프랑스로 돌아와 1799년 쿠데타를 일으켰다. 그는 총재 정부를 무너뜨리고 통령 정부를 구성해 스스로 제1 통령이 되었다.

다시 황제가 등장하다

국내 상황을 안정시킨 나폴레옹은 1800년 제2차 이탈리아 원정을 떠났다. 그는 알프스산맥에 있는 성 베르나르 협곡을 지나 마렝고 평원에서 벌어진 전투에서 오스트리아 대군을 물리치고 밀라노까지 점령해 나갔다.

프랑스 신고전주의의 대표적인 화가 자크 루이 다비드는 당시 나폴레옹의 궁정화가였다. 그는 백마를 타고 성 베르나르 협곡을 넘는 나폴레옹의 모습을 담은 〈성 베르나르 협곡을 넘는 나폴레옹〉이라는 그림을 통해 나폴레옹을 영웅적으로 묘사했다.

나폴레옹은 해외로 도망친 귀족들에게 재산을 돌려준다고 약속하고, 반대 세력인 왕당파와도 협상을 맺어 불만을 잠재웠다. 또한 그는 교육제도를 바로잡고 산업을 보호하는 데 힘썼으며, 관리를 뽑을 때도 출신과 신분에 차별을 두지 않았다.

1804년에 편찬한『나
폴레옹 법전』에는 프랑
스 혁명의 성과를 반영
해 모든 국민은 평등하
고, 개인의 자유는 물론
사유 재산을 보장한다는
등의 내용을 담았다. 이
는 근대 법전의 기초가
되었으며, 이후 유럽 여
러 나라에 커다란 영향
을 끼쳤다.

|자크 루이 다비드의 〈성 베르나르 협곡을 넘는 나폴레옹〉

　시민들의 큰 지지를
얻은 나폴레옹은 국민 투표를 통해 황제의 자리에 올랐다. 프랑스 혁명
을 통해 왕정을 무너뜨리고 공화정을 설립한 프랑스에서 불과 10여 년
만에 황제가 재등장한 것이다.

　프랑스 해군은 트라팔가르 해전에서 넬슨 제독이 이끄는 영국 해군
에 패했다. 하지만 육상에서는 오스트리아, 러시아, 프로이센을 격파했
다. 결국 나폴레옹은 영국을 제외하고 모든 유럽을 정복하게 되었다.

　나폴레옹의 지배하에 있던 지역에서는 프랑스식의 정치 제도와 법
률이 시행되었고, 이로 인해 프랑스 혁명 정신이 자연스럽게 전 유럽에
퍼졌다. 이를 계기로 유럽 각국에서는 자유주의와 민족주의가 싹트게
되었다.

나폴레옹의 몰락

나폴레옹은 영국을 완전히 고립시키기 위해 대륙 봉쇄령을 내렸다. 하지만 러시아가 이를 따르지 않자, 1812년 60만 군사를 이끌고 모스크바를 침략했다. 러시아의 겨울 날씨는 영하 30도까지 내려갔지만, 러시아 원정이 빨리 끝날 것이라고 생각한 프랑스군은 월동 준비를 해 오지 않았다. 급히 후퇴하던 프랑스군은 대부분 얼어 죽거나 굶어 죽었고, 늪의 물이나 강물을 마셔 질병에 걸렸다.

나폴레옹이 러시아 원정에 실패하자, 1813년 프로이센, 러시아, 오스트리아 연합군이 프랑스를 공격했다. 이렇게 해서 벌어진 라이프치히 전투에서 패한 나폴레옹은 폐위되었다.

이듬해 동맹군이 파리에 입성하고, 루이 16세의 동생인 루이 18세가 즉위했다. 황제의 자리에서 물러난 나폴레옹은 엘바섬에 유배되었다.

| 러시아에서 퇴각하는 프랑스군

하지만 루이 18세는 무능했고, 국민들에게 왕정 시대로의 복귀를 요구했다. 이에 국민들의 불만이 커지자, 나폴레옹은 9개월 만에 유배지에서 탈출해 재기를 모색했다.

나폴레옹은 벨기에 워털루에서 영국과 프로이센 연합군과 맞붙어 워털루 전투를 벌였다. 하지만 결국 패함으로써 그의 시대는 완전히 막을 내렸다. 나폴레옹은 엘바섬에서 돌아온 지 100일째 되는 날 파리로 돌아와 황제 자리를 포기한다는 서약서를 썼다. 그 후 세인트헬레나섬으로 추방당해 다시는 유럽 땅을 밟지 못하고 1821년 생을 마감했다.

생각을 부르는 질문, 하브루타

1	프랑스 혁명의 이념을 전 유럽에 전파한 인물은 누구인가요?
2	나폴레옹은 어떤 업적을 세웠나요?
3	나폴레옹은 어떤 방법으로 영국에 경제적 타격을 주려고 했나요?
4	프랑스 혁명의 성과를 반영해 각국 법전의 모범이 된 것은 무엇인가요?
5	나폴레옹이 모스크바 원정에 실패한 이유는 무엇인가요?
6	자유주의와 민족주의에 대해 설명해 보세요.
7	나폴레옹의 몰락 과정을 설명해 보세요.
8	워털루 전투에 대해 설명해 보세요.
9	빈 체제에 대해 설명해 보세요.
10	프랑스의 7월 혁명 이후 누가 입헌 군주정을 수립했나요?
11	
12	
13	
14	
15	

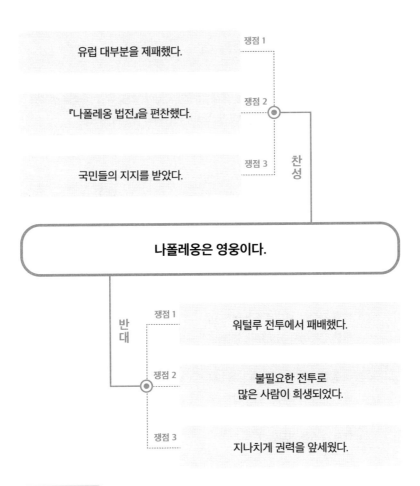

유럽 대부분을 제패했다.

쟁점 1

『나폴레옹 법전』을 편찬했다.

쟁점 2

국민들의 지지를 받았다.

쟁점 3

찬성

나폴레옹은 영웅이다.

반대

쟁점 1

워털루 전투에서 패배했다.

쟁점 2

불필요한 전투로
많은 사람이 희생되었다.

쟁점 3

지나치게 권력을 앞세웠다.

추가 토론 논제

1. 나폴레옹의 쿠데타는 바람직하다.
2. 나폴레옹은 프랑스 혁명의 전파자였다.
3. 나폴레옹은 프랑스의 위상을 높였다.

토론 요약서

논제	나폴레옹은 영웅이다.

용어 정의	○ **나폴레옹(1769~1821년):** 1799년 쿠데타를 일으켜 총재 정부를 타도한 후 1804년 국민 투표를 통해 황제의 자리에 오름. 유럽 대륙을 정복했지만, 영국 해군에 패하고 모스크바 원정에도 실패해 퇴위함 ○ **영웅:** 지혜와 재능이 뛰어나고 용맹해 보통 사람이 하기 어려운 일을 해내는 사람

	찬성	반대
쟁점 1	유럽 대부분을 제패했다.	워털루 전투에서 패배했다.
근거	나폴레옹은 오스트리아의 수도 빈을 공격하고, 이탈리아의 주요 도시들을 장악했다. 또한 프랑스 군대를 강력한 부대로 탈바꿈해 이집트 정복까지 시도했다. 1804년에는 국민 투표를 통해 황제가 되어 강한 권력을 입증했다. 1년 뒤에는 아우스터리츠 전투에서 오스트리아와 러시아 동맹군을 상대로 승리를 거두었다.	루이 18세에 대한 불만이 커지자, 엘바섬에서 탈출한 나폴레옹은 워털루에서 전투를 일으켰다. 하지만 프랑스군은 영국과 프로이센 연합군에 처참하게 패배하고 말았다. 나폴레옹은 세인트헬레나섬으로 또다시 유배를 가야 했다. 나폴레옹은 유리한 상황 속에서도 워털루 전투에서 대패했다.

쟁점 2	『나폴레옹 법전』을 편찬했다.	불필요한 전투로 많은 사람이 희생되었다.
근거	프랑스 혁명을 거치면서 수많은 새로운 법령이 등장했다. 나폴레옹은 이를 정리해 『나폴레옹 법전』을 만들었다. 이는 『유스티니아누스 법전』, 『함무라비 법전』과 함께 세계 3대 법전으로 꼽힌다. 『나폴레옹 법전』은 신앙의 자유, 평등, 사유 재산 존중 등 근대 시민법의 기본 원리가 반영되었다.	나폴레옹은 여러 나라의 공격으로부터 프랑스를 보호해 국민들의 지지를 받았다. 하지만 그는 약 60회의 전투를 일으키며 여러 국가를 침략했다. 이 과정에서 강경한 진압 방식을 사용해 수많은 사람이 희생되었다. 또한 영국에 내린 대륙 봉쇄령은 주변국을 프랑스의 적으로 만들었다.
쟁점 3	국민들의 지지를 받았다.	지나치게 권력을 앞세웠다.
근거	공포 정치를 펼친 로베스피에르가 처형되고, 총재 정부가 들어섰다. 하지만 총재 정부는 무능해 프랑스에 도움이 되지 않았다. 이때 등장한 나폴레옹은 다른 나라와의 전투에서 승리를 거두며 프랑스를 위기에서 구했다. 그는 프랑스의 적인 영국을 견제하고자 대륙 봉쇄령을 내리기도 했다. 따라서 나폴레옹은 혁명의 돌풍 속, 전쟁으로부터 국민을 구한 프랑스의 위대한 영웅이다.	오스트리아를 물리친 나폴레옹은 프랑스 국민들의 구세주가 되었다. 그는 쿠데타를 일으켜 제1 통령의 자리에 오르면서 독재 정치를 펼쳤다. 특히 대륙 봉쇄령을 강행하고, 에스파냐 왕에 자신의 큰형을 임명해 국민들의 분노를 샀다. 또한 러시아와 무리하게 전쟁한 후 대패해 유배지로 쫓겨나 여생을 쓸쓸히 보내야 했다.

찬성 측 입론서

▌논의 배경

프랑스 혁명 정부의 무능함 속에서 쿠데타를 일으켜 정권을 장악한 나폴레옹은 유럽 국가들을 개혁했다. 프랑스 혁명의 연장선으로 제정을 수립한 후, 특권층에 대한 대우를 없애고 법 앞에서의 평등을 주장했다. 하지만 나폴레옹에 대한 역사적 평가는 눈에 띄게 대조적이다. 그는 위대한 전략가로서 프랑스를 위기에서 구해 낸 영웅인지, 권력을 독점하기 위한 전쟁광인지에 대한 논의는 지금도 이루어지고 있다. 이번 토론을 통해 나폴레옹은 영웅인지에 대해 논의해 보고자 한다.

▌용어 정의

○ **나폴레옹(1769~1821년):** 1799년 쿠데타를 일으켜 총재 정부를 타도한 후 1804년 국민 투표를 통해 황제의 자리에 오름. 유럽 대륙을 정복했지만, 영국 해군에 패하고 모스크바 원정에도 실패해 퇴위함

○ **영웅:** 지혜와 재능이 뛰어나고 용맹해 보통 사람이 하기 어려운 일을 해내는 사람

쟁점 1 유럽 대부분을 제패했다.

코르시카섬에서 출생한 나폴레옹은 군사 학교를 졸업하고 16세라는 어린 나이에 장교로 임명되었다. 그는 영국군에게 포위된 툴롱을 군사 전략으로 탈환한 사건으로 이름을 알리게 되었다. 명성을 얻은 나폴레

옹은 오스트리아의 수도인 빈을 공격하고, 이탈리아의 주요 도시들을 장악했다. 그는 당시 오합지졸이었던 프랑스 군대를 강력하고 전투적인 부대로 탈바꿈해 이집트 정복까지 시도했다. 나폴레옹은 쿠데타를 일으켜 제1 통령의 자리에 오르고, 제2차 이탈리아 원정으로 북부 지역을 얻었다. 1804년에는 국민 투표를 통해 황제가 되어 강한 권력을 입증했다. 1년 뒤에는 아우스터리츠 전투에서 오스트리아와 러시아 동맹군을 상대로 승리를 거두었다. 이처럼 나폴레옹은 주변국과의 전쟁에서 많은 승리를 거두며 프랑스의 굳건함을 보여 주었다.

쟁점 2 『나폴레옹 법전』을 편찬했다.

나폴레옹은 황제의 자리에 올라 프랑스 혁명 정신을 다시 실현시키고자 했다. 그는 구제도 폐지와 평등, 자유 등 프랑스 혁명의 이념을 되새기며 국가를 위기에서 구해 냈다. 나폴레옹 제정이 공화정을 막는다는 이유로 암살 시도가 일어나기도 했지만, 그가 제정한 민법전은 이러한 분위기를 반전시켰다. 당시 프랑스는 혁명을 거치면서 수많은 새로운 법령이 등장했는데, 이를 정리해 『나폴레옹 법전』을 만든 것이다. 이는 『유스티니아누스 법전』, 『함무라비 법전』과 함께 세계 3대 법전으로 꼽힌다. 나폴레옹은 "나의 명예는 전쟁의 승리보다 법전에 있다." 라고 말했다. 『나폴레옹 법전』은 신앙의 자유, 평등, 사유 재산 존중 등 근대 시민법의 기본 원리가 반영되었다. 유럽을 공통된 법률로 통일시키고자 했던 나폴레옹의 시도는 프랑스를 강대국으로 만든 기반이 되었다.

국민들의 지지를 받았다.

공화정을 수립한 프랑스 혁명 정부는 로베스피에르를 중심으로 개혁에 나섰다. 하지만 지나친 공포 정치로 인해 테르미도르의 반동이 일어나 로베스피에르가 처형되고 총재 정부가 들어섰다. 5명의 총재가 주도한 총재 정부는 무능해 시민들의 불만이 컸다. 심지어 프랑스 혁명의 영향을 두려워한 유럽 주변국과의 전쟁이 끊임없이 일어났다. 이때 영웅처럼 등장한 나폴레옹은 유럽 각국과의 전투에서 승리를 거두며 프랑스를 위기에서 구해 냈다. 그는 예리한 전략으로 이집트와 이탈리아 원정에서 좋은 결과를 냈으며, 전리품을 받아 프랑스의 재정난을 극복할 수 있도록 도왔다. 프랑스 국민들은 나폴레옹에 환호했고, 그의 명성은 날로 높아졌다. 나폴레옹은 프랑스의 적인 영국을 견제하고자 대륙 봉쇄령을 내리기도 했다. 이렇듯 나폴레옹은 혁명의 돌풍 속, 전쟁으로부터 국민을 구한 프랑스의 위대한 영웅이다.

반대 측 입론서

▌논의 배경

　프랑스는 시민 혁명으로 자유를 얻었지만, 오히려 주변 유럽국과의 전쟁이 계속 일어났다. 당시 여러 전쟁에서 승리를 거두며 영웅으로 등장한 나폴레옹은 프랑스 시민들에게 큰 인기를 얻었다. 그는 쿠데타를 일으켜 제1 통령이 되었고, 이후에는 국민 투표를 통해 황제의 자리에 올랐다. 나폴레옹은 황제가 된 이후에도 전쟁을 계속 벌였다. 결국 그는 러시아와의 전쟁에서 크게 패한 후 엘바섬으로 유배를 가게 되었다. 얼마 안 가 복귀한 나폴레옹은 또다시 워털루 전투에서 대패해 세인트헬레나섬에 갇혔다. 이번 토론을 통해 나폴레옹은 영웅인지에 대해 논의해 보고자 한다.

▌용어 정의

- ○ **나폴레옹(1769~1821년):** 1799년 쿠데타를 일으켜 총재 정부를 타도한 후 1804년 국민 투표를 통해 황제의 자리에 오름. 유럽 대륙을 정복했지만, 영국 해 군에 패하고 모스크바 원정에도 실패해 퇴위함
- ○ **영웅:** 지혜와 재능이 뛰어나고 용맹해 보통 사람이 하기 어려운 일을 해내는 사람

쟁점 1 　워털루 전투에서 패배했다.

모스크바 원정에 실패한 나폴레옹은 황제 자리에서 물러나 엘바섬에

유배되었다. 뒤이어 왕위에 오른 루이 18세에 대한 불만이 커지자, 이를 기회로 삼아 엘바섬에서 탈출한 나폴레옹은 다시 권력을 잡았다. 하지만 이는 오래가지 못했다. 그는 영국과 프로이센을 공격하고자 벨기에 남동쪽에 있는 워털루에서 전투를 일으켰다. 모두가 나폴레옹의 전략을 기대하며 프랑스의 승리를 예측했지만 쉽지 않았다. 프랑스군은 숙련병보다 신병의 비율이 높아 나폴레옹이 의도했던 대로 상황이 흘러가지 않았다. 심지어 후퇴했던 프로이센군이 기습적으로 공격하며 전세가 역전되었다. 영국군까지 가세해 프랑스군을 몰아붙이자, 나폴레옹은 처참하게 패배하고 말았다. 그는 세인트헬레나섬으로 또다시 유배를 가야 했다. 유리한 상황 속에서도 워털루 전투에서 대패한 나폴레옹은 영웅과 거리가 멀다.

쟁점 2 불필요한 전투로 많은 사람이 희생되었다.

프랑스에서 왕을 처형하고 공화제를 수립하자, 주위 유럽 국가들은 불안해하며 프랑스를 압박했다. 나폴레옹은 여러 나라의 공격으로부터 프랑스를 보호해 국민들의 지지를 받았다. 하지만 나폴레옹의 전쟁 전략은 프랑스를 보호하기 위한 목적이 아니었다. 그는 약 60회의 전투를 일으키며 여러 국가를 침략했고, 강경한 진압 방식을 사용해 수많은 사람이 희생되었다. 나폴레옹의 원정군은 지나친 전쟁으로 인해 지쳐갔으며, 스스로 목숨을 끊는 병사도 있었다. 또한 영국에 내린 대륙 봉쇄령은 주변국을 프랑스의 적으로 만들었다. 나폴레옹은 자신의 권력을 유지하기 위해 불필요한 전투를 계속했지만, 결국 자신도 전투로 인해 몰락하고 말았다. 나폴레옹의 독재 정치는 프랑스 혁명의 자유주의를 말살시켰을 뿐 아니라 많은 인명 피해를 낳았다.

쟁점 3 지나치게 권력을 앞세웠다.

로베스피에르가 공포 정치로 과격한 개혁을 주도하자, 프랑스의 분위기는 험악해졌다. 이후 등장한 총재 정부도 프랑스의 국민들을 만족시키지 못했다. 프랑스 혁명 전쟁에서 오스트리아를 물리친 나폴레옹은 프랑스 국민들의 구세주였다. 그의 인기가 나날이 높아지자, 혁명 정부에서 온건파를 이끈 시에예스가 접근해 쿠데타를 일으키자고 제안했다. 시에예스는 나폴레옹을 영웅으로 치켜세워 쿠데타에 성공했고, 3명의 통령이 프랑스를 다스리게 되었다. 하지만 얼마 지나지 않아 나폴레옹이 제1 통령의 자리에 오르면서 시에예스와 다른 정치인들을 몰아내고 독재 정치를 펼쳤다. 이후 그는 국민 투표를 통해 황제의 자리에 올랐고, 독단적으로 행동해 주변 유럽 국가들과의 불화를 초래했다. 특히 대륙 봉쇄령을 강행하고, 에스파냐 왕에 자신의 큰형을 임명해 국민들의 분노를 샀다. 결국 러시아와의 전쟁에서 대패한 나폴레옹은 엘바섬과 세인트헬레나섬으로 쫓겨나 여생을 쓸쓸히 보내야 했다.

16
제국주의

교과서 수록 부분

○ 중학교 역사①: Ⅳ. 2. 유럽의 산업화와 제국주의
○ 고등학교 세계사: Ⅴ. 1. 제국주의와 민족 운동 / 제국주의의 등장과
　세계 분할

학습 목표

1. 제국주의의 등장 배경과 성격을 설명할 수 있다.
2. 열강의 식민지 점령 과정을 설명할 수 있다.
3. 제국주의가 끼친 영향에 대해 토론할 수 있다.

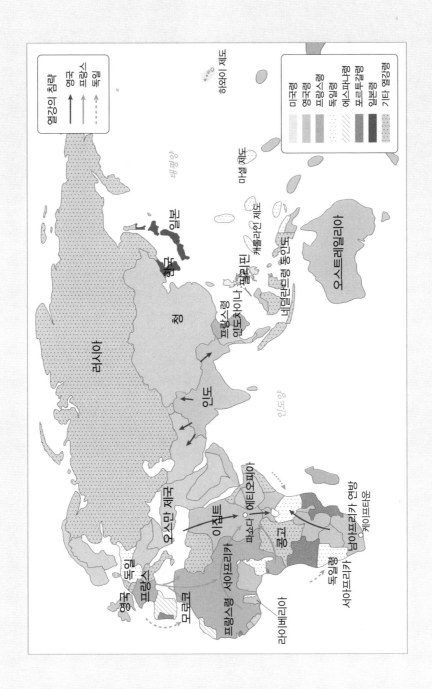

열강의 침략
영국
프랑스
독일

마국령
영국령
프랑스령
독일령
에스파냐령
포르투갈령
일본령
기타 열강령

하와이 제도

마셜 제도

캐롤라인 제도

러시아

일본
한국

청

인도

프랑스령 인도차이나 · 필리핀

네덜란드령 동인도

오스트레일리아

오스만 제국

영국 독일
프랑스
모로코

이집트

트르

마소다 에티오피아

콩고

독일령 남서아프리카

독일령 동아프리카

영국령 남아프리카 연방

케이프타운

라이베리아

태평양

인도양

한눈에 알아보는 제국주의

배경		○ 독점 자본주의: 산업 혁명 → 상품 판매 시장과 원료 공급지 필요 ○ 사회 진화론(적자생존, 약육강식), 인종주의, 침략적 민족주의
전개	영국	○ 3C 정책: 콜카타, 카이로, 케이프타운 ○ 19세기 중반 인도 대부분 점령 ○ 이집트, 우간다, 미얀마, 오스트레일리아 점령
	프랑스	○ 알제리와 마다가스카르섬을 연결하는 아프리카 횡단 정책 ○ 프랑스령 인도차이나 연방 조직
	독일	○ 3B 정책: 베를린, 비잔티움, 바그다드
	일본	○ 메이지 유신(1868년): 서양식 헌법과 의회 채택 ○ 청일 전쟁, 러일 전쟁에서 승리 ○ 한국 병합 조약(1910년)
영향		○ 20세기 초 라이베리아와 에티오피아를 제외한 아프리카 전 지역이 식민지로 전락 → 파쇼다 사건, 모로코 사건 발발 ○ 아시아, 아프리카 국가들에 큰 변화 초래

자세히 알아보는 제국주의

'약육강식의 시대'가 시작되다

19세기 유럽에는 산업 혁명을 통해 급속하게 발전한 국가와 그렇지 못한 국가가 있었다. 이 국가들 사이의 국력 차이는 엄청났다. 이때부터 본격적인 약육강식의 시대가 시작되었다.

유럽의 강국들은 고무나 석유 같은 자원을 싼값에 가져올 수 있는 곳과 만들어 낸 상품을 판매할 시장을 확보하기 위해 식민지 건설에 열을 올렸다. 이 과정에서 강력한 군사력과 경 제력을 앞세운 유럽 강국들의 식민지 쟁탈전은 더욱더 치열해졌다. 이 시기를 제국주의 시대라고 한다.

당시 제국주의 국가들은 백인이 황인과 흑인보다 우수하기 때문에

| 당시 백과사전에 실린 아프리카 사탕수수 농장. 강제 노역은 의도적으로 지워졌다.

유럽인이 가장 우월하다고 여기는 진화론을 주장했다. 이런 이유로 미개하고 야만적인 아시아와 아프리카를 유럽인들이 지배해 문명화시키는 것은 자신들의 의무이며

| 일하는 흑인 노예들

백인이 짊어져야 할 짐이라고 생각했다. 이른바 민족주의와 백인 우월주의가 팽배했던 것이다. 이러한 사상은 인간을 노예로 만들어 마음대로 사고팔며, 짐승처럼 부리는 일이 벌어지게 만들었다.

유럽 열강의 아프리카 분할

19세기 리빙스턴과 스탠리 등 탐험가들의 활동 덕분에 아프리카에 대한 정보가 쏟아져 나왔다. 이들에 의해 아프리카 내륙에 어마어마한 지하자원이 매장되어 있어 시장 잠재력이 크다는 사실이 알려지자, 유럽 강대국들은 아프리카를 식민지로 만들기 위해 대립했다.

아프리카 침략은 아프리카 분할 원칙이 정해지면서 본격화되었다. 제국주의 열강은 1884년에서 1885년까지 베를린 회의를 통해 아프리카 분할 원칙에 합의했다. 이를 통해 아프리카 분할이 공식화되자, 유럽 열강의 식민지 획득 경쟁은 더욱더 치열해졌다.

유럽 국가 중 가장 많은 식민지를 차지했던 영국은 '해가 지지 않는 나라'로 불렸다. 영국은 3C 정책을 추진해 콜카타, 카이로, 케이프타운

까지 아프리카를 북에서 남으로 점령해 나갔다. 영국과 경쟁 관계였던 프랑스는 북아프리카의 알제리를 거점으로 사하라 사막을 넘어 튀니지까지 세력을 넓힌 후 동쪽의 마다가스카르섬에 이르는 횡단 정책을 추진했다.

|베를린 회의를 묘사한 캐리커처

프랑스의 횡단 정책은 영국의 종단 정책과 충돌하면서 파쇼다 사건이 일어났다. 또한 독일과 프랑스가 모로코를 둘러싸고 두 차례 대립하면서 또다시 전면적인 사태를 맞이하게 되었다. 뒤이어 독일, 벨기에, 이탈리아 등 새롭게 떠오른 국가들도 아프리카 분할에 뛰어들었다. 특히 뒤늦게 식민지 경쟁에 뛰어든 독일은 3B 정책을 펼쳐 베를린, 비잔티움, 바그다드를 통해 발칸 지역과 서아시아, 아프리카 지역으로 세력을 확장하려 했다. 이런 과정을 통해 20세기 초에는 라이베리아와 에티오피아를 제외한 모든 아프리카 내륙이 서양 열강의 식민지가 되어 버렸다.

유럽 열강의 아시아·태평양 분할

아시아와 태평양 지역은 오래전부터 차와 향신료를 찾는 유럽 상인들의 중요한 관심 지역이었다. 유럽 국가들 중 제일 먼저 동남아시아로

| 중국을 노리는 유럽 열강들을 묘사한 그림

진출한 포르투갈은 향신료 무역을 독점했다. 이어 에스파냐는 마젤란의 항로 개척을 통해 필리핀을 식민지로 만들었다. 하지만 포르투갈과 에스파냐는 유럽 강대국들에 의해 점차 동남아시아에서 밀려나게 되었다.

유럽 열강은 인구가 많아 매력적인 시장이었던 중국과 인도로 진출해 그들의 이권을 빼앗고 내정 간섭을 하려 했다. 네덜란드는 동인도 회사를 설립해 동남아시아에서 포르투갈을 몰아내고, 인도네시아를 기반으로 향신료 무역을 독점한 후 플랜테이션을 통해 원주민의 노동력을 착취했다.

영국은 플라시 전투에서 프랑스를 물리친 후 인도를 지배했다. 영국은 세포이 항쟁에서 실패한 후 영국령 인도 제국을 건설해 간접적으로 지배했으며, 미얀마까지 인도 영토에 편입했다. 또 제1차 아편 전쟁에서 승리한 영국은 중국을 개항시켰다. 프랑스와 함께 제2차 아편 전쟁에서 승리한 후에는 중국에 대한 확대 개방을 요구하며 내정 간섭을 더

| 인도네시아에 상륙하는 네덜란드인들

욱더 강화시켰다. 프랑스는 베트남을 차지한 후 캄보디아, 라오스까지 세력을 확대하면서 프랑스령 인도차이나 연방을 조직했다. 18세기에 네덜란드는 인도네시아 대부분을 식민지로 삼았다.

이처럼 동남아시아를 차지한 서양 열강은 이 지역에서 나는 고무와 사탕수수 등의 작물을 재배하면서 많은 이익을 얻게 되었다.

생각을 부르는 질문, 하브루타

1	제국주의는 무엇이고, 왜 생기게 되었는지 설명해 보세요.
2	영국의 동인도 회사는 어떻게 인도를 차지했나요?
3	세포이의 항쟁은 무엇이고, 어떤 결과를 가져왔나요?
4	동남아시아 각국은 어떤 과정을 거쳐 열강의 식민지가 되었나요?
5	중국은 왜 유럽 열강에 무릎을 꿇었나요?
6	일본은 어떻게 근대화를 이루고 발전했는지 설명해 보세요.
7	유럽 열강의 식민지였던 중앙아메리카와 남아메리카의 나라들은 어떻게 독립을 이루었나요?
8	열강과 식민지는 어떤 무역을 했으며, 서로에 어떤 영향을 끼쳤나요?
9	아프리카는 왜 열강의 식민지가 되었나요?
10	남·북 아프리카를 주로 차지한 프랑스와 영국은 어떻게 식민지를 통치했나요?
11	
12	
13	
14	
15	

쟁점과 토론 논제

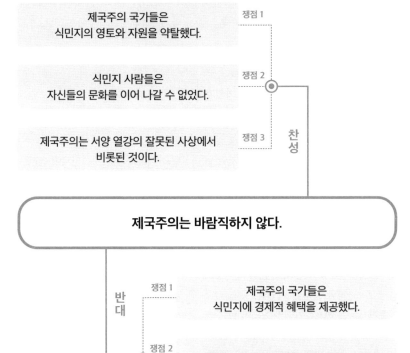

제국주의 국가들은
식민지의 영토와 자원을 약탈했다. — 쟁점 1

식민지 사람들은
자신들의 문화를 이어 나갈 수 없었다. — 쟁점 2

제국주의는 서양 열강의 잘못된 사상에서
비롯된 것이다. — 쟁점 3

찬성

제국주의는 바람직하지 않다.

반대

쟁점 1 — 제국주의 국가들은
식민지에 경제적 혜택을 제공했다.

쟁점 2 — 제국주의는 식민지에 문명을 제공했다.

쟁점 3 — 제국주의 국가들은
애국심으로 식민지를 건설했다.

추가 토론 논제

1. 제국주의 때문에 인종 차별이 생겼다.
2. 제국주의는 인류의 균형적인 발전에 기여했다.
3. 아프리카는 제국주의로 인해 가장 큰 피해를 입었다.

토론 요약서

논제	제국주의는 바람직하지 않다.	
용어 정의	○ **제국주의:** 강력한 경제력과 군사력으로 다른 민족이나 국가의 영토를 정벌해 지배하려는 정책 ○ **바람직하다:** 바랄 만한 가치가 있다	
	찬성	**반대**
쟁점 1	제국주의 국가들은 식민지의 영토와 자원을 약탈했다.	제국주의 국가들은 식민지에 경제적 혜택을 제공했다.
근거	서양 열강은 산업 혁명으로 상품 수출 시장이 필요해지면서 약한 국가를 식민지로 삼았다. 영국은 인도를 식민지로 삼아 대규모의 목화 농장을 지었다. 유럽 각국은 아프리카에 매장되어 있던 석유와 고무, 귀금속 등을 차지하기 위해 열을 올렸다. 영국은 3C 정책, 독일은 3B 정책을 통해 식민지의 영토를 빼앗아 자원을 약탈했다.	유럽은 식민지를 건설하기 위해 인건비, 철도 건설비, 군대 파견 비용 등 많은 투자를 했다. 이는 식민지 국가의 경제적 이익으로 이어졌다. 영국의 식민지였던 인도는 식민지 시기에 포장도로가 정리되었고, 증기선이 도입되었으며, 우편 제도와 전신 등이 실용화되었다.

쟁점 2	식민지 사람들은 자신들의 문화를 이어 나갈 수 없었다.	제국주의는 식민지에 문명을 제공했다.
근거	아프리카는 유럽의 팽창주의 경쟁으로 인해 20여 년 만에 강대국의 식민지로 나뉘었다. 아프리카 대륙의 분할선은 당시 제국주의 국가들이 정했다. 아시아 또한 영국, 프랑스, 네덜란드, 미국 등에 지배당하며 가난과 차별에 시달렸다. 원주민의 고유한 문화와 인종 역시 보호를 받지 못했다.	기계화를 이룬 유럽 국가들과 농업 중심 사회에 의존하고 있던 아프리카, 아시아 국가들의 격차는 매우 컸다. 당시 유럽인들은 약소국을 이끌어야 한다는 의무가 있다고 생각해 식민지에 의료 시설과 학교를 보급했다. 산업화 이후 기술이 발달하자, 아프리카 지역에서 유행하던 말라리아, 황열병 등 전염병에 대처할 수 있게 되었다.
쟁점 3	제국주의는 서양 열강의 잘못된 사상에서 비롯된 것이다.	제국주의 국가들은 애국심으로 식민지를 건설했다.
근거	서양 열강은 여러 이론으로 식민지 건설 행위를 정당화하려 했다. 먼저 다윈의 진화론을 사회에 적용한 사회 진화론을 통해 자본주의와 침략, 백인 우월주의가 옳다는 것을 뒷받침했다. 이를 통해 식민지인을 백인이 문명으로 이끌어 갈 사회의 일원으로 보았고, 잔인한 행동도 서슴지 않았다. 이 시기는 강대국의 배를 채우기 바쁜 탐욕의 시대였다.	영국에서 나타난 민족주의는 유럽 국가들에 영향을 미쳐 식민지 건설 경쟁으로 이어졌다. 각국 국민들은 자신들의 민족과 국가가 다른 유럽 국가보다 훌륭하다는 사실을 증명하고 싶어 했다. 이들은 영토 팽창을 통해 자부심을 느꼈다. 식민지를 건설한 국가들은 더 강한 국가를 만들기 위해 싸웠고, 애국심으로 자국을 성장시키기 위해 노력했다.

찬성 측 입론서

▌논의 배경

제국주의는 강력한 군사력과 경제력을 바탕으로 다른 민족이나 국가를 침략하는 패권주의 정책이다. 서양 열강은 비교적 발달이 더딘 아프리카와 아시아를 중심으로 식민지를 건설했다. 식민지 국가들은 열강의 상품 시장 역할을 하고, 영토와 자원을 모두 빼앗겨야만 했다. 이러한 과정에서 유럽 열강은 식민지인들을 문명으로 이끌어야 한다는 사상에 사로잡혔다. 이번 토론을 통해 제국주의는 바람직한 것인지 논의해 보고자 한다.

▌용어 정의

○ **제국주의**: 강력한 경제력과 군사력으로 다른 민족이나 국가의 영토를 정벌해 지배하려는 정책
○ **바람직하다**: 바랄 만한 가치가 있다

쟁점 1 제국주의 국가들은 식민지의 영토와 자원을 약탈했다.

18세기 영국에서 증기 기관으로 대량 생산이 가능해지자, 점차 공업이 발달하게 되었다. 상품을 만드는 데 오랜 시간이 걸렸던 가내 수공업과는 달리 기계를 사용해 다양한 물건이 빠른 시간 안에 만들어져 잉여 생산품이 많아졌다. 이로 인해 서양 열강은 상품 수출 시장이 필요해지면서 약한 국가를 식민지로 삼았다. 서양 열강은 식민지를 통해 값

싼 원료와 노동력을 확보했다. 영국은 유럽에서 자라기 어려운 목화를 구하기 위해 인도를 식민지로 삼아 대규모의 목화 농장을 지었다. 유럽 각국은 아프리카에 매장되어 있던 석유, 고무, 금, 다이아몬드 등을 차지하기 위해 치열하게 경쟁했다. 영국은 3C 정책으로 콜카타, 카이로, 케이프타운을 중심으로 식민지를 건설했고, 독일은 3B 정책으로 베를린, 비잔티움, 바그다드를 연결하고자 했다. 이처럼 제국주의 국가들은 식민지의 영토를 빼앗고 자원을 약탈해 자국의 이익을 위해 이용했다. 결국 제국주의는 서양 열강의 탐욕이 낳은 결과였다.

쟁점 2 　식민지 사람들은 자신들의 문화를 이어 나갈 수 없었다.

　아프리카는 유럽의 팽창주의 경쟁으로 인해 20여 년 만에 강대국의 식민지로 나뉘었다. 아시아 또한 영국, 프랑스, 네덜란드, 미국 등에 지배당하며 가난과 차별에 시달렸다. 열강은 식민지를 더 빠르게 지배하기 위해 철도와 도로를 건설하고 교육 제도를 확립시켰다. 원주민의 고유한 문화와 인종은 보호받지 못한 채 강국들의 이익을 위한 경쟁이 시작된 것이다. 당시 제국주의 국가들이 결정한 아프리카 대륙의 분할선은 여전히 국제적 분쟁을 낳고 있다. 더 큰 문제는 식민지가 독립할 때 열강이 식민지에 건설했던 철도나 교육·의료 시설 등을 망가뜨리는 경우였다. 식민지 사람들은 지배받을 때는 물론이고 독립한 이후에도 강대국의 횡포를 견뎌야 했다.

쟁점 3 　제국주의는 서양 열강의 잘못된 사상에서 비롯된 것이다.

　서양 열강은 여러 이론으로 식민지 건설 행위를 정당화하려 했다. 그

중 가장 대표적인 사회 진화론은 다윈의 진화론을 사회에 적용한 것이다. 이를 통해 자본주의와 침략, 백인 우월주의가 옳다는 것을 뒷받침했다. 서양 열강은 자연과 사회의 차이점을 무시한 채 식민지인을 백인이 문명으로 이끌어 갈 사회의 일원으로 보았고, 잔인한 행동도 서슴지 않았다. 벨기에의 레오폴드 2세는 콩고를 식민지로 만들고, 원주민에게 가혹한 노동을 하게 해 자원 생산 속도를 높였다. 콩고 노동자들은 할당량을 채우지 못하면 잔인한 방법으로 고문을 당했다. 무려 25년 동안 최소 1,000만 명 이상의 콩고인이 학살되었다. 이렇듯 이 시기는 강대국의 배를 채우기 바쁜 탐욕의 시대였고, 아직도 식민지였던 많은 국가가 어려운 경제 속에서 고군분투하고 있다.

▌논의 배경

유럽은 산업화로 인해 공업과 제조업 등이 발달했다. 이 때문에 아프리카와 아시아 등 발전이 더딘 나라들과의 격차는 점점 커져만 갔다. 유럽에서는 철도와 도로, 기계가 발전해 수송이 빨라졌고, 대량 생산이 가능해졌다. 제국주의 시대에 유럽 열강은 식민지 쟁탈을 통해 영토를 확장했고, 잉여 생산품을 판매할 수 있었다. 이번 토론을 통해 제국주의는 바람직한 것인지 논의해 보고자 한다.

▌용어 정의

○ **제국주의:** 강력한 경제력과 군사력으로 다른 민족이나 국가의 영토를 정벌해 지배하려는 정책

○ **바람직하다:** 바랄 만한 가치가 있다

쟁점 1 제국주의 국가들은 식민지에 경제적 혜택을 제공했다.

제국주의 시대에 유럽 각국은 많은 식민지를 건설했지만, 무조건 많은 이익을 얻는 것은 아니었다. 식민지의 자원을 개발하는 과정은 복잡했고 인건비, 철도 건설비, 군대 파견 비용 등 많은 투자가 필요했다. 제국주의 시대를 거치면서 식민지의 자원이 안정적으로 산업에 활용되기 시작했고, 이는 식민지 국가의 경제적 이익으로도 이어졌다. 내륙 지방과 해안을 연결하는 철도를 통해 수송이 편리해졌다. 영국의 식민

지였던 인도는 식민지 시기에 포장도로가 정리되었고, 증기선이 도입되었으며, 우편 제도와 전신 등이 실용화되었다. 분열로 인해 혼란스러웠던 인도 사회는 점차 안정되었다. 이처럼 제국주의는 국가들 간의 경제적 격차를 크게 줄이는 데 기여하기도 했다.

쟁점 2 제국주의는 식민지에 문명을 제공했다.

아프리카는 전염병과 더운 기후 등으로 인해 유럽에 비해 경제 성장이 눈에 띄게 더뎠다. 산업 혁명을 통해 기계화를 이룬 유럽 국가들과 농업 중심 사회에 의존하고 있던 아프리카, 아시아 국가들 간의 격차는 매우 컸다. 당시 유럽인들은 약소국을 이끌어야 한다는 의무가 있다고 생각했다. 사회 진화론이나 인종주의 등이 올바른 이론은 아니었지만, 제국주의 시대를 통해 발전이 더딘 국가들에도 의료 시설과 학교 교육 등이 보급되었다. 또한 산업화 이후 기술이 발전하자, 아프리카 지역에서 유행하던 말라리아, 황열병 등의 전염병에 대처할 수 있게 되었다. 제국주의 시대가 아니었다면 약소국들은 여전히 도태되어 경제가 발전하는 데 훨씬 오랜 시간이 필요했을 것이다.

쟁점 3 제국주의 국가들은 애국심으로 식민지를 건설했다.

19세기 초, 유럽에서는 다른 나라에서 벗어나 자유와 독립을 추구하는 민족주의가 성장했다. 가장 먼저 영국에서 나타난 민족주의는 곧 주변 유럽 국가들에 영향을 주었고, 이는 식민지 건설 경쟁으로 이어졌다. 각국 국민들은 자신들의 민족과 국가가 다른 유럽 국가보다 훌륭하다는 사실을 증명하고 싶어 했다. 이들은 영토 팽창을 통해 자부심을 느꼈다. 1884년에서 1885년에는 독일에서 베를린 회의가 열려 열강의 식민지 지배를 공식화했다. 비록 원주민의 문화와 인종이 고려되지는 않았지만, 이를 통해 강대국들의 경쟁이 심화되었다. 제국주의 시대를 거치면서 식민지를 건설한 국가들은 더 강한 국가를 만들기 위해 싸웠고, 애국심으로 자국을 성장시키기 위해 노력했다.

17

아편 전쟁

학습 목표

1. 아편 전쟁이 일어나게 된 배경을 알 수 있다.
2. 중국의 개항 과정을 설명할 수 있다.
3. 아편 전쟁이 중국의 근대화 운동에 끼친 영향에 대해 토론할 수 있다.

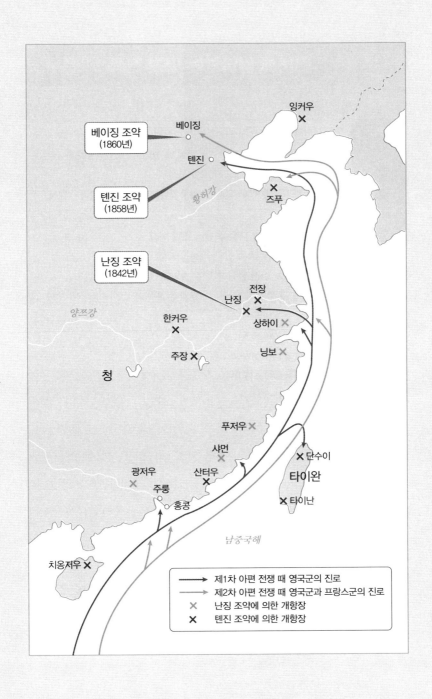

베이징 조약
(1860년)

베이징 ○

잉커우 ✕

텐진 ○

텐진 조약
(1858년)

황허강

즈푸 ✕

난징 조약
(1842년)

전장 ✕

난징 ✕

한커우 ✕

상하이 ✕

양쯔강

주장 ✕

닝보 ✕

청

푸저우 ✕

샤먼 ✕

단수이 ✕

광저우 ✕

산터우 ✕

타이완

주룽 ○

홍콩 ○

타이난 ✕

남중국해

치옹저우 ✕

→ 제1차 아편 전쟁 때 영국군의 진로
→ 제2차 아편 전쟁 때 영국군과 프랑스군의 진로
✕ 난징 조약에 의한 개항장
✕ 텐진 조약에 의한 개항장

한눈에 알아보는 아편 전쟁

원인	○ 청나라: 아편 금지령(1729년), 영국 상인의 무역 금지
전개	○ 제1차 아편 전쟁(1840~1842년): 영국 vs 청나라 → 영국 승리 ○ 애로호 사건, 프랑스 선교사 피살 사건 ○ 제2차 아편 전쟁(1856~1860년): 영국·프랑스 연합 vs 청나라 → 영국·프랑스 연합군 승리
결과	○ 청나라, 제1차 아편 전쟁 후 난징 조약 체결 　→ 5개 항구 개방, 홍콩 할양, 배상금 지불 ○ 청나라, 제2차 아편 전쟁 후 톈진 조약과 베이징 조약 체결 　→ 10개 항구 추가 개방, 크리스트교 선교 허가 ○ 태평천국 운동(1851~1864년) ○ 양무운동(1862~1895년) ○ 변법자강 운동(1898년) ○ 의화단 운동(1899~1901년) ○ 신해혁명(1911~1912년)

자세히 알아보는 아편 전쟁

영국과 청나라 간의 무역 갈등이 시작되다

오늘날의 중화 인민 공화국 영토는 청나라로부터 기틀이 마련된 것이라고 볼 수 있다. 청나라의 황제 건륭제는 대외 정복을 통해 중국 역사상 가장 넓은 영토를 차지했다. 이 시기에는 경제력 또한 세계적인 수준이었다.

일찍부터 중국의 비단과 차, 도자기와 면포는 다른 나라에서도 인기가 많

| 18세기 청나라 도자기

았다. 영국의 면직물은 세계 최고라는 평가를 받았지만, 청나라에서 값싼 노동력으로 만들어진 면직물은 영국의 것보다 훨씬 저렴했다. 그래서 영국은 주력 상품인 면직물을 청나라에 팔 수 없었다. 이러한 상황은 당시 청나라와 무역하던 영국 상인들에게 큰 고민거리였다.

반면 영국에서는 청나라에서 들어온 차와 도자기가 선풍적인 인기를 끌었다. 영국 귀족들 사이에서 청나라 풍으로 꾸며진 별장에서 홍차를 마시는 것이 유행했기 때문이다. 영국은 청나라의 차와 도자기를 더 많이 사들이기 위해 청나라에 더 많은 은을 지불해야 했다. 그 결과 영국의 무역 적자는 점점 더 빠르게 늘어갔고, 유럽에서는 은값이 천정부

지로 치솟았다. 영국 상인들은 무역 적자를 해결하기 위해 청나라에 팔 상품을 찾아야 했다. 그때 마침 아편이 눈에 띄었다.

아편은 중독성이 강한 마약이다. 아편에 한번 손을 대면 빠르게 중독되어 끊기가 매우 어려웠다. 아편에 중독된 사람들은 가격에 상관없이 어떻게든 아편을 구하려고 했다. 이러한 특성을 안 영국의 동인도 회사는 인도에서 대량으로 재배한 아편을 청나라에 팔았다.

제1차 아편 전쟁이 벌어지다

영국의 동인도 회사는 아편 밀무역을 통해 엄청난 이득을 보았다. 그만큼 많은 청나라 사람이 아편에 중독되었다. 그러자 청나라 정부는 1729년 아편 금지령을 내렸다. 하지만 영국은 단속을 피해 계속해서 아편을 들여왔고, 이미 아편에 중독된 사람들은 아편 밀수에 협조하기까지 했다. 아편의 유입이 계속되자, 아편값을 치르느라 엄청난 양의 청나라 은이 외국으로 빠져나갔다. 이에 따라 은값은 끝없이 치솟았다.

1838년 황제 도광제는 임칙서를 임명해 아편 무역을 종식시키라는 명령을 내렸다. 임칙서는 광저우에 도착해 아편 무역과 관련이 있는 중국 사람들을 잡아들인 다음 영국 상인들이 가지고 있던 아편 1,400톤을 몰수해 바다에 폐기시켰다. 이에 영국 상인들은 보상을 받기 위해 영국 정부에 무력 동원을 강력히 요청했다. 하지만 청나라 조정과 임칙서는 꿈쩍도 하지 않았다. 결국 영국 의회는 열띤 논의 끝에 전쟁을 하기로 결정했다. 영국 정부가 청나라에 대규모의 병력을 파견하면서 제1차 아편 전쟁이 시작되었다.

1840년부터 1842년까지 벌어진 제1차 아편 전쟁에서는 영국이 승리를 거두었다. 전쟁 후 청나라는 불평등 조약인 난징 조약을 맺었다. 이 조약으로 청나라는 영국에 전쟁 배상금과 아편 배

| 제1차 아편 전쟁에서 청나라 배를 침몰시키는 영국 함대

상금, 그리고 홍콩까지 넘겨주게 되었다. 또 광저우와 상하이를 포함한 5개 항구를 개항하고, 자유롭게 무역할 수 있도록 했다.

청나라는 영국에 이어 미국, 프랑스, 벨기에 등과도 똑같은 조건으로 조약을 맺었다. 5개 항구에서 자유 무역을 하도록 했고, 외국인이 청나라 안에서 범죄를 저지를 경우 외국인의 나라에서 처벌받도록 하는 치외 법권도 인정했다. 서양 열강은 이 조항을 계기로 중국 침략의 발판을 만들었다.

제2차 아편 전쟁이 일어나다

영국 정부는 난징 조약이 체결된 후 청나라를 상대로 이권 확대의 기회를 엿보고 있었다. 그러던 차에 1856년 애로호 사건이 발생했다. 광저우에서 청나라 관리가 애로호를 수색하면서 애로호 선원들을 밀수 혐의로 체포했다. 청나라 관리는 수색하는 과정에서 배에 달려 있던 영국 국기를 끌어 내렸다. 그러자 영국은 배에 달려 있던 영국 국기를 훼

손한 것에 대해 사죄와 보상을 요구했다. 청나라는 애로호는 중국 배이고, 청나라의 관리가 체포한 애로호의 선주와 선원은 모두 중국인이라며 보상을 거부했다. 그러자 영국은 이를 빌미 삼아 프랑스와 손을

| 애로호의 영국 국기를 끌어 내리는 청나라 관리들

잡고 청나라를 침략했다. 이렇게 해서 제2차 아편 전쟁이 시작되었다.

청나라는 이 전쟁에서도 패배했다. 그 결과 톈진 조약을 체결하면서 10개 항구의 추가 개방과 외국인의 자유로운 청나라 여행, 크리스트교 선교도 허가하게 되었다. 이후 추가로 맺게 된 베이징 조약으로 영국에는 주룽반도의 일부를, 또 이 조약을 맺을 때 중재 역할을 한 러시아에는 연해주를 넘겨주어야만 했다.

청나라는 두 차례의 아편 전쟁을 겪으면서 사실상 서양 열강의 먹잇감으로 전락했다. 게다가 천자의 나라로 주름잡던 동양에서도 이빨 빠진 호랑이 신세가 되고 말았다.

중국의 근대화 운동

▌태평천국 운동

난징 조약을 체결한 이후 청나라 정부가 전쟁 배상금 마련을 이유로 세금을 늘리자, 농민들의 생활은 더욱더 힘들어졌다. 이로 인해 정부에

대한 불만은 높아져만 갔다. 국민들이 원하는 것은 모두가 평등하게 잘 사는 세상, 즉 태평천국이었다.

이 시기에 광시성에서 크리스트교를 전도하던 홍수전은 농민, 광부, 실업자 등과 함께 '만주족이 세운 청을 무너뜨리고 한족 국가를 세우자' 고 외치며 비밀 결사대를 조직해 태평천국 운동을 일으켰다. 이들은 남녀평등과 토지 균등 분배, 청나라 때의 악습 폐지를 주장했다. 결국 이들은 난징을 점령해 수도로 삼으면서 청나라 정부를 위협했다. 하지만 지도층의 내부 분열이 일어나고, 지주들이 조직한 의용군과 영국·프랑스 연합군의 공격을 받아 난징이 함락되면서 태평천국 운동은 막을 내리게 되었다.

▌양무운동

청나라는 영국과 프랑스 연합군이 태평천국 운동을 진압할 때 사용한 서양 무기의 우수성과 위력에 무척 놀랐다. 증국번, 이홍장 등 한족 관료들은 서양의 과학 기술을 받아들여 부국강병을 이룩해야 한다고 생각해 양무운동을 추진했다.

이들은 우선 무기와 군함을 만드는 공장과 조선소를 세워 군수 산업을 일으켰다. 또한 학교를 세우고, 서양에 유학생을 파견하기도 했다. 이것을 '중체서용'이라고 한다. 중국의 전통과 제도는 그대로 유지하되, 서양의 실용적인 지식은 받아들이자는 것이다.

하지만 양무운동은 곧 문제를 드러냈다. 보수적인 중앙 정부 관료들의 반대로 국가 차원에서 체계적으로 추진하기 힘들었기 때문이다. 게다가 청일 전쟁에서 패배하면서 양무운동은 실패로 돌아가고 말았다.

▌변법자강 운동

청일 전쟁에서 패한 청나라는 조그만 섬나라인 일본에 졌다는 것에 엄청난 굴욕감을 느꼈다. 청나라 정부는 양무운동과 일본의 메이지 유신을 비교하면서 그 원인을 찾을 수 있었다. 결국 제도를 개혁하지 않고 기술만을 받아들이는 것은 한계를 지닌다는 점을 깨닫게 된 것이다.

이후 청나라는 개혁적인 지식인들을 중심으로 일본의 메이지 유신을 모방해 '기존의 낡은 법과 제도를 개혁해 스스로 강해지자'는 변법자강 운동을 추진했다. 하지만 개혁 때문에 권력에서 밀려날 것을 걱정한 보수 세력들은 서태후를 주축으로 반대 정변을 일으켰다. 이로써 변법자강 운동은 100일 만에 실패하게 되었다.

▌의화단 운동

양무운동과 변법자강 운동은 둘 다 실패로 끝났지만, 개혁을 통해 앞선 서양 문명을 받아들이고자 했던 운동이었다. 하지만 이와는 다르게 '백성들 스스로가 나서서 외세를 몰아내자'고 주장하는 운동이 일어났다. 이를 의화단 운동이라고 한다.

의화단은 '부청멸양'을 주장하며 제국주의의 상징인 교회와 철도, 전신 시설을 파괴했다. 의화단이 베이징의 외국 공관을 습격하자, 자국민을 보호한다는 명분으로 영국과 일본 등 8개국의 열강이 연

| 의화단원들의 모습

합군을 구성해 의화단을 진압했다. 그 결과 청나라는 서양 열강과 신축 조약을 맺어 거액의 배상금을 물고, 열강 군대가 베이징에 주둔하는 것을 허용하게 되었다. 결국 의화단 운동은 청나라 왕조의 지위를 더욱 약화시켰다.

▌신해혁명

의화단 운동이 실패한 후 청나라에서는 왕조를 몰아내고 새로운 정부를 만들고자 하는 운동이 확산되었다. 이런 상황에서 쑨원은 무너져 가는 나라를 구해야겠다고 생각하고 평생을 혁명 운동에 바쳤다. '중국 혁명의 아버지'라고 불리는 쑨원은 도쿄에서 중국 동맹회를 조직하고, 민족·민권·민생을 주장하는 삼민주의를 내세웠다.

청나라는 개혁을 추진하기 위한 비용과 신축 조약으로 인한 배상금 지불 등으로 경제적 타격을 입자, 철도를 외국에 넘기려고 했다. 이에 화가 난 신식 군대는 혁명파와 손을 잡고 우창에서 봉기를 일으켰다. 우창 봉기는 순식간에 전국으로 퍼져 나가 중국의 각 성이 청나라로부터 독립을 선언했다. 이것이 바로 신해혁명이다. 1912년 마침내 혁명파는 쑨원을 임시 대총통으로 내세우고 중화민국 건국을 선포했다.

청나라 정부는 혁명파를 제거하기 위해 위안스카이에게 모든 권한을 넘겨주었지만, 권력에 욕심이 생긴 그는 혁명파와 타협하고 청나라 정부를 무너뜨렸다. 위안스카이는 대총통으로 선출되자 태도를 바꿔 공화정을 실시하겠다는 약속을 깨고 스스로 황제의 자리에 올랐으나 곧 사망하고 말았다. 이후 중국의 지방 군벌들이 세력 다툼을 시작하면서 중화민국은 거대한 혼란에 빠지게 되었다.

1	아편 전쟁 당시 청나라의 상황은 어땠나요?
2	제1차 아편 전쟁의 원인과 과정, 결과를 설명해 보세요.
3	제2차 아편 전쟁의 원인과 과정, 결과를 설명해 보세요.
4	아편 전쟁 이후 청나라의 개항 과정을 설명해 보세요.
5	태평천국 운동의 배경과 과정, 결과를 설명해 보세요.
6	양무운동과 변법자강 운동의 배경, 과정, 결과를 설명해 보세요.
7	의화단 운동의 배경, 과정, 결과를 설명해 보세요.
8	중국에서 근대화 운동이 실패한 이유는 무엇인가요?
9	중국 혁명의 아버지로 불리는 쑨원에 대해 설명해 보세요.
10	신해혁명의 배경과 과정, 결과를 설명해 보세요.
11	
12	
13	
14	
15	

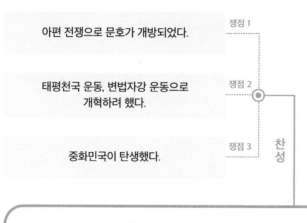

아편 전쟁으로 문호가 개방되었다.

쟁점 1

태평천국 운동, 변법자강 운동으로
개혁하려 했다.

쟁점 2

중화민국이 탄생했다.

쟁점 3

찬성

중국은 아편 전쟁으로 근대화를 이루었다.

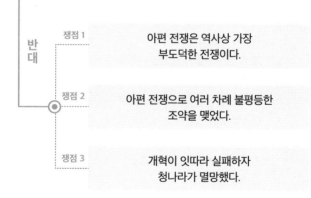

반대

쟁점 1

아편 전쟁은 역사상 가장
부도덕한 전쟁이다.

쟁점 2

아편 전쟁으로 여러 차례 불평등한
조약을 맺었다.

쟁점 3

개혁이 잇따라 실패하자
청나라가 멸망했다.

추가 토론 논제

1. 영국 때문에 아편 전쟁이 일어났다.
2. 아편 전쟁 이후 중국의 근대 변혁 운동은 바람직하다.
3. 아편 전쟁으로 맺은 조약은 불평등하다.

토론 요약서

논제	중국은 아편 전쟁으로 근대화를 이루었다.
용어 정의	○ **아편 전쟁**: 영국의 아편 밀수입 문제를 두고 청나라와 영국 사이에 일어난 전쟁. 제1차 아편 전쟁은 1840년, 제2차 아편 전쟁은 1856년에 일어남 ○ **근대화**: 옛 봉건주의 사회에서 근대 사회로 변해 가는 과정

	찬성	반대
쟁점 1	아편 전쟁으로 문호가 개방되었다.	아편 전쟁은 역사상 가장 부도덕한 전쟁이다.
근거	중국의 비단과 차, 도자기와 면포는 다른 나라에서도 인기가 많았다. 영국은 차와 도자기 등을 수입하는 데 은을 많이 지불해 무역 적자에 시달렸다. 영국은 청나라에 아편을 수출해 엄청난 이득을 보았다. 청나라가 아편을 몰수해 폐기해 버리자, 영국이 무력으로 대응해 아편 전쟁이 일어났다. 청나라는 아편 전쟁에서 패배해 난징 조약과 톈진 조약을 맺고 문호를 개방했다.	영국은 청나라의 차와 도자기를 많이 수입해 엄청난 무역 적자를 겪었다. 영국은 무역 적자를 해결하기 위해 청나라에 아편을 수출하기 시작했다. 아편에 중독된 청나라 사람들로 인해 엄청난 양의 은이 외국으로 빠져나갔다. 영국 동인도 회사는 아편 밀무역으로 큰 이득을 얻었다. 이 때문에 벌어진 아편 전쟁은 처음부터 영국의 이득만을 위한 것이었다.

쟁점 2	태평천국 운동, 변법자강 운동으로 개혁하려 했다.	아편 전쟁으로 여러 차례 불평등한 조약을 맺었다.
근거	아편 전쟁에서 패배한 청나라는 불평등 조약을 맺고 전쟁과 아편에 대한 배상금은 물론 홍콩까지 빼앗겼다. 이로 인해 농민들의 생활이 어려워지자, 각지에서 비밀 결사대가 생겨났다. 홍수전은 태평천국 운동을 일으켜 남녀평등과 토지 균등 분배, 악습 폐지, 세금 감면 등을 개혁했다. 변법자강 운동은 지식인을 중심으로 낡은 법 폐지 등 제도를 개혁하는 운동이었다.	아편 전쟁에서 패배한 청나라는 서양의 여러 나라와 불평등 조약을 맺었다. 청나라는 난징 조약으로 아편과 전쟁에 대한 배상금, 그리고 홍콩까지 넘겨주어야 했다. 또 광저우와 상하이를 포함한 5개 항구를 개항했다. 제2차 아편 전쟁에서 패배한 후에는 톈진 조약과 베이징 조약을 맺었다. 이로 인해 청나라는 10개 항구를 추가 개항하고, 주룽반도 일부와 연해주까지 넘겨주어야 했다.
쟁점 3	중화민국이 탄생했다.	개혁이 잇따라 실패하자 청나라가 멸망했다.
근거	쑨원은 신해혁명을 이끌었다. 그는 열강의 침략을 막기 위해서는 삼민주의가 필요하다고 주장했다. 이 사상 덕분에 중국의 각 성이 청나라 정부로부터 독립을 선언했다. 쑨원은 군사와 군대를 양성하고 황푸 군관 학교도 설립했다. 신해혁명에 성공한 쑨원과 혁명파는 1912년 쑨원을 임시 대총통으로 앉히고 중화민국을 건설했다. 이는 근대화 개혁 운동과 쑨원의 리더십 덕분이었다.	아편 전쟁 이후에 벌어진 중국의 근대화 운동은 모두 실패했다. 태평천국 운동은 지도층의 내부 분열과 영국·프랑스 연합군의 공격으로 실패했다. 양무운동은 중앙 정부 관료들의 반대와 청일 전쟁의 패배로 실패했다. 변법자강 운동은 서태후의 쿠데타로 실패했다. 이후 쑨원이 신해혁명을 통해 중화민국을 건설했지만, 위안스카이의 권력 욕심과 지방 군벌들의 세력 다툼으로 이마저 실패했다.

▌논의 배경

청나라는 중화 인민 공화국의 기틀이라고 불릴 만큼 세계적인 강국이었다. 청나라의 차와 도자기는 영국 귀족들 사이에서 선풍적인 인기를 끌었다. 영국은 청나라의 수출품을 계속 사들이는 바람에 늘어나는 무역 적자를 감당하지 못했다. 이를 해결하기 위해 영국은 중독성이 강한 아편을 청나라에 수출하기 시작했다. 아편에 중독된 청나라 사람들이 많아지자, 엄청난 은이 외국으로 빠져나갔다. 이에 청나라가 아편의 유입 단속과 강경책을 내세우면서 두 차례에 걸쳐 아편 전쟁이 벌어졌다. 아편 전쟁 이후 중국은 많은 개혁을 거쳐 근대화를 맞이하게 되었다. 이번 토론을 통해 중국은 아편 전쟁으로 근대화를 이루었는지 논의해 보고자 한다.

▌용어 정의

○ **아편 전쟁**: 영국의 아편 밀수입 문제를 두고 청나라와 영국 사이에 일어난 전쟁. 제1차 아편 전쟁은 1840년, 제2차 아편 전쟁은 1856년에 일어남
○ **근대화**: 옛 봉건주의 사회에서 근대 사회로 변해 가는 과정

쟁점 1 아편 전쟁으로 문호가 개방되었다.
당시 중국에서 생산된 비단과 차, 도자기와 면포는 다른 나라에서도

인기가 많았다. 특히 영국은 청나라에서 엄청난 차와 도자기를 수입했기 때문에 은을 많이 지불해야 했다. 그 결과 영국은 무역 적자에 시달렸고, 이를 해결하기 위해 청나라에 아편을 수출했다. 이로 인해 영국의 동인도 회사는 엄청난 이득을 보았다. 이후 많은 청나라 사람이 아편에 중독되면서 상황이 역전되었다. 청나라 정부는 아편을 규제하기 위해 많은 양의 아편을 몰수하고 폐기했다. 이에 영국 상인들과 정부는 무력으로 대응하기로 결정했다. 제2차 아편 전쟁에서도 패배한 청나라는 톈진 조약과 베이징 조약을 통해 10개 항구의 추가 개방과 외국인의 자유로운 청나라 여행, 크리스트교 선교에 대한 조항을 약속했다. 영국의 신식 무기를 보고 놀란 청나라는 서양의 과학 기술을 받아들여 부국강병을 이루고자 양무운동을 추진했다. 이를 계기로 청나라는 근대화의 길에 한 발자국 다가가게 되었다.

쟁점 2 │ 태평천국 운동, 변법자강 운동으로 개혁하려 했다.

제1차 아편 전쟁에서 패배한 청나라는 불평등 조약인 난징 조약을 맺어 전쟁과 아편에 대한 배상금은 물론 홍콩까지 빼앗기게 되었다. 이 때문에 세금이 높아지고, 농민들의 생활은 더욱더 어려워졌다. 결국 불만이 쌓인 농민들은 각지에서 비밀 결사를 결성했다. 크리스트교를 전도하는 홍수전이 농민과 광부, 실업자 등과 함께 모두가 평등하게 잘 사는 세상을 외치며 태평천국 운동을 일으켰다. 이 운동에는 남녀평등과 토지 균등 분배, 악습 폐지, 세금 감면 등의 근대적인 개혁이 포함되었다. 이후 변법자강 운동에서도 중국의 옛 제도를 개혁하지 않고 기술만을 받아들이는 것에 대한 한계를 고발하며, 지식인을 중심으로 낡은

법 폐지와 제도 개혁으로 강해지자는 운동을 펼쳤다. 이처럼 청나라는 아편 전쟁 이후 큰 위기를 맞는 듯 보였지만, 여러 계층이 주도한 근대화 개혁 운동을 통해 위기를 기회로 바꾸는 계기를 맞이했다.

쟁점 3 중화민국이 탄생했다.

의화단 운동이 실패로 돌아가자, 청나라는 서양 열강의 꼭두각시가 되어 버렸다. 이때 등장한 쑨원은 쓰러져 가는 나라를 구해야겠다고 생각하고는 미국의 민주주의에 큰 영향을 받아 혁명 운동을 이끌었다. 그는 민족·민권·민생을 주장하며, 중국이 열강의 침략을 막기 위해서는 평등한 민주주의를 내세워야 한다고 강조했다. 이 운동은 중국 전역으로 퍼져 나가 각 성이 청나라 정부로부터 독립을 선언했다. 쑨원은 성공적인 개혁을 위해 강력한 군사와 군대를 양성하고 황푸 군관 학교도 설립했다. 결국 신해혁명에 성공한 쑨원과 혁명파는 1912년 쑨원을 임시 대총통으로 앉히고 중화민국을 건설했다. 아편 전쟁 이후 국민들이 일구어 낸 여러 근대화 개혁 운동과 쑨원의 리더십 덕분에 중화민국이 탄생할 수 있었다.

▋논의 배경

   1840년부터 시작된 제1차 아편 전쟁에서 영국이 승리를 거머쥐었다. 이로 인해 청나라는 불평등 조약인 난징 조약을 맺어 전쟁에 대한 상당한 배상금과 아편 배상금 그리고 홍콩까지 넘겨주게 되었다. 게다가 중국의 무역 중심지인 광저우와 상하이를 포함한 5개 항구를 강제로 열었다. 청나라는 영국에 이어 미국, 프랑스, 벨기에 등 서양 여러 나라와도 불평등한 조약을 맺었다. 외국인이 청나라에서 범죄를 저질러도 외국인의 나라에서 처벌받도록 하는 치외 법권도 인정할 수밖에 없었다. 이를 계기로 청나라는 서양 열강에 휘둘리게 되었고, 이는 열강이 중국을 침략하는 발판이 되었다. 이번 토론을 통해 중국은 아편 전쟁으로 근대화를 이루었는지 논의해 보고자 한다.

▋용어 정의

- ○ **아편 전쟁**: 영국의 아편 밀수입 문제를 두고 청나라와 영국 사이에 일어난 전쟁. 제1차 아편 전쟁은 1840년, 제2차 아편 전쟁은 1856년에 일어남
- ○ **근대화**: 옛 봉건주의 사회에서 근대 사회로 변해 가는 과정

쟁점 1   아편 전쟁은 역사상 가장 부도덕한 전쟁이다.

아편 전쟁이 일어나기 전, 청나라는 영국 못지않게 경제 강국이었

다. 특히 중국에서 생산되는 면포, 비단, 차, 도자기의 품질은 다른 나라에 비해 월등히 좋았다. 값싼 노동력으로 만들어졌기 때문에 수출에서도 훨씬 유리했다. 반면 영국은 면직물 생산이 뛰어난 나라였다. 하지만 영국은 많은 양의 차와 도자기 수입품 때문에 엄청난 무역 적자를 겪어야 했다. 결국 영국은 늘어나는 무역 적자를 해결하기 위해 중독성이 강한 아편을 청나라에 수출하기로 했다. 아편에 중독된 청나라 사람들로 인해 엄청난 양의 은이 외국으로 빠져나갔다. 영국 동인도 회사는 아편 밀무역으로 큰 이득을 얻게 되었다. 이처럼 아편 전쟁은 처음부터 영국의 이득만을 위한 것이었다.

쟁점 2 아편 전쟁으로 여러 차례 불평등한 조약을 맺었다.

두 차례의 아편 전쟁에서 패배한 청나라는 영국뿐만 아니라 서양의 여러 나라와도 불평등 조약을 맺었다. 제1차 아편 전쟁 이후 청나라는 영국과 난징 조약을 맺었다. 이 조약에는 청나라가 폐기한 1,400톤가량의 아편 배상금과 전쟁에 대한 배상금, 그리고 홍콩까지 넘겨준다는 내용이 담겨 있었다. 또한 광저우와 상하이를 포함한 5개의 항구를 개항하고 무역할 수 있도록 허락해 준다는 조항도 포함되어 있었다. 청나라는 미국, 프랑스, 벨기에 등과도 똑같은 조건으로 조약을 체결해야만 했다. 제2차 아편 전쟁에서도 패배한 청나라는 톈진 조약을 맺어 더 많은 나라에 강제로 항구를 개방하게 되었고, 주룽반도의 일부와 연해주까지 넘겨주어야 했다. 아편 전쟁 이후 청나라는 외교 관계에서 굴욕적인 '을'의 위치로 전락했고, 결국 서양 열강의 먹잇감이 되어 버렸다.

쟁점 3 **개혁이 잇따라 실패하자 청나라가 멸망했다.**

아편 전쟁 이후 청나라 정부에 불만이 많았던 국민들은 평등하게 잘 사는 세상을 위한 사회 운동을 펼쳐 나갔다. 하지만 태평천국 운동, 양무운동, 변법자강 운동, 신해혁명 모두 실패로 돌아가고 말았다. 우선 태평천국 운동은 청나라를 무너뜨리고 한족 국가를 세우고자 일어났지만, 지도층의 내부 분열과 영국·프랑스 연합군의 공격으로 인해 실패했다. 양무운동 또한 증국번, 이홍장 등 한족 관료를 중심으로 추진되었지만, 중앙 정부 관료들의 반대와 청일 전쟁의 패배로 인해 실패했다. 변법자강 운동은 서태후의 쿠데타로 인해 100일 만에 막을 내렸다. 이후 쑨원을 중심으로 한 신해혁명을 통해 중화민국을 건국하는 데 성공한 듯 보였다. 하지만 권한을 물려받은 위안스카이의 권력 욕심과 지방 군벌들의 세력 다툼 때문에 중국 내에 혼란만 가중시켰다. 이렇듯 중국은 아편 전쟁 이후 근대화 개혁을 꿈꾸었지만, 중국 내부의 세력 갈등으로 인해 그 뜻을 이루지 못했다.

18

메이지 유신

학습 목표

1. 일본의 근대화 과정을 설명할 수 있다.
2. 메이지 유신 이후 일본의 제국주의적 팽창 정책을 설명할 수 있다.
3. 메이지 유신의 역사적 의의에 대해 토론할 수 있다.

● 미일 화친 조약에 따른 개항장
● 미일 수호 통상 조약에 따른 개항장

하코다테

미일 화친 조약 체결
(1854년)

니가타

에도

조슈번

요코하마

고베 ● ● 오사카

시모다

미일 수호 통상 조약 체결
(1858년)

나가사키

사쓰마번

한눈에 알아보는 메이지 유신

원인	○ 개항 이후 막부의 권위 추락, 경제 악화 → 하급 무사들이 존왕양이 운동 전개
전개	○ 정치: 봉건제 폐지, 행정 구역 개편(에도의 이름을 도쿄로 고쳐 수도로 삼음), 입헌 군주제 도입 ○ 경제: 토지·조세 제도 개편, 상공업 육성, 은행과 공장 설립, 근대 공업 육성 ○ 사회: 신분제 폐지(사민평등 선언), 의무 교육(서양식) 도입 ○ 군사: 징병제 실시, 상비군 체제
결과	○ 자유 민권 운동 전개: 헌법 제정과 서양식 의회의 설립 주장 확산 → 정부 탄압 ○ 입헌 군주국 수립: 천황의 권한을 강조한 일본 제국 헌법(메이지 헌법) 발표(1889년)

자세히 알아보는 메이지 유신

거스를 수 없는 개항의 물결

　쇄국 정책을 펼쳐 왔던 에도 막부는 제한적이었지만 네덜란드만은 예외로 교역을 허용하고 있었다. 막부는 나가사키 항에 들어온 네덜란드 상인을 통해 난학이라는 서양의 학문만이 아니라 네덜란드가 수집한 세상의 소식을 전해 들었다. 그중 청나라가 서양 열강에 크게 패배했다는 소식은 그동안 쇄국 정책을 펼쳤던 막부의 정책에 약간의 변화를 가져다주었다. 서양의 배가 오면 대포를 쏘아 내쫓아 버렸던 그동안의 정책을 폐지하고, 일단 선박에 필요한 물자를 제공해 돌려보내기로 한 것이다.

　머지않아 미국의 페리 제독은 막부에 개항을 요구했다. 이미 청나라와 통상 조약을 맺은 미국은 중국과 원활히 무역하기 위해 중간 경유지로 일본이 필요하다고 생각했다. 일본 근해에서 향유고래를 잡을 때 필요한 선박 수리와 선원들의 휴식 공간을 위해서라도 일본과의 교역은 꼭 필요했다.

　이제는 더 이상 서양의 침략을 막기 힘들다고 생각한 막부

| 페리 제독이 이끄는 함대가 도착한 모습

는 1854년 미일 화친 조약, 1858년 미일 수호 통상 조약을 체결하면서 문호를 개방했다. 막부는 미국의 치외 법권을 인정했으며, 세금도 막부 마음대로 정할 수가 없었다. 이후에는 영국, 프랑스, 러시아, 네덜란드와도 비슷한 내용의 조약을 체결하고 항구를 열어 주었다.

불평등 조약으로 맺은 개항은 막부의 권위를 크게 추락시켰다. 서양에서 값싼 물건이 들어오면서 일본 사람들의 생활이 더 어려워졌다. 물가 또한 크게 오르자, 각 지역에서 농민들의 폭동이 계속되었다.

막부가 무너지고 메이지 정부가 들어서다

개항 이후 혼란한 상황 속에서 그간 중앙에서 소외받았던 조슈번과 사쓰마번의 하급 무사들은 존왕양이를 주장했다. 이들은 막부를 무너뜨리고 다시 천황을 중심으로 한 새로운 정부를 수립해 근대 국가를 만들

| 사쓰마번의 무사들

고자 했다. 1868년에 일어난 이 개혁 정책을 메이지 유신이라고 한다.

메이지 정부는 우선 에도를 일본의 수도로 삼고, 이름을 고쳐 도쿄라고 불렀다. 또 영주들이 차지했던 땅과 군대를 천황에게 모두 바치도록 했으며, 봉건제를 없애고 천황을 중심으로 한 중앙 집권 체제를 수립했다. 사회적으로는 신분제를 새롭게 도입해 국민의 93%가 평민이 될 수 있었다. 이를 통해 평민도 성씨를 가지게 되었고, 직업도 자유롭게 선

택할 수 있었다.

새 정부는 조세 제도와 토지 제도도 개혁했다. 세금은 쌀 대신 돈으로 걷어 나라 경제를 안정적으로 꾸려 나갔다. 또 땅 주인에게 지권을 나누어 주어 땅 주인이 마음대로 사고팔 수 있게 해 주었다. 이 때문에 국가의 세금이 늘어나게 되었다. 정부는 이렇게 거두어들인 세금으로 공장을 세우고 산업을 육성시켰다.

메이지 정부, 모든 것을 서양식으로 바꾸다

일본 정부는 산업화를 위해 사활을 걸었다. 산업화를 이루어야만 서양과의 관계가 대등해져 불평등 조약을 개정할 수 있다고 믿었기 때문이다. 1871년 정부는 미국과 유럽 등지에 이와쿠라 도모미 등 약 40명의 이와쿠라 사절단을 파견했다. 사절단은 발전된 서양의 모습을 체험한 후 구체적인 보고서를 작성해 정부의 중요 부서에 전달했다.

정부는 사절단이 건의한 내용을 토대로 일본을 머리부터 발끝까지 모두 서양식으로 바꾸기로 했다. 그러기 위해서는 교육이 가장 중요했다. 정부는 국민을 계몽하기 위해 서양 세력에 먹히지 않으려면 교육을 통해 힘을 길러야 한다고 했다. 나아가 근대화를 먼저 완수한 일본이 앞장서서 아시아를 식민지로 만들어야 한다고 강조했다. 그 결과 6세 이상의 모든 어린이가 소학교에 입학해 서양식 교육을 받게 되었다.

일본의 여러 도시는 점점 유럽식으로 변했다. 가스등이 도쿄의 거리를 밝혔고, 건물은 벽돌로 지어졌다. 거리에는 인력거와 기차, 마차가 돌아다녔고, 양복을 입은 사람도 자주 눈에 띄었다. 또 천황이 먼저 상

| 서양화된 일본의 모습

투를 자르면서 전국에 단발령이 내려졌다.

식생활에도 새로운 변화가 생겨났다. 정부는 서양 사람들처럼 체격이 커지기 위해 고기와 우유 등 서구식 식습관으로 바꾸라고 권장했다. 육류가 생소했던 일본 사람들이 고기에 대한 거부감을 가지지 않도록 돼지고기에 빵가루에 입혀 튀긴 돈가스가 만들어졌다. 고로케와 카레라이스, 쇠고기전골도 탄생했다.

인권과 자유, 평등을 중요시하는 서구의 정치사상에 영향을 받은 사람들은 자유 민권 운동을 일으켰다. 이들의 의견을 일부 받아들인 정부는 메이지 헌법이라고도 불리는 일본 제국 헌법을 공포하고 의회를 설립하는 등 입헌 군주국의 모습을 갖추었다. 메이지 헌법에는 천황은 신성불가침의 존재이며 군대 지휘, 계엄 선포 등 막강한 권한을 행사할 수 있도록 명문화했다. 또한 의회와 재판소 설치, 국민의 신체와 종교의 자유도 보장했다. 일본의 전통 종교인 신도를 사실상 국교로 삼아 신사를 세우기도 했다. 이처럼 메이지 시대에는 천황 중심, 국가 중심의 사고가 깊이 자리 잡게 되었다.

정부는 근대 산업을 육성하기 위해 각지에 공장을 세워 자본주의 발전의 기초를 닦았다. 일본 전역에 철도를 부설하자, 빨라진 교통로를 통해 대도시가 급속도로 성장했다. 또한 정부는 국방력 강화를 위해 각종 무기를 만드는 군수 산업을 적극적으로 키워 나갔으며, 무사의 특권을 없애고 징병제를 실시했다.

　조세 제도의 개혁 과정에서 세금 부담이 커지자, 이에 불만을 품은 농민들은 각지에서 폭동을 일으켰다. 신분 제도의 개혁으로 그동안의 특권을 상실한 무사들도 여러 번 반란을 일으켰다. 정부 대신들은 이들의 불만을 해소할 수 있는 방안으로 조선을 침략하자는 정한론을 제기했다. 요시다 쇼인은 정한론을 넘어 아시아 국가들까지 침략해야 한다고 주장했다.

　학교를 세운 요시다 쇼인의 제자 중에는 이토 히로부미, 다카스기 신사쿠 등이 있다. 가장 앞장서서 일본 근대화를 추진한 이들은 영토 확장과 대외 침략에 힘을 쏟았다. 먼저 북쪽으로 홋카이도를 개척하면서 아이누족을 몰아내고 대신 일본인을 이주시켰다. 남쪽으로는 섬나라 왕국 류큐를 점령해 일본 영토로 흡수하고 오키나와현을 설치했다. 또한 의도적으로 운요호 사건을 일으켜 조선과 강화도 조약을 맺었다. 강화도 조약에는 치외 법권, 조선 연안 측량권, 자유로운 미곡 수출 등 불평등한 조항이 많았다.

| 이와쿠라 사절단(오른쪽에서 두 번째가 이토 히로부미)

생각을 부르는 질문, 하브루타

1	에도 막부 시대는 왜 흔들리게 되었나요?
2	아편 전쟁은 일본에 어떤 영향을 미쳤나요?
3	일본은 어떻게 개항하게 되었나요?
4	메이지 유신에 대해 설명해 보세요.
5	메이지 유신으로 이루어진 천황 중심의 입헌 군주제는 무엇인가요?
6	메이지 유신으로 들어선 신정부는 중앙 집권화를 위해 어떤 정책을 펼쳤나요?
7	신정부는 재정 안정을 위해 어떤 정책을 펼쳤나요?
8	신정부가 신도를 국교로 삼은 이유는 무엇인가요?
9	메이지 유신 때 교육은 어땠나요?
10	메이지 유신으로 무사들은 어떻게 되었나요?
11	
12	
13	
14	
15	

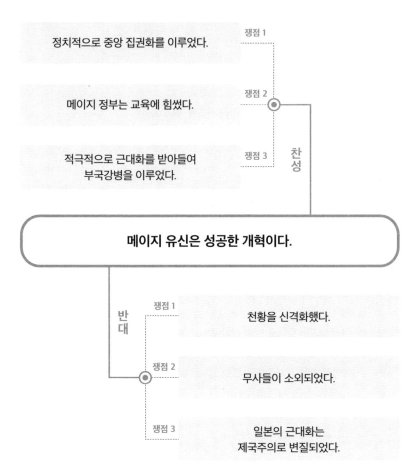

쟁점과 토론 논제

정치적으로 중앙 집권화를 이루었다.	쟁점 1
메이지 정부는 교육에 힘썼다.	쟁점 2
적극적으로 근대화를 받아들여 부국강병을 이루었다.	쟁점 3

찬성

메이지 유신은 성공한 개혁이다.

반대

쟁점 1	천황을 신격화했다.
쟁점 2	무사들이 소외되었다.
쟁점 3	일본의 근대화는 제국주의로 변질되었다.

추가 토론 논제

1. 미일 화친 조약은 일본에 유리한 조약이다.
2. 메이지 정부의 정책은 바람직하다.
3. 일본은 메이지 유신으로 더 발전하게 되었다.

논제	메이지 유신은 성공한 개혁이다.	
용어 정의	○ **메이지 유신**: 에도 막부를 무너뜨리고 천황 중심의 새 정부를 들어서게 한 근대화 개혁 과정 ○ **개혁**: 사회의 제도나 기구를 새롭게 뜯어고침	
	찬성	반대
쟁점 1	정치적으로 중앙 집권화를 이루 었다.	천황을 신격화했다.
근거	미국의 페리 제독이 개항을 요구 하자, 막부는 불평등한 미일 화친 조약과 미일 수호 통상 조약을 맺 고 개항했다. 이때 일본 중앙 정 치에서 소외되었던 하급 무사들 이 존왕양이 운동을 벌여 천황 중 심의 새로운 일본 정부를 세웠다. 메이지 정부는 도쿄를 수도로 삼 고 중앙 집권 체제를 수립해 의 회를 설립했다. 또 국민들의 정치 보장을 위한 일본 제국 헌법을 공 포했다.	1889년에 발표된 일본 제국 헌법은 천황을 신격화했다. 천황 신격화에 대한 내용은 메이지 정부와 소수의 국민 위주로 합의된 것이었다. 일본 천황은 육군과 해군의 통수권을 가 지게 되었고, 국회와 내각의 간섭과 견제를 받지 않았다. 또 전쟁이나 국 회 해산, 중요한 국가 기밀은 천황의 독자적인 의사 결정으로 이루어졌 다. 정부는 신사를 세워 천황에 대한 애국심을 고취시켰다.

쟁점 2	메이지 정부는 교육에 힘썼다.	무사들이 소외되었다.
근거	메이지 정부는 서양의 교육 시스템을 철저히 따랐다. 우선 미국과 유럽 등에 사절단과 유학생을 파견했다. 6세 이상 남녀 모두가 소학교에 입학할 수 있었고, 1900년대에 들어서는 의무 교육 덕분에 취학률이 90%를 넘었다. 또 대학교와 여성을 위한 교육 시설이 설립되면서 여성의 사회 활동이 활발해지기 시작했다.	메이지 정부가 들어서자, 무사들의 불만이 커졌다. 실업자가 된 무사들은 경제적인 어려움을 겪었고, 징병제가 도입되면서 무사 계급들만 전쟁에 참여할 수 있었던 권리마저 빼앗겼다. 무사들은 메이지 9년인 1876년에 발표된 폐도령으로 인해 칼을 차고 다닐 수 없게 되었다. 무사들의 불만이 점점 쌓인 결과 세이난 전쟁이 일어났다.
쟁점 3	적극적으로 근대화를 받아들여 부국강병을 이루었다.	일본의 근대화는 제국주의로 변질되었다.
근거	메이지 정부가 신분제를 폐지하자, 인구의 93%가 평민의 신분이 되었다. 정부는 세금을 쌀 대신 돈으로 걷었으며, 토지 주인으로부터는 지권에 기록되어 있는 땅값을 기준으로 세금을 거두었다. 또한 징병제를 실시해 군사 무기를 포함한 군수 산업을 크게 확장해 나갔다. 일본 각지에 공장을 세워 일자리를 늘렸으며, 철도 건설로 교통로가 확보되었고 대도시가 설계되었다.	메이지 정부는 머리부터 발끝까지 모두 서양식으로 바꾸기로 했다. 서양식 교육이 시행되었고, 도시 풍경도 유럽식으로 변해 갔다. 인력거와 기차, 마차가 돌아다니고 양복을 입은 사람들도 보였다. 또한 정부는 서구식 식습관을 권장했다. 더 나아가 정한론을 제기해 1875년 조선 침략에 나섰다. 이후 청일 전쟁에서 승리하면서 동아시아의 여러 나라를 식민지로 만들었다.

찬성 측 입론서

▌논의 배경

  1842년 아편 전쟁에서 청나라가 영국에 크게 패배했다. 이 소식을 접한 에도 막부는 외국 선박의 접근과 쇄국 정책에 대한 입장을 바꾸려는 움직임을 보였다. 그러던 중 미국의 페리 제독이 함대를 이끌고 일본으로 와 무력시위를 벌이면서 개항을 요구하는 사건이 벌어졌다. 아편 전쟁과 같은 충돌을 피하고 싶었던 일본은 1854년 불평등 조약인 미일 화친 조약을 맺고 개항했다. 이후 새롭게 들어선 메이지 정부는 대대적인 개혁을 통해 낡은 체제와 제도를 중앙 집권 체제로 바꾸고, 새로운 근대 국가를 만들고자 했다. 이번 토론을 통해 메이지 유신은 성공한 개혁이었는지 논의해 보고자 한다.

▌용어 정의

  ○ **메이지 유신:** 에도 막부를 무너뜨리고 천황 중심의 새 정부를 들어서게 한 근대화 개혁 과정
  ○ **개혁:** 사회의 제도나 기구를 새롭게 뜯어고침

쟁점 1 **정치적으로 중앙 집권화를 이루었다.**

  에도 막부 시대에는 봉건 체제를 중심으로 나라가 운영되었기 때문에 영주들은 천황의 직접적인 개입 없이 각자 맡은 영지를 다스릴 수 있었다. 그러던 중 미국의 페리 제독이 군함을 이끌고 일본으로 와 개

항을 요구하며 무력시위를 벌이자, 이를 막기 어려웠던 막부는 불평등한 미일 화친 조약과 미일 수호 통상 조약을 맺고 개항했다. 이로 인해 국내외 수출과 대외 활동에 큰 경제적 타격을 입게 되었다. 이때 일본 중앙 정치에서 소외되었던 하급 무사들이 외세 배격 운동인 존왕양이를 벌여 에도 막부를 폐지하고, 천황 중심인 새로운 일본 정부를 세웠다. 이렇게 해서 탄생한 메이지 정부는 에도의 이름을 도쿄로 바꾼 후 수도로 삼았으며, 봉건적 신분제를 폐지하고 중앙 집권 체제를 수립했다. 이후 메이지 정부는 탄탄한 중앙 집권의 틀을 갖추기 위해 의회를 설립하고, 동아시아 최초로 국민들의 정치 보장을 위한 일본 제국 헌법을 공포했다.

쟁점 2 메이지 정부는 교육에 힘썼다.

메이지 정부는 개항 이후 강력해진 서양 열강에 맞서기 위해서는 서양의 교육 시스템을 철저히 따르는 것이 중요하다고 생각했다. 그래서 미국과 유럽 등에 유학생과 사절단을 파견했다. 또 1872년에 실시된 교육 제도로 6세 이상 남녀 모두가 소학교에 입학할 수 있었다. 1900년대에 들어서는 의무 교육 때문에 취학률이 90%를 넘었다. 많은 대학교와 여성을 위한 교육 시설이 설립되면서 여성의 사회 활동이 활발해지기 시작했다. 이러한 대목은 메이지 시대 최고의 사상가이자 교육자인 후쿠자와 유키치의 국민 계몽 업적에서 찾아볼 수 있다. 그는 서양 열강에 굴복하는 식민지가 되지 않으려면 학문과 교육에 매진해 열강에 맞서야 한다고 강조했다. 이에 맞춰 메이지 정부도 일본의 근대화 목적을 달성하기 위해 교육을 통한 시민 의식 개선에 힘쓴 것이다.

적극적으로 근대화를 받아들여 부국강병을 이루었다.

메이지 정부는 부국강병과 근대화를 추진하기 위해 신분제를 폐지하는 정책을 실시했다. 그 결과 93%에 달하는 사람들이 평민의 신분이 되었고, 자유롭고 다양하게 직업을 선택할 수 있었다. 이로 인해 공장이나 광산 노동자가 증가해 경제 활동과 생산력이 크게 향상되었다. 정부는 토지 제도와 조세 제도도 개혁했다. 세금을 쌀 대신 돈으로 걷는 시스템을 통해 나라의 재정이 안정되었다. 토지 주인으로부터는 지권에 기록되어 있는 땅값을 기준으로 세금을 거두었다. 또한 국방력 강화를 위한 징병제를 실시하고, 군사 무기를 포함한 군수 산업을 크게 확장해 나갔다. 더 나아가 일본 각지에 공장을 설립해 상품을 가공하고 생산력을 높여 일자리를 제공했다. 또 일본 전역에 철도를 건설해 대규모 교통로를 확보하고 대도시를 계획할 수 있었다.

▌**논의 배경**

에도 막부는 쇄국 정책을 고수했지만, 네덜란드 선박은 예외로 허용하고 있었다. 막부는 네덜란드 선박이 보낸 문서를 통해 세계의 정세와 소식을 전해 들었다. 그중에는 청나라가 서양 열강과 싸워 패배했다는 소식과 미국 페리 제독이 내항할 것이라는 소식이 있었다. 에도 막부는 더 이상 서양 열강의 침입을 막기 힘들다고 생각했고, 결국 미일 화친 조약과 미일 수호 통상 조약을 체결하고 개항했다. 하지만 불평등 조약으로 인해 막부의 권위와 민심이 크게 흔들리기 시작했다. 이에 메이지 정부는 천황 중심의 중앙 집권 체제를 수립했다. 이번 토론을 통해 메이지 유신은 성공한 개혁이었는지 논의해 보고자 한다.

▌**용어 정의**

○ **메이지 유신**: 에도 막부를 무너뜨리고 천황 중심의 새 정부를 들어서게 한 근대화 개혁 과정
○ **개혁**: 사회의 제도나 기구를 새롭게 뜯어고침

쟁점 1 **천황을 신격화했다.**

19세기 후반 에도 막부 시대가 끝난 후 등장한 메이지 천황은 1867년에 즉위해 메이지 유신 시대를 열었다. 1889년에 발표된 일본 제국 헌법은 천황은 신성해 범할 수 없다는 내용을 담아 천황을 신격화했다.

하지만 이러한 규정은 모든 국민의 의견을 바탕으로 결정된 것이 아니었다. 당시에는 일정 금액 이상의 세금을 내는 국민에게만 투표할 수 있는 자격이 주어졌기 때문에 천황 신격화에 대한 내용은 오로지 메이지 정부와 소수의 국민 위주로 합의된 것이었다. 이뿐만 아니라 일본 천황이 육군과 해군의 통수권을 가지게 되면서 국회와 내각의 간섭과 견제를 전혀 받지 않게 되었다. 이렇듯 일본 내에서 벌어지는 전쟁이나 국회 해산, 그리고 중요한 국가 기밀은 천황의 독자적인 의사 결정으로 이루어질 정도로 천황의 위치는 신과 같았다. 아울러 메이지 정부는 천황의 신격화 강화와 천황에 대한 애국심과 충성심을 강요하기 위해 신사를 세웠다. 이렇듯 메이지 정부는 일본 국민의 기본권마저 제한했기 때문에 근대화의 모습을 갖추었다고 보기는 어렵다.

쟁점 2 무사들이 소외되었다.

메이지 정부는 개혁을 위해 많은 변화를 일으켰다. 하지만 모든 국민이 그러한 변화를 지지했던 것은 아니었다. 메이지 정부가 학교 건립에 드는 비용을 주민들에게 떠넘기면서 국민들의 반발이 거세졌다. 특히 무사들의 불만이 가장 컸다. 본래 무사들은 조슈번과 사쓰마번의 영주 밑에서 관리로 일하면서 생계를 꾸려 나갔다. 하지만 에도 막부 말기부터 경제 위기가 반복되면서 무사들의 삶도 어려워졌고, 결국 막부와 번이 물러나면서 실업자가 된 무사들이 늘어났다. 게다가 징병제가 도입되면서 무사 계급들만 전쟁에 참여할 수 있었던 권리마저 빼앗기자 자존심까지 무너져 버렸다. 심지어 무사들은 메이지 9년인 1876년에 발표된 폐도령으로 인해 칼을 차고 다닐 수 없게 되었다. 무사들의 불만이 점점 쌓인 결과 세이난 전쟁이 일어났다. 하지만 무사들은 메이지 정부의 신무기와 체계화된 전술을 이기지 못하고 패배했다. 이후 무사들은 일본 사회에서 사라지게 되었다.

쟁점 3 일본의 근대화는 제국주의로 변질되었다.

메이지 정부는 서양 문물을 적극적으로 수용해 부국강병을 이루는 것을 목표로 중앙 집권적인 개혁을 펼쳐 나갔다. 머리부터 발끝까지 모두 서양식으로 바꾸기 시작한 것이다. 정부는 국민 계몽을 위해 서양식 교육을 받아들였고, 일본의 도시 풍경도 점점 유럽식으로 변해 갔다. 도시에는 인력거와 기차, 마차가 돌아다니고 양복을 입은 신사들도 보였다. 정부는 서양 사람들처럼 체격을 키우기 위해 서구식 식습관을 권장했다. 또한 무사들의 불만을 잠재우기 위해 조선을 침략하자는 정한론을 제기했다. 일본은 1875년 조선 침략에 나섰고, 청일 전쟁에서 승리하면서 동아시아의 여러 나라를 식민지로 만들었다. 이러한 의미에서 보면 일본의 근대화는 제국주의로 변질되었다고 할 수 있다.

19

제1차 세계 대전

학습 목표

1. 제1차 세계 대전의 발발 배경을 이해할 수 있다.
2. 제1차 세계 대전의 원인에 대해 토론할 수 있다.
3. 제1차 세계 대전의 전개 양상을 설명할 수 있다.

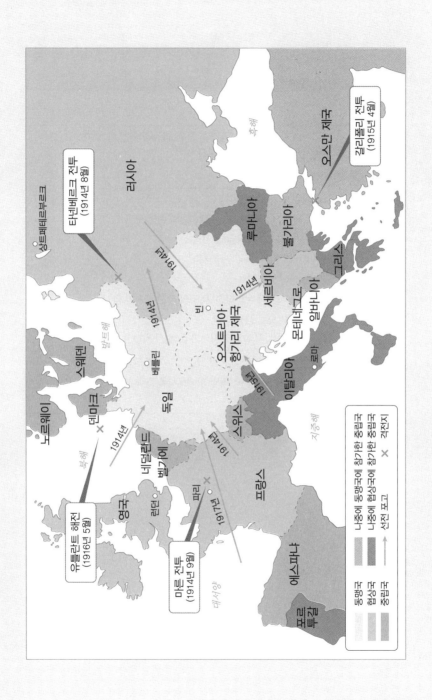

타넨베르크 전투
(1914년 8월)

상트페테르부르크

러시아

갈리폴리 전투
(1915년 4월)

오스만 제국

흑해

루마니아

불가리아

그리스

1914년

1914년

세르비아

몬테네그로

알바니아

오스트리아·헝가리 제국

빈

스웨덴

발트해

노르웨이

덴마크

1914년

북해

베를린

독일

스위스

1914년

로마

이탈리아

1915년

지중해

유틀란트 해전
(1916년 5월)

영국

네덜란드

벨기에

런던

파리

1917년

프랑스

마른 전투
(1914년 9월)

대서양

에스파냐

포르투갈

동맹국
협상국
중립국

나중에 동맹국에 참가한 중립국
나중에 협상국에 참가한 중립국
선전 포고
작전지

동맹국
협상국
중립국

배경	o 제국주의 국가 간 마찰: 플라시 전투, 파쇼다 사건 등
	o 범슬라브주의 vs 범게르만주의
	o 3국 동맹 vs 3국 협상
전개	o 사라예보 사건(1914년)
	o 오스트리아·헝가리 제국, 세르비아에 선전 포고
	o 마른 전투, 솜 전투: 독일 vs 프랑스
	o 타넨베르크 전투: 독일 vs 러시아
	o 영국의 해상 봉쇄령
	o 독일의 무제한 잠수함 작전: 미국의 참전 계기가 됨
	o 러시아, 혁명으로 전쟁 이탈
	o 독일, 새로 수립된 공화국 정부가 항복 선언(1918년)
결과	o 파리 강화 회의: 미국 대통령 윌슨이 14개조 평화 원칙 제안
	o 베르사유 체제: 연합국, 독일과 베르사유 조약 체결
	o 국제 연맹 창설

자세히 알아보는 제1차 세계 대전

유럽 열강의 대립이 시작되다

19세기 후반부터 제국주의 열강 간에 식민지 쟁탈전이 벌어졌다. 독일의 통일을 이끌었던 비스마르크는 프랑스를 국제 사회에서 고립시키기 위해 1882년 이탈리아, 오스트리아·헝가리 제국과 3국 동맹을 맺었다. 독일은 3국 동맹을 통해 유럽 국가의 균형을 유지함으로써 국제적인 지위를 보호받고자 했다. 하지만 의견이 달랐던 황제 빌헬름 2세는 비스마르크를 수상직에서 해임해 버렸다. 빌헬름 2세는 영국과 맞설 수 있는 해군력을 키우고 세계로 세력을 확장하기 위해 베를린, 비잔티움, 바그다드를 연결하는 철도를 만들기로 했다. 이를 3B 정책이라고 한다.

독일의 3B 정책은 콜카타, 카이로, 케이프타운을 연결하려는 영국의 3C 정책과 충돌했다. 1907년 영국, 프랑스, 러시아는 독일에 맞서 3국 협상을 맺었다. 두 동맹 간의 대립은 모로코 사건을 둘러싸고 프랑스와 독일이 충돌하면서 긴장 상태에 빠졌다.

| 모로코 사건을 둘러싼 프랑스와 독일의 긴장 상태를 풍자한 만화

유럽의 화약고, 발칸반도

독일과 영국의 군사적 대립과 함께 3국 협상과 3국 동맹 간에 벌어진 국제 분쟁은 '유럽의 화약고' 발칸반도에서 일어났다. 이곳에 사는 슬라브인과 게르만인은 오스만 제국의 지배를 받고 있었다. 19세기에 오스만 제국의 힘이 약해지자, 슬라브인은 독립 운동을 펼쳤다. 유럽 열강이 끼어들자, 러시아를 중심으로 한 범슬라브주의와 오스트리아·헝가리 제국을 중심으로 한 범게르만주의 간의 대립이 심화되어 전쟁의 기운이 감돌았다.

이런 가운데 오스트리아·헝가리 제국이 보스니아와 헤르체고비나를 강제로 합병하자, 세르비아의 불만이 커졌다. 보스니아를 차지하려던 세르비아는 러시아의 지원을 약속받고 그리스, 불가리아, 몬테네그로와 함께 발칸 동맹을 맺어 전쟁에서 승리를 거두었다. 하지만 영토 분배 문제로 발칸 동맹국 간에 다시. 전쟁이 벌어졌다. 이후 세르비아는 알바니아와 몬테네그로를 합병해 영토를 확대하려 했지만, 오스트리아·헝가리 제국이 알바니아를 독립국으로 인정하면서 실패하고 말았다. 이로 인해 사라예보 사건이 일어났다.

| 사라예보 사건

1914년 6월 28일 오스트리

아·헝가리 제국의 황태자 부부가 보스니아의 중심 도시인 사라예보를 방문했다. 황태자 부부는 시내를 지나가다가 세르비아계 민족 운동 단체인 '검은 손'에 소속된 한 청년이 쏜 총에 맞아 그 자리에서 사망했다. 이것이 사라예보 사건이다.

이를 빌미로 오스트리아·헝가리 제국은 독일의 지원을 믿고 세르비아에 전쟁을 선포했다. 그러자 같은 슬라브족인 러시아가 세르비아를 지지하면서 제1차 세계 대전이 시작되었다.

제1차 세계 대전이 발발하다

전쟁이 시작되자, 이탈리아는 연합국(협상국) 편에 섰고 불가리아와 오스만 제국은 동맹국 편에 섰다. 이외에도 오세아니아와 아시아 등지의 여러 나라가 참전하면서 세계 전쟁으로 확대되었다. 전쟁을 선포한 황제들

| 제1차 세계 대전 중 독일군의 모습

과 장교들은 전쟁이 빨리 끝날 것이라고 호언장담했다. 이 말에 애국심이 고취된 유럽 전역의 수많은 젊은이가 전쟁터로 떠났다. 하지만 앞으로 현대식 무기가 가져올 대량 살생은 꿈에도 생각하지 못했다.

전쟁 초반에 독일군은 빠르게 서쪽으로 진격했지만 프랑스군에게 막혔다. 연합군과 독일군이 싸운 서부 전선은 제1차 세계 대전에서 가장

치열한 전투 중 하나였다. 영국군의 지원을 받은 프랑스군이 마른 전투와 솜 전투에서 승리하면서 양측은 장기전에 돌입했다.

이들은 구덩이를 깊게 파서 참호를 만들고 가시철조망을 깔아 대치했다. 참호 안은 쥐와 온갖 벌레가 득실거려 전염병이 쉽게 퍼졌다. 주로 쥐들이 전염병을 옮겼고, 병사들이 먹을 음식을 오염시켰다. 이뿐만 아니라 오래도록 습한 곳에서 군화를 신고 있었던 병사들은 참호족이라는 질병에도 많이 걸렸다. 이러한 상황은 많은 병사의 생명을 앗아갔다.

유럽의 과학자들은 인명 피해를 줄이고 참호를 점령하기 위해 탱크와 전투기 등 신무기를 발명했다. 특히 기관총과 대포는 제1차 세계 대전 때 젊은 병사들을 죽게 한 가장 큰 원인이었다. 또한 잠수함, 독가스, 항공기 등의 새로운 무기로 인해 인명 피해는 물론 막대한 재산 피해를 남겼다.

동부 전선에서는 러시아가 독일의 공격을 받아 큰 피해를 입었다. 당시 러시아에서는 전쟁으로 인한 지속적인 경제난으로 러시아 혁명이 일어나 세계 최초의 사회주의 국가인 소비에트 정부가 수립되었다. 이후 소련은 독일과 단독 강화 조약을 맺어 전선에서 빠져나왔다.

한편 영국이 독일로 가는 물자를 통제하기 위해 해상을 봉쇄하자 독일은 무제한 잠수함 작전을 펼쳤다. 1915년 독일의 잠수함이 영국과 미국을 오가던 여객선 루시타니아호를 침몰시켰다. 이 사건으로 많은 미국인이 사망하자, 미국 내에서 독일에 복수해야 한다는 여론이 높아졌다. 1917년 미국이 독일에 선전 포고를 하고 연합국 편으로 참전하면서 연합국은 전쟁에서 유리한 위치를 차지하게 되었다.

1918년 독일이 프랑스 공격에 실패하자, 힘을 잃은 독일의 동맹국이 차례로 항복하기 시작했다. 결국 킬 군항에서 수병들이 명령을 거부하고 반란을 일으키자, 빌헬름 2세는 네덜란드로 망명했다. 이후에 들어선 독일의 공화국 정부는 연합국 측과 휴전 조약을 체결했다. 이로써 1918년 제1차 세계 대전은 끝이 났다.

베르사유 조약이 체결되다

제1차 세계 대전이 끝난 후 전후 문제 처리 등을 위해 1919년 파리 강화 회의가 열렸다. 이 회의에서는 미국 대통령 윌슨이 내세운 14개조 평화 원칙이 주목을 받았다. 이 원칙에는 '식민 지배를 받고 있는 민족은 그 민족이 알아서 하도록 지원하고 다른 나라는 간섭하지 않는다'는 민족 자결주의가 포함되어 있었다. 하지만 이 원칙은 패전국의 일부 식민지에만 적용되었다.

| 미국 대통령 윌슨

독일과 연합국이 체결한 베르사유 조약은 독일에 대한 보복적 성격이 강했다. 연합국은 전쟁의 책임이 독일에 있다는 것을 못 박았으며, 독일의 군비를 축소해 다시는 전쟁을 벌이지 못하도록 했다. 이에 따라 독일은 해외 식민지를 모두 잃었으며, 막대한 전쟁 배상금까지 지불해야 했다.

1	당시 독일의 상황은 어땠나요?
2	3국 동맹과 3국 협상은 각각 어떤 나라로 결성되었나요?
3	사라예보 사건에 대해 설명해 보세요.
4	동맹국과 협상국이 전쟁에 합류하게 된 이유는 무엇인가요?
5	제1차 세계 대전의 전개 과정을 설명해 보세요.
6	독일의 무제한 잠수함 작전은 무엇인가요?
7	미국이 참전하게 된 이유는 무엇인가요?
8	파리 강화 회의 이후 연합국이 독일과 맺은 조약은 무엇인가요?
9	윌슨이 제창한 14개조 평화 원칙의 핵심 내용을 설명해 보세요.
10	제1차 세계 대전으로 각국이 입은 피해 상황과 전쟁 결과에 대해 설명해 보세요.
11	
12	
13	
14	
15	

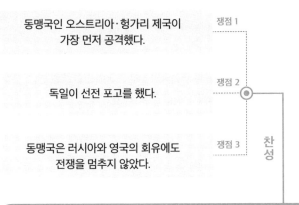

동맹국인 오스트리아·헝가리 제국이
가장 먼저 공격했다.

쟁점 1

독일이 선전 포고를 했다.

쟁점 2

동맹국은 러시아와 영국의 회유에도
전쟁을 멈추지 않았다.

쟁점 3

찬성

제1차 세계 대전은 동맹국 때문에 일어났다.

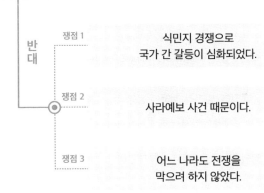

반대

쟁점 1

식민지 경쟁으로
국가 간 갈등이 심화되었다.

쟁점 2

사라예보 사건 때문이다.

쟁점 3

어느 나라도 전쟁을
막으려 하지 않았다.

추가 토론 논제

1. 제1차 세계 대전은 독일 때문에 벌어졌다.
2. 제1차 세계 대전에서 사용된 신무기 개발은 바람직하다.
3. 제1차 세계 대전에서 가장 치열했던 전투는 서부 전선이다.

토론 요약서

논제	제1차 세계 대전은 동맹국 때문에 일어났다.
용어 정의	○ **제1차 세계 대전:** 1914년부터 1918년까지 벌어졌던 세계적 규모의 전쟁 ○ **동맹국:** 제1차 세계 대전 때 연합국의 반대 진영에 섰던 국가 연합. 오스트리아·헝가리 제국, 독일, 오스만 제국, 불가리아를 말함

	찬성	반대
쟁점 1	동맹국인 오스트리아·헝가리 제국이 가장 먼저 공격했다.	식민지 경쟁으로 국가 간 갈등이 심화되었다.
근거	오스트리아·헝가리 제국은 사라예보 사건 이후 세르비아에 최후통첩을 내놓았다. 오스트리아·헝가리 제국은 동맹국 독일로부터 전쟁이 일어나면 지원해 줄 것을 약속받았다. 세르비아가 최후통첩의 요구 조건들을 거부하자, 오스트리아·헝가리 제국은 동맹국의 지원을 믿고 병력을 동원하기 시작했다. 오스트리아·헝가리 제국의 공격으로 제1차 세계 대전이 시작되었다.	산업 혁명으로 자본주의가 발달하자, 유럽 열강은 식민지를 건설했다. 영국은 콜카타, 카이로, 케이프타운을 연결하는 3C 정책을 추진했고, 독일은 이에 맞서는 3B 정책으로 베를린, 비잔티움, 바그다드를 잇고자 했다. 발칸반도는 여러 유럽 열강의 이해관계가 얽혀 있었기 때문에 화약고와 같았다. 결국 식민지 경쟁을 하던 제국주의 국가들은 제1차 세계 대전 발발의 직접적인 원인이 되었다.

쟁점 2	독일이 선전 포고를 했다.	사라예보 사건 때문이다.
근거	오스트리아·헝가리 제국이 세르비아에 선전 포고한 뒤 독일은 러시아에 대응해 군대 동원령을 내렸다. 그러자 러시아도 총동원령을 내릴 수밖에 없었다. 독일은 더 나아가 프랑스에도 러시아가 동맹국을 상대로 전쟁 계획을 중지하지 않는다면 동원령을 내리겠다는 최후통첩을 보냈다. 프랑스가 이를 거부하자, 독일은 총동원령을 내리고 벨기에를 침공해 프랑스를 자극했다.	1914년 6월 28일 사라예보 사건이 일어났다. 오스트리아·헝가리 제국은 이 사건에 세르비아 정부가 관련되어 있다고 확신하고 최후의 통첩을 보냈다. 하지만 세르비아가 답변을 내놓지 않자, 오스트리아·헝가리 제국은 전쟁을 선포하고 본격적으로 세르비아를 공격하기 위해 군사를 소집했다. 이에 러시아가 오스트리아·헝가리 제국을 견제하기 위해 총동원령을 내렸다. 이로써 제1차 세계 대전이 시작되었다.
쟁점 3	동맹국은 러시아와 영국의 회유에도 전쟁을 멈추지 않았다.	어느 나라도 전쟁을 막으려 하지 않았다.
근거	세르비아가 오스트리아·헝가리 제국이 보낸 최후통첩의 요구 조건을 거부하자, 오스트리아·헝가리 제국은 세르비아를 공격했다. 같은 슬라브족인 세르비아를 저버릴 수 없었던 러시아 황제 니콜라이 2세는 유럽에서 전쟁이 벌어지는 것을 막기 위해 독일 황제 빌헬름 2세에게 전보를 보냈다. 영국의 왕 조지 5세 역시 사촌인 러시아 황제 니콜라이 2세에게 전쟁을 막아야 한다고 강조했지만, 동맹국은 전쟁을 멈추지 않았다.	전쟁이 일어나면 서로 지원하기로 약속한 독일, 오스트리아·헝가리 제국, 이탈리아는 3국 동맹을 맺었다. 프랑스, 러시아, 영국도 3국 협상을 체결했다. 오스트리아·헝가리 제국의 전쟁 위협에 러시아가 총동원령을 내리자, 독일과 프랑스도 총동원령을 내렸다. 유럽 열강은 군대를 동원해 언제든지 전쟁을 시작할 수 있다고 생각했지만, 어느 나라도 전쟁을 막으려고 시도하지 않았다. 그 결과 전쟁이 장기화되었고, 무고한 사람들이 희생되었다.

찬성 측 입론서

▌논의 배경

제1차 세계 대전은 사라예보 사건을 계기로 1914년 오스트리아·헝가리 제국이 세르비아에 선전 포고를 하면서 시작되었다. 이 전쟁은 규모가 엄청나게 컸기 때문에 대전이라고 불렸다. 여러 나라가 참전한 제1차 세계 대전은 수많은 사람의 목숨을 앗아 갔다. 이 전쟁에서는 장거리포, 속사 기관총, 탱크, 독가스, 화염 방사기 등 현대식 무기가 사용되었고, 이는 대량 살상을 몰고 왔다. 이번 토론을 통해 제1차 세계 대전은 동맹국 때문에 일어났는지 논의해 보고자 한다.

▌용어 정의

○ **제1차 세계 대전:** 1914년부터 1918년까지 벌어졌던 세계적 규모의 전쟁

○ **동맹국:** 제1차 세계 대전 때 연합국의 반대 진영에 섰던 국가 연합. 오스트리아·헝가리 제국, 독일, 오스만 제국, 불가리아를 말함

쟁점 1 │ 동맹국인 오스트리아·헝가리 제국이 가장 먼저 공격했다.

사라예보 사건은 오스트리아·헝가리 제국과 세르비아의 갈등을 심화시켰다. 오스트리아·헝가리 제국은 세르비아 정부가 대공의 살인을 사주해 분란을 조성한다며, 세르비아에 최후통첩을 내놓았다. 이때 오스트리아·헝가리 제국은 세르비아를 공격하면, 세르비아를 후원하는

378 **CHAPTER 4** 근대

러시아를 자극할 수 있다는 점을 알고 있었다. 그래서 오스트리아·헝가리 제국은 최후통첩을 보내기 전에 동맹국인 독일로부터 전쟁이 일어나면 지원해 줄 것을 약속받았다. 세르비아가 최후통첩의 요구 조건들을 거부하자, 오스트리아·헝가리 제국은 동맹국의 지원을 믿고 병력을 동원하기 시작했다. 오스트리아·헝가리 제국의 공격은 러시아, 독일, 프랑스, 영국을 포함한 여러 나라가 참전한 제1차 세계 대전의 발발 원인이 되었다.

쟁점 2 독일이 선전 포고를 했다.

1914년 6월 28일에 발생한 사라예보 사건을 계기로 오스트리아·헝가리 제국이 세르비아에 선전 포고를 했다. 이후 독일은 러시아에 대응해 군대 동원령을 내렸다. 그러자 러시아도 총동원령을 내릴 수밖에 없었다. 독일은 더 나아가 프랑스에도 러시아가 동맹국을 상대로 전쟁 계획을 중지하지 않는다면 동원령을 내리겠다는 최후통첩을 보냈다. 프랑스가 이를 거부하자, 독일은 총동원령을 내리고 프랑스에 전쟁을 선포했다. 독일은 프랑스와 러시아를 상대로 싸우면 양쪽에서 전쟁해야 하므로 이를 대비해 은밀하게 군사 작전을 세워 두었다. 결국 독일은 벨기에를 침공해 프랑스를 자극했다.

쟁점 3 동맹국은 러시아와 영국의 회유에도 전쟁을 멈추지 않았다.

세르비아는 오스트리아·헝가리 제국이 보낸 최후통첩의 요구 조건들을 거부했다. 그러자 오스트리아·헝가리 제국은 전쟁의 규모가 커지면 독일이 도와줄 것이라는 확신을 가지고 세르비아를 공격했다. 러시아는 전쟁하고 싶은 마음이 없었지만, 세르비아가 같은 슬라브족이었기 때문에 저버릴 수 없었다. 이러한 가운데 러시아 황제 니콜라이 2세는 사촌인 독일 황제 빌헬름 2세에게 유럽에서 전쟁이라는 참화가 벌어지는 것을 막기 위해 동맹국들이 너무 멀리 가지 않도록 최선을 다해주기를 바란다며 전보를 보냈다. 영국의 왕 조지 5세는 사촌인 러시아 황제 니콜라이 2세에게 약간의 오해가 지금과 같은 교착 상태를 초래한 것 같다며, 전 세계를 위협하는 재앙을 피할 수만 있다면 어떤 가능성도 놓쳐서는 안 된다고 말했다.

▌논의 배경

1914년 6월 28일 오스트리아·헝가리 제국의 황태자 부부가 '검은 손'
이라는 단체의 한 청년에 의해 암살당했다. 사라예보 사건이라 불리는
이 일을 계기로 오스트리아·헝가리 제국은 세르비아에 전쟁을 선포했
다. 이에 여러 강대국도 참여하면서 제1차 세계 대전이 일어났다. 당시
유럽은 식민지 경쟁으로 인해 이미 갈등이 심화된 상태였기 때문에 연
합국들은 이 사건을 계기로 더욱 치열하게 싸우게 되었다. 이번 토론
을 통해 제1차 세계 대전은 동맹국 때문에 일어났는지 논의해 보고자
한다.

▌용어 정의

○ **제1차 세계 대전**: 1914년부터 1918년까지 벌어졌던 세계적 규모의
   전쟁
○ **동맹국**: 제1차 세계 대전 때 연합국의 반대 진영에 섰던 국가 연합.
   오스트리아·헝가리 제국, 독일, 오스만 제국, 불가리아를 말함

쟁점 1 식민지 경쟁으로 국가 간 갈등이 심화되었다.

영국에서 처음으로 시작된 산업 혁명은 유럽 각국으로 이어졌다. 산
업 혁명으로 대량 생산이 가능해지고 자본주의가 발달하자, 유럽 각국
은 상품의 원료를 값싸게 구하고 상품을 판매할 시장을 확보하기 위해

식민지를 건설했다. 이때 약소국들은 식민지가 되었고, 유럽 열강은 더 많은 식민지 확보를 위해 군사력을 키웠다. 이 과정에서 과열된 경쟁은 제1차 세계 대전으로 이어졌다. 영국은 콜카타, 카이로, 케이프타운을 연결하고자 하는 3C 정책을 추진했다. 이에 맞서 독일은 3B 정책으로 베를린, 비잔티움, 바그다드를 잇고자 했다. 이 정책은 범위는 작지만 러시아의 발칸반도 진출을 위협하기도 했다. 발칸반도는 여러 유럽 열강의 이해관계가 얽혀 있었기 때문에 화약고 같았다.

쟁점 2 사라예보 사건 때문이다.

1914년 6월 28일 오스트리아·헝가리 제국의 황태자는 사라예보 시내를 지나갔다. 많은 사람이 황태자를 보기 위해 모여들었다. 그중에는 '검은 손'이라는 조직의 일원인 세르비아 청년이 숨어 있었다. 그는 황태자 부부를 향해 총을 쏘았고, 황태자 부부는 그 자리에서 숨졌다. 이를 사라예보 사건이라고 한다. 오스트리아·헝가리 제국은 이 사건에 세르비아 정부가 관련되어 있다고 확신하고, 세르비아에 최후통첩을 보냈다. 여기에는 관련 단체 해산과 암살과 관련된 사람들 처벌 요구뿐만 아니라 오스트리아·헝가리 제국이 세르비아에서 이 사건을 조사할 수 있게 하라는 내용을 담고 있었다. 하지만 세르비아가 답변을 내놓지 않자, 오스트리아·헝가리 제국은 전쟁을 선포했다. 오스트리아·헝가리 제국은 본격적으로 세르비아를 공격하기 위해 군사를 소집했고, 러시아는 오스트리아·헝가리 제국을 견제하기 위해 총동원령을 내렸다. 이로써 제1차 세계 대전이 시작되었다.

쟁점 3 **어느 나라도 전쟁을 막으려 하지 않았다.**

유럽 열강은 전쟁이 일어나면 서로 지원하기로 약속한 군사 동맹을 맺었다. 독일은 오스트리아·헝가리 제국, 이탈리아와 손을 잡았는데, 이를 3국 동맹이라고 한다. 프랑스, 러시아, 영국도 3국 협상을 체결했다. 편이 갈린 유럽 국가들은 각자 무장에 힘을 쏟았고, 군비 경쟁에 들어갔다. 정작 어느 국가도 전쟁 자체를 막으려는 근본적인 해결책을 내놓지 않았다. 각 나라의 지도자들은 전쟁을 피할 수 없다고 생각하며 외교보다 군사 계획을 우선시했다. 러시아 황제 니콜라이 2세가 총동원령을 내리자 독일이 최후통첩을 보냈고, 프랑스도 총동원령을 내렸다. 군대를 동원한다는 것은 언제든지 전쟁이 시작될 수 있다는 것을 의미했다. 당시 전쟁에 참여한 국가들은 당연히 자국이 승리하고 전쟁이 금방 끝날 것으로 예상했다. 하지만 전쟁이 장기화되면서 무고한 사람들이 희생되었다.

20

러시아 혁명

학습 목표

1. 러시아 혁명의 원인과 과정을 설명할 수 있다.
2. 러시아 혁명의 성격을 파악할 수 있다.
3. 러시아 혁명을 통한 사회주의 운동의 국제적 확산 과정과 결과에 대
   해 토론할 수 있다.

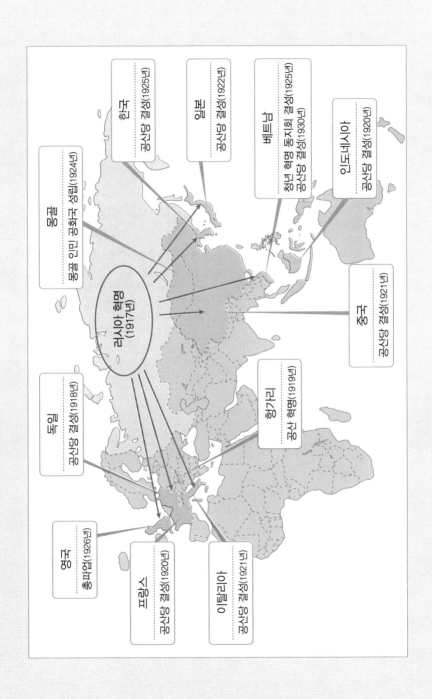

몽골
몽골 인민 공화국 성립(1924년)

한국
공산당 결성(1925년)

일본
공산당 결성(1922년)

베트남
청년 혁명 동지회 결성(1925년)
공산당 결성(1930년)

인도네시아
공산당 결성(1920년)

러시아 혁명
(1917년)

중국
공산당 결성(1921년)

독일
공산당 결성(1918년)

헝가리
공산 혁명(1919년)

영국
총파업(1926년)

프랑스
공산당 결성(1920년)

이탈리아
공산당 결성(1921년)

한눈에 알아보는 러시아 혁명

배경	○ 농노 해방(1861년), 사회주의를 지지하는 인민주의자가 많아짐 → 베를린 회의, 러일 전쟁에서 증명 ○ 피의 일요일(1905년): 상트페테르부르크 파업 시위 → 무력 진압으로 많은 사상자 발생 ○ 제1차 세계 대전: 엄청난 인명 피해, 궁핍한 생활 등으로 불만이 높아짐
전개	○ 3월 혁명(1917년): 차르 추방, 임시 정부 수립 → 이후 전쟁 지속 ○ 11월 혁명(1917년): 사회주의 혁명가 레닌이 주도(독일의 도움으로 러시아 복귀), 임시 정부를 무너뜨리고 소비에트 정부 수립
결과	○ 여러 나라에 사회주의 확산 ○ 소비에트 사회주의 공화국 연방(소련) 수립(1922년)

자세히 알아보는 러시아 혁명

혁명의 피로 러시아 제국을 붕괴시키다

19세기경 러시아는 시민 혁명을 거친 유럽의 여러 나라와 달리 농업 중심의 경제와 차르가 마음대로 지배하는 전제 정치를 유지하고 있었다. 당시 러시아의 지식인들은 이러한 정치 체제를 개혁하고자 했다. 공장이나 토지는 사회가 함께 소유하고, 개인의 능력에 따라 일한 만큼 나누면 된다는 사회주의 운동에 크게 영향을 받았기 때문이다.

러시아의 인구가 급격하게 증가하자, 토지 부족으로 농사를 짓지 못하는 사람이 많아졌다. 지식인들은 국민들의 생각이 바뀌면 반드시 더 좋은 사회를 만들 수 있을 것이라 생각했다. 이러한 지식인들을 인민주의자(나로드니키)라고 불렀다.

이들은 농촌으로 들어가 농민들에게 러시아의 현실을 일깨워 주고, 농민들과 힘을 모아 혁명을 일으키려 했다. 이러한 운동을 브나로드 운동이라고 한다. 하지만 농민들은 인민주의자들의 말에 귀 기울이지 않았고, 오히려 차르를 모욕한다며 정부에 신고하기까지 했다. 그러자 많은 사회주의자는 농민 대신 노동자 계급이 혁명을 주도할 것이라 기대했다.

이런 상황에서 인민주의자들이 크게 호응을 얻게 되는 계기가 생겼다. 1878년에 열린 베를린 회의에서 러시아가 독일에 배신을 당하자, 러시아에서는 차르와 정부의 무능함을 비판하는 목소리가 커졌다. 인민주의자들은 이를 기회로 삼아 알렉산드르 2세를 암살했다. 알렉산드르 2세의 아들인 알렉산드르 3세는 차르가 되자마자 더욱 왕권을 강화하고, 자유를 주장하는 인민주의자들을 철저하게 단속했다. 그러자 귀족들은 차르의 권력을 등에 업고, 농민들에게 더욱 폭리를 취했다. 또 농민들이 정치에 참여하지 못하도록 투표권의 재산 기준을 더욱 높였다.

러일 전쟁에서 러시아가 패배하자, 물가가 올라 노동자들이 위기에 빠졌다. 노동자들은 임금도 받지 못해 굶주림에 시달렸다. 하지만 니콜라이 2세는 노동자들의 삶은 아랑곳 않고 호화로운 생활을 즐겼다. 결국 1905년 수만 명의 굶주린 노동자들은 개혁 요구가 담긴 청원서를 가지고 니콜라이 2세를 찾아가 평화 시위를 벌였다. 이들이 원한 것은 단지 빵과 평화였다. 하지만 시위대를 맞이한 것은 근위대의 총칼이었다. '피의 일요일'이라고 불리는 이 사건으로 인해 수천 명이 죽거나 다쳤다. 이후 노동자들은 더 이상 차르를 믿지 않게 되었고, 전국적으로 시위와 파업 등이 끊이지 않았다.

사태가 심각해지자, 니콜라이 2세는 10월 선언을 내렸다. 10월 선언에는 헌

| 피의 일요일

| 니콜라이 2세

법을 만들어 의회를 세우고 언론과 집회, 출판의 자유를 준다는 내용이 담겨 있었다. 하지만 니콜라이 2세는 10월 선언을 지키지 않았다. 차르를 비판하는 세력이 많아지자, 의회를 강제 해산해 버린 것이다. 그는 아직도 절대 권력자였다.

1907년부터 3년 동안 파업과 시위를 주도한 수많은 사람이 투옥되고 처형당했다. 이에 러시아 정부는 농민들과 노동자들을 달래기 위한 개혁 정책을 시행했다. 농민들에게는 농노 해방 이후에 강제로 갚던 땅값을 면제해 주었으며, 왕실의 땅을 나누어 주고 공동체 미르에서 벗어나 이주할 수 있는 자유를 주었다. 하루 노동 시간은 8시간으로 단축하고, 사회 보장 제도도 갖추었다.

이러한 개혁 정책으로 국민들의 불만이 다소 가라앉는 것처럼 보였다. 하지만 러시아가 제1차 세계 대전에 연합국의 일원으로 참전하면서 국민들의 불만이 다시 들끓기 시작했다. 러시아는 전쟁 초반부터 지휘 체계의 혼란과 무기의 열세 등으로 독일군에게 패배했다. 러시아군의 사상자는 영국군과 프랑스군의 사상자를 합친 것만큼 많았다. 전쟁에 나가지 않은 국민들도 식량은 물론 생필품 부족으로 생활이 궁핍해지면서 전쟁에 대한 혐오감이 급속도로 확산되었다.

세계 최초의 사회주의 국가가 탄생하다

1917년 3월, 노동자들은 수도 상트페테르부르크에서 전쟁 중지와 식량 배급, 전제 정치 타도 등을 요구하는 혁명을 일으켰다. 이 시위를 진압하기 위해 소집된 군대마저 시위대에 동참하는 상황이 벌어졌다. 노동자들과 군인들은 힘을 합쳐 대표자 회의라는 뜻의 소비에트를 결성해 혁명을 추진했다. 결국 이들은 니콜라이 2세의 전제 군주제를 무너뜨리고 임시 정부를 수립해 모든 권한을 임시 정부에 넘겼다. 이것을 3월 혁명이라고 한다. 하지만 임시 정부는 국내 문제의 해결보다는 전쟁을 지속하려고 했다. 그러자 국민들은 당장 전쟁을 중단하라고 외쳤다.

이때 블라디미르 레닌이 혜성처럼 등장했다. 당시 레닌은 스위스에서 망명 생활을 하고 있었다. 3월 혁명이 일어나자, 독일은 혁명 자금을 지원하며 레닌을 귀국시켰다. 당시 러시아와는 동부 전선에서, 연합국과는 서부 전선에서 싸우고 있던 독일은 계속 궁지에 몰리고 있었다. 그러자 독일은 레닌이 러시아로 돌아가 혁명을 일으키면 러시아가 전쟁에서 빠지게 되어서 서부 전선에만 전력을 쏟으면 되겠다고 계산했다.

레닌은 교육자 집안에서 태어났다. 형이 알렉산드르 2세 암살 사건에 연류되어 처형되면서 가족들은 고향을 떠나야만 했다. 이후 레닌은

| 민중을 향해 연설하는 레닌의 모습이 그려진 우표

형의 영향을 받아 혁명가이자 정치가로 활동했다. 그는 적국인 독일과 손을 잡더라도 소수의 부르주아들이 주도하는 국가가 아닌 농민과 노동자, 병사가 러시아의 주인이 되는 혁명을 이루고자 했다.

레닌은 '모든 권력을 소비에트로'라는 구호를 외치면서 임

| 11월 혁명 때 행진하는 러시아 군인들

시 정부를 비판했다. 결국 레닌을 따르는 급진파인 볼셰비키가 농민과 노동자, 군인의 지지를 바탕으로 무장봉기를 일으켜 임시 정부를 무너 뜨리고 소비에트 정부를 수립했다. 이를 11월 혁명이라고 한다. 이로 써 세계 최초로 노동자와 농민 중심의 정부를 내세운 사회주의 국가가 탄생했다. 혁명이 성공한 후 레닌은 볼셰비키당을 러시아 공산당으로 바꾸었다.

소련의 탄생과 발전

레닌을 중심으로 하는 볼셰비키가 너무 급격하게 개혁하는 바람에 저항도 만만치 않았다. 왕정 복귀를 원하는 세력은 혁명 세력에 반발하 며 각 지역에서 무장봉기를 일으켰다. 이에 볼셰비키 정부는 의회를 강 제 해산하고, 정적들을 하나씩 없애 버렸다. 이런 모습에 실망한 사람 들은 점점 더 공산당에 등을 돌렸다.

한편 레닌은 전쟁에서 빠지는 것이 급선무라고 생각했다. 독일은 러시아의 혼란스러운 상황을 이용해 무리한 요구를 했다. 러시아는 불리한 입장에서 평화 협상을 하게 되었고, 1918년 3월 3일 독일과 브레스트-리토프스크 조약을 맺었다. 이 조약으로 독일은 배상금 지불은 물론 독일이 점령한 러시아 서북쪽 지역의 발트 3국과 핀란드, 폴란드, 우크라이나를 요구했다. 이 조약이 체결되면서 러시아는 제1차 세계 대전에서 빠지게 되었다.

이때 귀족과 자본가 등으로 구성된 반혁명 세력이 반란을 일으켰다. 이들은 왕을 상징하는 백군이었다. 미국과 영국, 프랑스 등의 연합국도 서유럽으로 사회주의 혁명이 확산되는 것을 막기 위해 백군을 지원했다. 그러자 볼셰비키 정부는 비밀경찰을 동원해 백군을 탄압했다. 레닌의 정부군은 붉은색을 상징하는 적군이었다. 이렇게 해서 백군과 적군 사이에 러시아 내전이 벌어졌다.

시간이 지나면서 백군을 지원했던 연합국이 철수하고, 대다수 농민

| 러시아 적군의 모습

의 지지를 얻지 못했던 백군은 점점 힘을 잃어 갔다. 결국 적군이 백군을 진압하면서 러시아 내전은 끝이 났다.

러시아는 세계 최초의 사회주의 국가가 되었다. 레닌은 사회주의와 자본주의 체제를 부분적으로 가미해 개혁을 단행했다. 농민들에게 토지를 나누어 주고, 모든 산업 시설을 국유화했으며, 신분제를 해체했다. 또 모든 국민을 교육시키고, 남녀가 평등한 세상을 만들고자 했다.

레닌은 1919년 국제 공산당 조직인 코민테른을 창설해 사회주의 사상을 전 세계로 확산시켰다. 코민테른의 지원을 받은 여러 나라에서 공산당이 조직되었고, 이는 민족 해방 운동과 노동 운동이 활발해지는 계기가 되었다.

러시아는 제1차 세계 대전과 내전 때문에 완전히 폐허가 되었다. 레닌은 신경제 정책을 실시해 농민들이 직접 생산한 곡물을 자유롭게 내다 팔 수 있도록 했다. 이후 점차 생산력이 회복되고 정권이 안정되자, 레닌은 수도를 모스크바로 옮겼다. 그러고는 1922년 주변의 소비에트 정부를 하나로 뭉쳐 소비에트 사회주의 공화국 연방(소련)을 만들었다.

생각을 부르는 질문, 하브루타

1	러시아의 브나로드 운동에 대해 설명해 보세요.
2	러일 전쟁은 러시아에 어떤 영향을 미쳤나요?
3	피의 일요일 사건이 일어난 이유와 결과를 설명해 보세요.
4	니콜라이 2세는 어떤 인물인가요?
5	소비에트란 무엇인가요?
6	3월 혁명에 대해 설명해 보세요.
7	11월 혁명에 대해 설명해 보세요.
8	사회주의란 무엇인가요?
9	레닌의 개혁에 대해 설명하고, 이 개혁의 성과에 대해 말해 보세요.
10	소련은 어떻게 탄생했나요?
11	
12	
13	
14	
15	

쟁점과 토론 논제

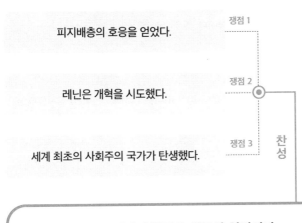

쟁점 1   피지배층의 호응을 얻었다.

쟁점 2   레닌은 개혁을 시도했다.

쟁점 3   세계 최초의 사회주의 국가가 탄생했다.

찬성

러시아 혁명은 성공한 혁명이다.

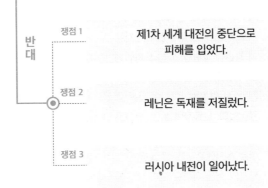

반대

쟁점 1   제1차 세계 대전의 중단으로 피해를 입었다.

쟁점 2   레닌은 독재를 저질렀다.

쟁점 3   러시아 내전이 일어났다.

추가 토론 논제

1. 공산당 선언의 내용은 이상적이다.
2. 레닌은 러시아에 긍정적인 영향을 끼친 인물이다.
3. 러시아 혁명을 이끈 레닌은 독재자다.

논제	러시아 혁명은 성공한 혁명이다.

용어 정의	○ **러시아 혁명**: 1917년 러시아에서 일어난 3월 혁명과 11월 혁명을 가리키는 말 ○ **혁명**: 이전의 관습이나 제도, 방식 따위를 단번에 깨뜨리고 질적으로 새로운 것을 급격하게 세우는 일

	찬성	반대
쟁점 1	피지배층의 호응을 얻었다.	제1차 세계 대전의 중단으로 피해를 입었다.
근거	러일 전쟁에서 러시아가 패배하자, 러시아 국민들은 시위를 벌였다. 혹독한 노동 환경에서 일하면서도 적은 임금을 받던 노동자들의 불만이 폭발한 것이다. 파업에 참여한 국민들은 차르를 찾아갔지만, 시위대를 기다리던 것은 총칼이었다. 노동자와 농민, 군인은 3월 혁명과 11월 혁명을 통해 개혁을 추진했고, 레닌은 농민과 노동자의 힘을 하나로 모아 내전에서 승리했다.	러시아가 제1차 세계 대전에서 패배하자, 레닌은 사회주의 국가를 세웠다. 독일은 그 틈을 놓치지 않고 거세게 몰아붙였다. 그 결과 독일과 브레스트-리토프스크 조약을 맺은 러시아는 60억 금 마르크의 배상금을 지불하고, 오늘날의 발트 3국, 핀란드, 폴란드, 우크라이나 지역의 권리를 포기해야만 했다. 결국 러시아 혁명은 경제적 피해뿐만 아니라 외교적으로도 신뢰가 떨어지는 결과를 초래했다.

쟁점 2	레닌은 개혁을 시도했다.	레닌은 독재를 저질렀다.
근거	레닌 정권은 신분제를 폐지해 귀족의 특권을 없앴고, 모든 성인에게 동등한 투표권을 지급했다. 국가 내의 토지와 공장을 국유화해 세계 최초의 사회주의 국가를 건립했다. 또한 부르주아 대저택과 궁전을 시민에게 개방하고, 노동 시간을 8시간으로 제한했으며, 모든 사회 복지 시설을 무료로 제공했다. 이런 개혁은 진정 피지배층을 위한 것이었다.	러시아 국민의 대다수인 농민은 레닌을 지지하지 않았다. 곡창 지대인 우크라이나를 독일에 내주면서 식량 문제가 더욱 심각해졌기 때문이다. 농민들은 인민주의자들을 지지했고, 혁명 직후 국회 의원 선거에서 사회 혁명당이 볼셰비키를 제쳤다. 궁지에 몰린 레닌은 의회를 폐쇄하고 독재를 시작했다. 이때 러시아의 유일한 정당이었던 러시아 공산당은 레닌의 독재에 이용되었다.
쟁점 3	세계 최초의 사회주의 국가가 탄생했다.	러시아 내전이 일어났다.
근거	유럽에 퍼진 사회주의 운동의 영향을 받은 레닌은 3월 혁명 이후 부진한 개혁을 이어 가던 임시 정부에 대항하는 11월 혁명을 주도하며 권력을 쟁취했다. 초기에는 농민의 지지를 얻지 못했던 레닌의 볼셰비키 정부는 신분제 폐지와 같은 혁신적인 개혁안을 내놓았다. 또한 국가 내의 모든 공장과 토지를 국유화함으로써 마르크스가 쓴 『자본론』의 이념을 계승한 사회주의 국가를 최초로 건립했다.	레닌의 개혁은 너무나 급격한 변화였기 때문에 러시아 곳곳에서 저항 운동이 일어났다. 급기야 러시아 내전까지 발생했다. 레닌 세력은 붉은색을 상징하는 적군이었고, 반대파는 왕을 상징하는 백군이어서 러시아 내전을 적백 내전이라고도 한다. 국민들은 전쟁으로 엄청난 고통을 받았지만, 비밀경찰의 감시로 인해 비판조차 할 수 없었다.

▌논의 배경

러일 전쟁에서 패배한 러시아는 경제적으로 어려움을 겪었다. 굶주림에 시달린 많은 노동자는 개혁을 요구하기 위해 차르를 만나러 갔다. 이들이 원했던 것은 단지 빵과 평화였지만, 차르 군대는 시위대를 향해 총을 쏘았다. 그래서 노동자들은 차르를 믿지 않게 되었다. 결국 3월 혁명으로 제정이 무너지고 임시 정부가 들어섰다. 이후 레닌과 볼셰비키는 11월 혁명을 통해 임시 정부를 무너뜨리고 권력을 잡았다. 이들은 토지의 개인 소유를 폐지하며 사회주의 국가를 탄생시켰다. 이번 토론을 통해 러시아 혁명은 성공한 혁명이었는지 논의해 보고자 한다.

▌용어 정의

- **러시아 혁명**: 1917년 러시아에서 일어난 3월 혁명과 11월 혁명을 가리키는 말
- **혁명**: 이전의 관습이나 제도, 방식 따위를 단번에 깨뜨리고 질적으로 새로운 것을 급격하게 세우는 일

쟁점1 **피지배층의 호응을 얻었다.**

러시아는 1904년에 시작된 러일 전쟁에서 패배했다. 이 소식을 들은 러시아 국민들은 시위를 벌였다. 당시 도시 노동자는 혹독한 노동 환경과 적은 임금으로 불만이 컸는데, 러일 전쟁으로 불만이 폭발한 것이

다. 특히 임금 인상을 요구하는 파업과 시위가 수도 상트페테르부르크에서 벌어졌다. 파업에 참여한 국민들은 차르를 찾아갔지만, 시위대를 기다리던 것은 해결책이 아닌 총칼이었다. '피의 일요일'이라 불린 이 사건을 계기로 차르에 대한 국민들의 믿음은 배신감으로 바뀌었다. 피의 일요일 사건을 시작으로 노동자와 농민, 군인은 변화 없는 사회에 대한 불만을 적극적으로 표출하기 시작했다. 이들은 3월 혁명과 11월 혁명을 통해 개혁을 추진했고, 레닌은 농민과 노동자의 힘을 하나로 모아 내전에서 승리했다.

쟁점 2 레닌은 개혁을 시도했다.

3월 혁명 이후 임시 정부와 대다수 국민 간의 갈등으로 혼란스러웠던 시기에 사회주의 운동가 레닌이 혜성처럼 등장했다. 그는 노동자, 농민 등으로 구성된 적위대를 앞세워 11월 혁명을 이끌었다. 이후 권력을 쟁취한 레닌은 여러 개혁을 시도했다. 예를 들어 신분제를 폐지해 귀족의 특권을 없앴고, 모든 성인에게 동등한 투표권을 지급했다. 국가 내의 토지와 공장을 국유화해 이론으로만 존재하던 사회주의 국가를 세계 최초로 건립했다. 또한 부르주아 대저택과 궁전을 시민에게 개방하고, 노동 시간을 8시간으로 제한했으며, 모든 사회 복지 시설을 무료로 제공했다. 이러한 레닌의 개혁은 진정 피지배층을 위한 것이었고, 이상적인 사회주의 국가를 현실화하는 것이었다.

쟁점 3 세계 최초의 사회주의 국가가 탄생했다.

러시아 지식인들은 사회주의 국가를 건립하고자 했다. 유럽에 퍼진

사회주의 운동의 영향을 받은 이들은 일부 계층만이 이익을 본 프랑스
와 영국의 혁명은 진정한 혁명이 아니었다고 생각했다. 당시 정부는 계
속된 전쟁과 국민에게 총칼을 겨눈 일로 신임을 잃었고, 뒤늦은 산업화
로 열악한 환경에서 일했던 노동자들의 불만도 해결하지 못했다. 이때
사회주의 운동가였던 레닌은 3월 혁명 이후 부진한 개혁을 이어 가던
임시 정부에 대항하는 11월 혁명을 주도하며 권력을 쟁취했다. 레닌의
볼셰비키 정부는 초기에 농민의 지지를 얻지 못해서 많은 어려움을 겪
었다. 레닌은 이를 해결하기 위해 신분제 폐지와 같은 혁신적인 개혁안
을 내놓았다. 또한 국가 내의 모든 공장과 토지를 국유화함으로써 마르
크스가 쓴『자본론』의 이념을 계승한 사회주의 국가를 최초로 건립하
는 데 성공했다.

▌논의 배경

러시아에서는 1917년 두 차례에 걸쳐 러시아 혁명이 일어났다. 혁명을 통해 사회주의 국가를 세운 레닌은 급진적인 개혁을 추진했다. 하지만 이는 많은 반발을 일으켰고, 러시아를 더욱더 혼란에 빠뜨렸다. 이 틈을 노린 독일은 러시아의 불리한 입장을 이용해 무리한 요구를 받아들이게 했다. 이로 인해 식량 문제가 심각해지자, 농민들의 지지를 받은 사회 혁명당이 다수당을 차지하게 되었다. 궁지에 몰린 레닌이 독재를 시작하자, 러시아 내전이 일어났다. 러시아 국민들은 제1차 세계 대전과 내전으로 인해 굶주림과 고통에 시달렸다. 이번 토론을 통해 러시아 혁명은 성공한 혁명이었는지 논의해 보고자 한다.

▌용어 정의

- ○ **러시아 혁명**: 1917년 러시아에서 일어난 3월 혁명과 11월 혁명을 가리키는 말
- ○ **혁명**: 이전의 관습이나 제도, 방식 따위를 단번에 깨뜨리고 질적으로 새로운 것을 급격하게 세우는 일

쟁점 1 제1차 세계 대전의 중단으로 피해를 입었다.

러시아는 전쟁에서 승리할 것이라 생각하며 제1차 세계 대전에 뛰어들었다. 하지만 예상과 달리 러시아는 수많은 인명 피해를 내며 전쟁

에서 패배했다. 그러한 가운데 러시아 혁명이 일어났는데, 11월 혁명을 주도한 레닌은 독일의 도움을 받아 비밀리에 귀국했다. 혁명을 통해 사회주의 국가를 세운 레닌은 급진적인 개혁을 했다. 이에 많은 반발이 일어났는데, 독일은 그 틈을 놓치지 않고 거세게 몰아붙였다. 결국 사회주의 정부는 불리한 입장에서 평화 협상에 나서서 독일의 무리한 요구를 다 들어줄 수밖에 없었다. 독일의 요구 사항은 60억 금 마르크의 배상금과 오늘날의 발트 3국, 핀란드, 폴란드, 우크라이나 지역의 권리를 포기하는 것이었다. 러시아 혁명은 불리한 조약을 맺게 했으며, 경제적 피해뿐만 아니라 외교적으로도 신뢰가 떨어지는 결과를 초래했다.

쟁점 2 레닌은 독재를 저질렀다.

레닌이 이끄는 사회주의 정부는 전쟁이 끝난 이후에도 계속 어려움을 겪었다. 러시아 국민의 대다수인 농민이 그를 지지하지 않았기 때문이다. 우크라이나는 곡창 지대였는데, 단독 강화 조약으로 이곳을 독일에 내주게 되면서 식량 문제가 더욱 심각해졌다. 그러자 러시아 농민들은 농민을 중심으로 혁명을 진행하려던 인민주의자들을 지지했다. 그 결과 혁명 직후 국회 의원 선거에서 인민주의자들이 만든 사회 혁명당이 볼셰비키를 제치고 다수당을 차지했다. 궁지에 몰린 레닌은 의회를 폐쇄하고 독재를 시작했다. 선거 결과가 실제 러시아 국민의 뜻과 맞지 않는다는 이유에서였다. 이때 러시아의 유일한 정당이었던 러시아 공산당은 레닌의 독재에 이용되었다.

러시아 내전이 일어났다.

임시 정부를 몰아내고 권력을 잡은 레닌은 사회주의 국가를 세우고 개혁에 나섰다. 하지만 너무나 급격한 변화였기 때문에 러시아 곳곳에서 저항 운동이 일어났다. 혁명에 반대하는 세력은 반란을 일으켰고, 레닌은 혁명 세력과 함께 반란을 진압하려고 했다. 이로써 러시아는 내전의 소용돌이에 휘말리게 되었다. 레닌 세력은 붉은색을 상징하는 적군이었고, 반대파는 왕을 상징하는 백군이었다. 영국과 프랑스는 러시아 혁명의 영향으로 사회주의 혁명의 기운이 유럽에 퍼지는 것을 방지하기 위해 이 내전에 뛰어들었다. 러시아 국민들은 굶주림으로 엄청난 고통을 받았지만, 비밀경찰의 감시로 인해 비판조차 할 수 없었다. 러시아 내전은 레닌 세력의 승리로 끝났지만, 제1차 세계 대전과 내전 때문에 러시아는 폐허가 되었다.

21

제2차 세계 대전

교과서 수록 부분

○ 중학교 역사①: Ⅴ. 1. 세계 대전과 국제 질서의 변화
○ 고등학교 세계사: Ⅴ. 2. 두 차례의 세계 대전

학습 목표

1. 제2차 세계 대전의 원인에 대해 토론할 수 있다.
2. 제2차 세계 대전의 전개 과정과 결과를 설명할 수 있다.
3. 히틀러에 대해 파악할 수 있다.

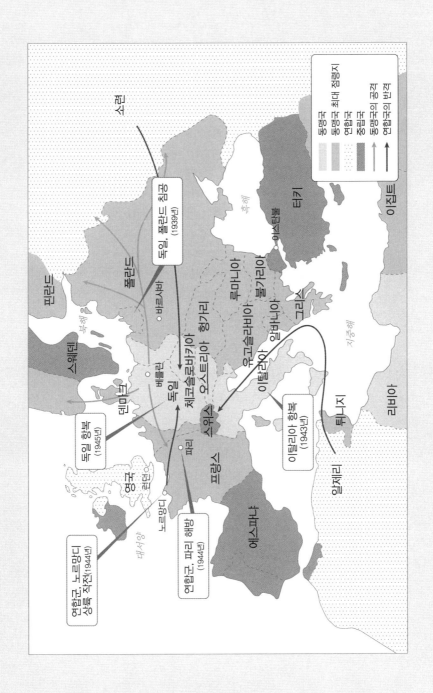

소련

독일, 폴란드 침공
(1939년)

폴란드

핀란드

바르샤바

북해

스웨덴

스웨덴

데마크

베를린

독일

체코슬로바키아

오스트리아

헝가리

루마니아

불가리아

유고슬라비아

이탈리아

알바니아

그리스

이스탄불

터키

흑해

지중해

이집트

독일 항복
(1945년)

영국

런던

파리

프랑스

이탈리아 항복
(1943년)

이탈리아

알제리

튀니지

에스파냐

리비아

연합군, 파리 해방
(1944년)

노르망디

대서양

연합군, 노르망디
상륙 작전(1944년)

동맹국
동맹국 최대 점령지
연합국
중립국
동맹국의 공격
연합국의 반격

한눈에 알아보는 제2차 세계 대전

배경	○ 독일, 오스트리아 강제 합병 → 수데텐 지방까지 요구(1938년) ○ 영국과 프랑스, 유화 정책 ○ 독일과 소련, 독·소 불가침 조약 체결(1939년) ○ 독일, 폴란드 침공 → 영국과 프랑스, 선전 포고(1939년)
전개	○ 독일: 폴란드 점령 → 노르웨이, 덴마크, 네덜란드, 벨기에 침략 → 프랑스 파리 함락 → 소련 공격 ○ 태평양 전쟁(1941년), 미드웨이 해전(1942년): 미국 vs 일본 → 미국 승리 ○ 스탈린그라드 전투(1942년): 독일 vs 소련 → 소련 승리 ○ 이탈리아 항복, 카이로 회담(1943년) ○ 노르망디 상륙 작전(1944년) ○ 얄타 회담, 포츠담 회담, 독일과 일본 항복(1945년)
결과	○ 4개국(미국, 영국, 프랑스, 소련)의 독일 분할 점령 ○ 미국, 일본 감시 ○ 독일 뉘른베르크와 일본 도쿄에서 국제 군사 재판 개최 ○ 국제 연합(UN) 창설(1945년)

자세히 알아보는 제2차 세계 대전

대공황이 전 세계로 확산되다

미국은 제1차 세계 대전 이후 세계 경제 시장을 주도했다. 전쟁에 필요한 무기를 수출하면서 많은 이익을 얻었기 때문이다. 전쟁 이후 10여 년 동안 공업, 영화, 전기, 자동차, 화학 등의 산업이 빠르게 발전하자, 미국의 기업들은 생산을 늘려 나갔다.

이처럼 미국의 경기가 좋아지자, 주식을 사들이는 사람이 엄청나게 많아졌다. 하지만 소비가 생산을 따라가지 못하면서 재고가 쌓여만 갔다. 이를 눈치챈 사람들이 너도나도 주식을 내놓자, 주식 가격이 하루아침에 곤두박질치기 시작했다. 1929년 10월 24일 하루 만에 1,290만 주식이 팔려 나갔다. 그 결과 은행과 기업이 지불을 정지하거나 문을 닫아야만 했다. 이것이 1929년에 발생한 대공황이다.

무역과 생산, 공업 등의 분야에서 국민 소득이 크게 줄어들자, 미국의 많은 기업이 무너지면서 실업자 수가 크게 늘어났다. 1933년에는 미국 국민 4명 중 1명이 실직 상태였다. 결국 은행들도 파산하면서 많은 사람이 노숙자 보호 센터와 식량을 배급하는 구호소

| 시카고 무료 급식소 앞에 줄 서 있는 사람들

로 모여들었다. 거리에서는 실업자들의 시위가 끊이지 않았다.

미국에서 대공황이 발생하자, 미국 경제에 의존하던 전 세계 국가들은 큰 타격을 입었다. 특히 유럽 각국에 자금을 빌려주었던 미국이

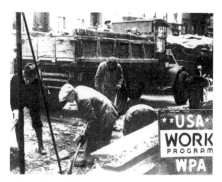
| 공공사업에 참여한 사람들

돈을 급히 회수하자, 금융 위기의 파도는 유럽으로까지 밀려갔다. 이 파도는 미국의 산업을 더욱 위축시켰고, 이로 인해 대공황의 여파는 더욱더 커졌다.

대공황을 극복하기 위해 미국의 루스벨트 대통령이 나섰다. 그는 케인스의 경제 이론을 바탕으로 정부가 경제 활동에 적극적으로 개입하는 뉴딜 정책을 펼쳤다. 루스벨트는 테네시강의 댐 공사와 같은 대규모 공공사업을 벌여 일자리를 만듦으로써 수많은 실업자를 구제했다. 또한 사회 보장 제도를 실시해 노동자의 권리를 보장하고 구매력을 향상시키는 등 경제 회복을 위해 노력했다.

당시 많은 식민지를 확보하고 있었던 프랑스와 영국은 본국과 식민지 사이의 경제적 유대를 강화함으로써 대공황을 극복하고자 했다. 이들은 대량 생산된 상품을 식민지에 내다 팔고 수입품에는 높은 관세를 매겨 수입량을 억제하는 보호 무역 정책을 실시했다.

전체주의 세력이 점점 커지다

자본주의 경제 기반이 약하고 식민지 확보도 적었던 일본, 이탈리아, 독일 등에서는 전체주의 세력이 권력을 잡았다. 전체주의는 국가와 민족의 이익을 위해서라면 개인의 자유는 희생할 수도 있어야 한다는 사상을 기반으로 국가가 국민의 생활을 통제하고 개인의 희생을 강요하는 독재 체제다.

이탈리아에서는 제1차 세계 대전 이후 물가가 계속 오르고, 전쟁으로 파괴된 시설을 복구하기 위해 국민들의 세금이 가중되었다. 이로 인해 전국에서 소요가 일어나 사회가 불안해지면서 러시아 혁명의 영향을 받은 사회주의 사상이 확산되었다.

이즈음 무솔리니는 사회주의와 전쟁을 선포하는 등의 대중 시위를 통해 많은 사람의 관심을 받게 되었다. 이에 자신감을 얻은 무솔리니는 파시스트당을 만들어 노동 운동가들을 무력으로 진압하고 사회주의자들을 축출했다. 이후 정권을 잡은 무솔리니는 신문이나 잡지 등을 검열하고, 노동조합을 해체했으며, 자신이 만든 파시스트당을 제외한 모든 정당을 해산

| 무솔리니와 히틀러

함으로써 일당 독재 체
제를 구축했다.

독일은 전쟁 배상금
이 삭감되고 미국에서
차관이 들어오면서 경
제가 회복되는 듯 보였
다. 하지만 미국 대공황
의 영향으로 다시 큰 타

| 사복을 입은 게슈타포들

격을 입었고, 이 과정에서 나치당이 점차 세력을 넓혀 갔다. 나치당은
독일 경제가 혼란해진 책임을 사회주의자들과 유대인에게 전가했다.
또 독일의 책임만을 강요하는 베르사유 조약을 폐기하고 독일 민족의
우수성을 강조해 중산층은 물론 농민들과 청소년들의 적극적인 지지를
받았다. 결국 나치당은 1932년 선거에서 제1당이 되었다.

1934년 힌덴부르크 대통령이 죽은 후 스스로 총통의 자리에 오른 히틀
러는 친위대와 게슈타포라는 비밀경찰을 동원해 강력한 권력을 확보했
다. 그는 인종주의를 내세워 지속적으로 유대인을 박해했다. 1933년 국
제 연맹에서 탈퇴한 독일은 재무장을 선언하고 군사력을 키워 나갔다.

제1차 세계 대전 중 경제 호황을 누렸던 일본은 민주주의 사상이 보
급되고, 노동 운동과 농민 운동도 확산되었다. 하지만 전후에 불어 닥
친 대공황과 인플레이션으로 일본의 경제가 어려워졌다. 군부는 이 위
기를 극복하기 위해 대륙 침략을 본격화하고 군국주의를 표방했다.

제2차 세계 대전의 전개 과정

대공황을 겪고 있던 에스파냐에서 프랑코 장군이 반란을 일으켰다. 이 반란은 독일과 이탈리아의 지원으로 성공하게 되었다. 이를 계기로 독일과 이탈리아의 추축이 수립되었고, 일본까지 참가하게 되었다.

에스파냐 내전이 한창이던 1938년, 독일은 베르사유 조약을 어기고 오스트리아를 강제로 합병하는 데 성공한 후 체코슬로바키아의 수데텐 지방까지 요구했다. 독일을 방패 삼아 공산주의가 서쪽으로 확산되는 것을 막기 위해 유화 정책을 실시했던 프랑스와 영국은 뮌헨에서 무솔리니, 히틀러와 함께 회담을 열었다. 프랑스와 영국은 더 이상의 땅을 요구하지 않는다는 조건을 내세우며 수데텐 지방을 독일에 넘겨주었다. 하지만 히틀러는 약속을 어기고 체코슬로바키아를 병합한 후 폴란드 회랑 지대까지 요구했다.

프랑스와 영국이 이를 거절하자, 독일은 소련과 독·소 불가침 조약을 맺은 직후에 폴란드를 침공했다. 그러자 프랑스와 영국은 독일에 선전 포고를 했다. 1939년 제2차 세계 대전이 시작된 것이다.

최신식 무기로 장착한 독일은 폴란드를 한 달 만에 점령했다. 이 과정에서 프랑스와 영국은 아무런 도움이 되지 못했다. 독일은 1940년 노르웨이, 덴마크, 네덜란드, 벨기에까지 점령했다. 승리의 기세를 올린 독일이 프랑스 파리를 함락하자, 프랑스의 드골 장군은 영국으로 건너가 망명 정부를 세우고 저항했다. 영국의 수상 처칠은 철저하게 전쟁을 준비했다.

1940년 7월, 독일이 런던과 주요 군사 시설을 공격하자, 영국 공군

| 노르망디 상륙 작전 때 연합군의 모습

이 독일군을 격추시켰다. 그러자 독일은 소련의 가장 큰 곡창 지대인 우크라이나를 얻기 위해 소련을 공격했다. 무기조차 변변치 못했던 소련은 처참하게 무너졌다. 하지만 스탈린그라드 전투에서 독일군의 공격에 끈질기게 저항한 소련군은 마침내 독일군을 몰아냈다.

한편 일본은 중국과의 전쟁이 장기화되면서 여러 가지 어려움에 처했다. 태평양 지역과 동남아시아에 세력권을 형성한 일본은 중국과의 전쟁을 수행하기 위해 반드시 원유와 자원을 확보해야 했다. 이에 미국과 중국, 네덜란드와 영국은 동맹을 맺어 자국 내 일본의 자산을 동결하고 원자재 수출을 금지했다. 이런 상황에서 하와이의 진주만을 기습 공격한 일본은 태평양 전쟁을 일으켰다. 미국이 도쿄를 공격하자, 일본은 다시 미국의 미드웨이섬을 공격했다. 미드웨이 해전이라 불리는 이 전투에서 승리한 미국은 이후 태평양 전쟁을 주도했다.

영국의 명장 몽고메리가 이끄는 연합군은 아프리카에서 독일군을 몰아내고 이탈리아로 진격해 무솔리니 정권을 무너뜨렸다. 영국의 수상 처칠의 요청을 받은 미국은 강력한 무기를 동반하고 연합국을 지원했다. 1944년 6월, 연합군은 노르망디 상륙 작전으로 파리를 해방시켰다. 1945년 5월, 영미 연합군과 소련군이 동서 양쪽 방향에서 대대적으로

| 나가사키 원폭 투하 전후 사진

공격하자 독일이 항복했다. 이후 미국이 나가사키와 히로시마에 원자
폭탄을 투하하자, 일본이 무조건 항복을 선언하면서 제2차 세계 대전은
연합군의 승리로 끝이 났다.

제2차 세계 대전의 결과

제2차 세계 대전은 많은 나라가 유럽과 아시아, 아프리카와 태평양에
이르는 지역에서 벌인 인류 역사상 가장 큰 전쟁이었다. 이 전쟁으로 군
인과 민간인을 포함한 약 5,000만 명의 사람들이 희생되었으며, 건물은
물론 기반 시설 등이 파괴되어 엄청난 재산 피해를 입혔다.

또한 제2차 세계 대전 중에 벌어진 유대인 학살과 인종 말살 정책은
전쟁의 잔인함을 그대로 드러냈다. 특히 독일의 나치당은 유대인 집단
학살인 홀로코스트를 일으켰다. 아우슈비츠 수용소로 끌려 온 사람들
중 노인, 병약자, 어린이는 열차에서 내리자마자 곧바로 공동 샤워실
로 위장한 가스실로 이동해 살해되었다. 이 수용소에서 고문, 총살, 인

| 아우슈비츠 수용소에서 생존한 아이들

체 실험, 질병, 굶주림 등으로 죽은 사람이 400만 명을 넘었다. 이 과정
에서 독일군은 죽은 사람에게서 나온 금니와 장신구로 금괴를 만들고,
그들의 머리카락으로 카펫을 짜는 등 반인륜적인 행위를 저질렀다. 폴
란드의 아우슈비츠 수용소를 비롯한 유럽 각지의 수용소에서 나치당이
학살한 유대인은 600만 명이 넘는 것으로 추산된다.

　국제 사회는 전쟁이 끝나기 전부터 여러 차례의 회담을 통해 전후 처
리 문제를 논의했다. 우선 1941년 대서양 헌장 발표를 통해 전후 평화
수립의 원칙을 정했다. 또한 1943년에는 카이로 회담, 1945년에는 얄타
회담과 포츠담 회담을 거치면서 전후 처리 문제가 결정되었다.

　연합국 대표들은 1943년 카이로 선언을 통해 우리 민족의 독립을 약속
했고, 이 약속은 포츠담 회담에서 다시 확인되었다. 마침내 1945년 8월

15일 일본이 연합국에 무
조건 항복하면서 우리 민
족은 광복을 맞게 되었다.

| 항복 문서에 서명하려고 기다리는 일본

　전쟁이 끝난 후 독일
은 미국, 영국, 프랑스, 소
련에 의해 분할 점령되었
다. 일본은 미군정의 관
리를 받다가 1951년 샌프
란시스코 회의를 통해 주권을 되찾았다.

1	베르사유 조약에 대해 설명해 보세요.
2	1920년대에 미국의 상황은 어땠나요?
3	세계 대공황에 대해 설명해 보세요.
4	루스벨트 대통령의 뉴딜 정책에 대해 설명해 보세요.
5	레닌에서 스탈린으로 이어지는 통치 기간 동안 소비에트 연방에서는 무슨 일이 있었나요?
6	이탈리아의 파시즘과 무솔리니에 대해 설명해 보세요.
7	히틀러가 등장할 당시 독일은 어떤 상황이었나요?
8	제2차 세계 대전은 왜 일어났나요?
9	일본은 왜 진주만을 공격했으며, 그 결과는 어땠나요?
10	제2차 세계 대전은 어떻게 끝이 났는지 설명해 보세요.
11	
12	
13	
14	
15	

쟁점과 토론 논제

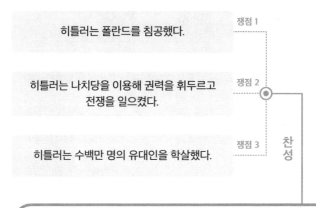

히틀러는 폴란드를 침공했다.   쟁점 1

히틀러는 나치당을 이용해 권력을 휘두르고 전쟁을 일으켰다.   쟁점 2

히틀러는 수백만 명의 유대인을 학살했다.   쟁점 3

찬성

제2차 세계 대전의 가장 큰 책임은 히틀러에게 있다.

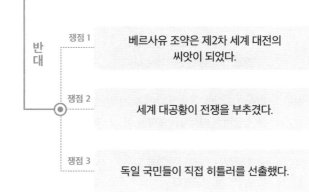

반대

쟁점 1   베르사유 조약은 제2차 세계 대전의 씨앗이 되었다.

쟁점 2   세계 대공황이 전쟁을 부추겼다.

쟁점 3   독일 국민들이 직접 히틀러를 선출했다.

추가 토론 논제

1. 제2차 세계 대전은 경제적인 어려움 때문에 일어났다.
2. 제2차 세계 대전의 원인은 독일이다.
3. 원자 폭탄의 발명은 바람직하다.

	토론 요약서	

논제	제2차 세계 대전의 가장 큰 책임은 히틀러에게 있다.	
용어 정의	○ **제2차 세계 대전:** 1939년부터 1945년까지 이탈리아, 독일, 일본의 추축 국과 프랑스, 영국, 미국, 소련, 중국의 연합국 간에 벌어진 세계적 규모 의 전쟁 ○ **히틀러(1889~1945년):** 오스트리아 출신의 독일 정치가. 나치당을 이끌 었으며, 1933년 수상에 임명되고 1934년 총통이 되어 독재 정치를 펼침	
	찬성	반대
쟁점 1	히틀러는 폴란드를 침공했다.	베르사유 조약은 제2차 세계 대전 의 씨앗이 되었다.
근거	제1차 세계 대전에서 패배한 독일 은 경제가 어려워졌다. 이때 히틀 러가 나치당의 대표로 나서서 연 설했다. 1932년 총선거에서 나치 당이 37%의 지지를 얻어 유력한 정당이 되었다. 총통의 자리에 오 른 히틀러는 베르사유 조약을 어 기고 독일 군대를 주둔시켰다. 결 국 히틀러는 1939년 탱크를 앞세 워 폴란드를 침공했다.	제1차 세계 대전 이후 각국이 모여 체결한 베르사유 조약으로 독일은 많은 영토를 잃고 막대한 배상금을 지불했다. 또 주요 지하자원인 철광 석과 석탄도 빼앗겼다. 독일의 전쟁 도발을 방지하기 위해 모든 무기를 파괴하거나 양도해야 했으며, 징병 자체가 금지되었다. 독일 국민들은 막대한 배상금을 갚아야 했기에 삶 이 힘들어졌고, 이에 따라 연합국에 적개심을 품게 되었다.

쟁점 2	히틀러는 나치당을 이용해 권력을 휘두르고 전쟁을 일으켰다.	세계 대공황이 전쟁을 부추겼다.
근거	독일 국민들이 빈곤과 굶주림 등으로 어려움에 처하자, 히틀러는 무료로 일자리를 제공하고 경제적인 지원을 했다. 이 때문에 나치당이 출현할 수 있었다. 히틀러는 나치 돌격대(SA)라는 조직을 만들고, 나치당을 뺀 다른 모든 정치 조직을 불법으로 만들었다. 또 노동조합을 폐쇄하고 반나치 신문을 폐간했다. 심지어 비밀경찰인 게슈타포는 정부에 반대하는 사람이면 누구든지 체포했다.	1929년 미국 뉴욕 증권 거래소의 주가가 대폭락했다. 이로 인해 기업들은 자산을 잃었고, 은행에서 빌린 돈을 갚을 수 없게 되어 파산했다. 이는 자본주의 국가 전체에 파급되었고, 세계적인 대공황이 일어났다. 대공황은 공업 생산력을 떨어뜨렸고, 기업 파산과 수많은 실업자를 발생시켰다. 이러한 대공황 때문에 제2차 세계 대전이 일어났다.
쟁점 3	히틀러는 수백만 명의 유대인을 학살했다.	독일 국민들이 직접 히틀러를 선출했다.
근거	히틀러는 1919년 나치당에 가입하면서부터 반유대주의 감정을 드러냈다. 1939년 제2차 세계 대전이 시작되고 유럽의 여러 나라를 점령하면서 점령지에서도 유대인 박해 정책을 펼쳤다. 이 과정에서 인체 실험이 실행되었다. 결국 히틀러로 인해 유럽에 거주하는 유대인의 3분의 2가 고통을 받으며 죽었다.	히틀러는 대통령 선거에 출마해 엄청난 득표율을 얻어 총리 지명을 받았다. 게다가 나치당은 1933년 선거에서 약 44%의 지지율을 얻었다. 1934년 힌덴부르크 대통령이 서거하자, 히틀러는 총통제 신설을 국민투표에 붙였는데 88%나 되는 지지율을 얻었다. 만약 독일 국민들이 히틀러를 지지하지 않았다면, 제2차 세계 대전은 쉽게 일어나지 않았을 것이다.

▌논의 배경

제1차 세계 대전에서 패배한 독일은 천문학적인 액수의 배상금을 물어야 했고, 물가까지 치솟아 경제적으로 어려움을 겪었다. 이때 독일 정권을 장악한 히틀러가 등장했다. 히틀러는 나치당을 제외한 다른 정당들을 모두 없애 버리고 전체주의 국가를 만들었다. 1939년 9월 1일 독일이 폴란드를 침공하자, 프랑스와 영국이 독일에 선전 포고를 했다. 이렇게 해서 제2차 세계 대전이 시작되었다. 이탈리아, 독일, 일본을 중심으로 한 추축국과 프랑스, 영국, 미국, 소련을 중심으로 한 연합국 간의 전쟁이었던 제2차 세계 대전은 엄청난 피해를 낳았다. 이번 토론을 통해 제2차 세계 대전의 가장 큰 책임은 히틀러에게 있는지 논의해 보고자 한다.

▌용어 정의

○ **제2차 세계 대전**: 1939년부터 1945년까지 이탈리아, 독일, 일본의 추축국과 프랑스, 영국, 미국, 소련, 중국의 연합국 간에 벌어진 세계적 규모의 전쟁

○ **히틀러(1889~1945년)**: 오스트리아 출신의 독일 정치가. 나치당을 이끌었으며, 1933년 수상에 임명되고 1934년 총통이 되어 독재 정치를 펼침

쟁점 1 **히틀러는 폴란드를 침공했다.**

제1차 세계 대전에서 패배한 독일은 경제적인 어려움을 겪었다. 이러한 상황에서 히틀러가 등장했다. 연설에 특출한 재능이 있었던 그는 나치당의 대표로 나서서 연설했다. 이 때문에 1932년 총선거에서 나치당이 37%의 지지를 얻어 유력한 정당이 되었다. 1933년 수상에 임명된 히틀러는 1934년 결국 총통의 자리에까지 올라갔다. 그는 독일이 국제 연맹에서 탈퇴한다고 선언했고, 전쟁을 통해 독일이 유럽을 다스려야 한다고 주장했다. 히틀러는 베르사유 조약을 어기고 1936년 독일 군대를 주둔시켰다. 1939년 독일이 탱크를 앞세워 폴란드를 침공하면서 제2차 세계 대전이 시작되었다.

쟁점 2 **히틀러는 나치당을 이용해 권력을 휘두르고 전쟁을 일으켰다.**

히틀러가 나치당을 이용하기 전, 독일의 국민들은 빈곤과 굶주림 등으로 힘겨운 삶을 이어 갔다. 이 문제를 해결하지 못한 정부는 국민들의 신임을 받지 못했다. 이러한 상황에서 히틀러는 국민들에게 무료로 일자리를 제공하고 경제적인 지원을 했다. 이로 인해 노동자들은 1921년 뮌헨에서 중요한 정치 세력으로 부각되었고, 노동자당은 국가 사회주의 독일 노동자당, 즉 나치당이 되었다. 나치당은 수천 명의 동조자를 끌어모았고, 수많은 사람이 히틀러의 연설을 듣기 위해 몰려들었다. 그러자 히틀러는 나치당 내에서 자신의 위치가 중요하다는 것을 깨닫고 나치 돌격대(SA)라는 조직을 만들었다. 그는 나치당을 뺀 나머지 모든 정당의 활동을 금지시켰고, 다른 모든 정치 조직을 불법으로 만들었다.

또한 노동조합을 폐쇄했고, 반나치 신문도 폐간했다. 심지어 비밀경찰인 게슈타포는 정부에 반대하는 사람이면 누구든지 체포했다.

쟁점 3　히틀러는 수백만 명의 유대인을 학살했다.

제2차 세계 대전 당시 유럽 내 유대인 900만 명 중 600만 명이 죽었다. 이들은 아우슈비츠 수용소에서 독가스를 마셔 서서히 죽어 갔다. 이 학살을 저지른 히틀러는 1919년 나치당에 가입하면서부터 반유대주의 감정을 드러내기 시작했다. 히틀러는 게르만족 우월주의를 내세우며 제1차 세계 대전에서 패배한 원인을 다른 구성원들에게서 찾으려 했다. 그 목표가 바로 유대인이었다. 1939년 제2차 세계 대전이 시작되고 유럽의 여러 나라를 점령하면서 점령지에서도 유대인 박해 정책을 펼쳤다. 이 과정에서 요제프 멩겔레 등의 의사에 의해 인체 실험이 실행되었다. 결국 히틀러로 인해 유럽에 거주하는 유대인의 3분의 2가 고통을 받으며 죽었다.

반대 측 입론서

▌논의 배경

　제1차 세계 대전이 끝난 후 베르사유 조약이 체결되었다. 독일은 이 조약으로 인해 막대한 배상금과 영토 그리고 수많은 지하자원을 빼앗겼다. 게다가 독일의 징병을 금지하고, 모든 무기를 파괴하거나 양도해야 했다. 이는 연합국에 대한 신뢰를 잃게 만들었을 뿐만 아니라 독일 국민들의 삶도 궁핍하게 만들었다. 엎친 데 덮친 격으로 세계 대공황이 일어나자 모든 경제 활동이 마비되었고, 각국의 갈등과 경쟁은 더욱더 심화되었다. 이번 토론을 통해 제2차 세계 대전의 가장 큰 책임은 히틀러에게 있는지 논의해 보고자 한다.

▌용어 정의

　○ **제2차 세계 대전**: 1939년부터 1945년까지 이탈리아, 독일, 일본의 추축국과 프랑스, 영국, 미국, 소련, 중국의 연합국 간에 벌어진 세계적 규모의 전쟁

　○ **히틀러(1889~1945년)**: 오스트리아 출신의 독일 정치가. 나치당을 이끌었으며, 1933년 수상에 임명되고 1934년 총통이 되어 독재 정치를 펼침

쟁점 1 　베르사유 조약은 제2차 세계 대전의 씨앗이 되었다.

　제1차 세계 대전 이후 각국이 모여 베르사유 조약을 맺었다. 이 조약

으로 독일은 막대한 영토를 손실하고, 주요 지하자원인 철광석 매장량의 절반과 석탄 매장량의 4분의 1을 빼앗겼다. 또한 전쟁 책임 조항에 따라 1,320억 금 마르크라는 천문학적인 액수의 배상금을 내야 했다. 그중에서 가장 가혹했던 내용은 군비 축소 조항이었다. 독일의 전쟁 도발을 방지하기 위한 이 조항에 따라 독일은 모든 무기를 파괴하거나 양도해야 했으며, 징병 자체가 금지되었다. 이처럼 독일은 제1차 세계 대전의 책임을 지게 되었는데, 이러한 상황은 독일에 큰 타격을 입혔다. 연합국인 영국조차도 베르사유 조약의 가혹함에 혀를 내둘렀을 정도였다. 독일 국민들은 막대한 배상금을 갚아야 했기에 삶이 더욱 힘들어졌고, 이에 따라 연합국에 적개심을 품게 되었다. 이처럼 베르사유 조약은 독일의 국가적 위상을 떨어뜨리고, 독일 국민들의 삶을 힘들게 만들었다. 이 조약을 계기로 제2차 세계 대전이 일어났다.

쟁점 2 세계 대공황이 전쟁을 부추겼다.

미국은 제1차 세계 대전 이후 경제적으로 번영을 누리고 있는 것처럼 보였다. 하지만 미국 경제에서는 소득 불평등과 같은 구조적인 문제가 드러나고 있었다. 그러던 중 1929년 미국 뉴욕 증권 거래소의 주가가 대폭락했다. 이로 인해 기업들은 자산을 잃었고, 은행에서 빌린 돈을 갚을 수 없게 되어 파산했다. 이는 자본주의 국가 전체에 파급되었고, 세계적인 대공황이 일어났다. 대공황으로 인해 공업 생산력의 44%, 무역의 65% 정도가 저하되었고, 많은 기업이 파산해 1,000만 명에 달하는 실업자가 발생했다. 또한 농업 공황, 금융 공황으로 농산물의 가격이 폭락하고, 각국의 금 본위제가 정지되는 사건들이 잇따라 일어났다. 이러한 대공황은 제2차 세계 대전의 원인이 되었다.

쟁점 3 독일 국민들이 직접 히틀러를 선출했다.

히틀러는 나치당을 이용해서 권력을 휘둘렀다. 하지만 그는 총칼이 아닌 국민 투표로 대통령과 총리가 되었다. 1928년 나치당은 국민의 지지를 3% 정도밖에 얻지 못했지만 1930년 선거에서는 18%, 1932년 선거에서는 37%의 득표율을 얻었다. 이를 기반으로 1933년 1월, 히틀러는 힌덴부르크 대통령으로부터 수상 지명을 받았다. 그 뒤 히틀러가 총서기로 있었던 나치당은 1933년 3월 5일 선거에서 44%의 지지율을 얻었다. 1934년 힌덴부르크 대통령이 서거하자, 히틀러는 대통령과 총리를 한 사람이 함께 맡는 총통제 신설을 국민 투표에 붙였다. 이 투표에서는 놀랍게도 88%나 되는 지지율을 얻었다. 그 결과 히틀러는 죽을 때까지 총통을 맡을 수 있었다. 만약 독일 국민들이 히틀러를 지지하지 않았다면, 제2차 세계 대전은 쉽게 일어나지 않았을 것이다.

22
중화 인민 공화국의 탄생

학습 목표

1. 중국에서 일어난 민족 운동의 배경에 대해 설명할 수 있다.
2. 중화 인민 공화국의 탄생 과정을 설명할 수 있다.
3. 중화 인민 공화국 탄생의 역사적 의의에 대해 토론할 수 있다.

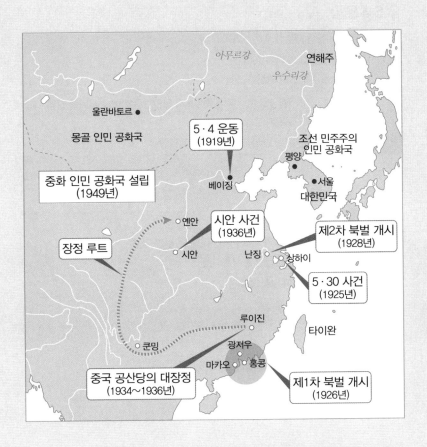

한눈에 알아보는 중화 인민 공화국의 탄생

📍 5·4 운동

배경	○ 황제 제도와 위안스카이에 대한 거부 반란
	○ 군벌들의 다툼 심화
	○ 3·1 운동의 영향을 받음
전개	○ 1919년 5월 4일 베이징의 학생들이 톈안먼 광장에서 시위를 벌임
	○ 상인과 노동자도 참여
	○ 반봉건주의·반제국주의 운동으로 발전

📍 중국 혁명 운동

방향	○ 쑨원, 중국 국민당 결성
	○ 장제스, 쑨원의 뒤를 이어 국민당 정부를 이끎
	○ 마오쩌둥, 공산당 정부를 이끎
전개	○ 제1차 국공 합작(1924년)
	○ 장제스, 북벌 진행
	○ 중국 공산당의 대장정(1934~1936년)
	○ 제2차 국공 합작(1937년)
	○ 국민당과 공산당 내전 → 공산당 승리
	○ 중화 인민 공화국 수립(1949년)

자세히 알아보는 중화 인민 공화국의 탄생

중국의 반외세 민족 통일 운동

1912년 대총통이 된 위안스카이는 황제
가 되어 독재 정치를 하고자 했다. 하지만
이미 공화국 체제가 되어 버린 중국에서
는 불가능했다. 그는 가장 큰 걸림돌인 국
민당을 제거하기 위해 협박은 물론 국민
당의 지도자까지 암살했다. 이 사건으로
쑨원은 다시 일본으로 망명을 가야 했다.

| 위안스카이

1915년 제1차 세계 대전 중 일본은 군사
력을 앞세워 중국 내 독일이 가졌던 이권을 일본에 양도한다는 내용의
21개조 요구를 위안스카이 정부에 제출했다. 일본의 도움으로 황제가
되고자 했던 위안스카이는 21개조 요구를 수락했다. 그러자 황제 제도
와 위안스카이를 거부하는 반란이 거세게 일어났다. 황제 자리에 오른
위안스카이는 결국 3개월 만에 황제 제도를 없애 버렸다.

위안스카이가 사망한 후 권력을 차지하기 위한 군벌들의 다툼이 심
화되었다. 군벌들은 국민은 안중에도 없었고, 오로지 자신들의 이익만
을 위해 혈안이 되어 있었다. 그러던 중 1919년 5월 4일 베이징의 학생
들이 톈안먼 광장에서 일본과 중국 정부를 비판하는 시위를 벌였다. 경
찰이 주동자들을 감옥에 가두자, 상인과 노동자까지 모두 파업에 적극

참여했다. 이 시위는 전국적으로 확대되면서 점차 반봉건주의·반제국주의 운동으로 발전했다. 이것을 5·4 운동이라고 한다.

1915년 정치적으로 혼란한 상황에서 천두슈 같은 지식인들이 잡지 〈신청년〉을 창간했다. 이 잡

| 5·4 운동에 참가한 학생들

지는 봉건적인 유교 사상을 비판하고, 서구의 민주주의와 과학 소식 등 새로운 사상을 소개했다. 특히 마르크스의 사상이 소개되면서 중국의 지식인들을 중심으로 사회주의 사상이 물들기 시작했다. 5·4 운동 이후 사회주의 사상은 더욱 빠르게 퍼져 나갔다.

공산당의 승리로 중화 인민 공화국이 수립되다

러시아는 사회주의 혁명 성공 후 중국의 공산당 창당을 적극적으로 도왔다. 1921년 천두슈 등을 중심으로 중국 공산당이 만들어졌다. 당시 군벌들의 권력 다툼이 심해지자, 공산당에 가입하려는 사람이 점점 많아졌다.

위안스카이가 죽은 후 다시 중국으로 돌아온 쑨원은 자신이 이끌던 단체를 중국 국민당으로 발전시켰다. 그는 군벌을 토벌하기 위해 공산당과 협력해 제1차 국공 합작을 성사시켰다. 쑨원이 죽은 후 권력을 이어받은 장제스는 국민당 내 공산당 세력을 몰아내고 북벌을 시작해 난징에서 우파만을 위한 국민당 정부를 수립했다.

장제스는 공산당을 토벌하면서 일본의 대륙 침략에 대해서는 저항하지 않는 정책을 택했다. 국민 정부군의 공산당 탄압이 계속되자, 1934년 공산당의 대장정이 시작되었다. 중국 공산당은 본거지를 옌안으로 옮기면서 17개의 강과 18개의 산맥을 넘는 동안 큰 피해를 입었다. 하지만 오히려 대장정은 당 지도 노선을 확립하는 새로운 기회가 되었다.

| 중일 전쟁 당시 중국 국민당의 모습

한편 일본은 중국에서 내전이 벌어지자, 그 틈을 타 만주국을 세우고 상하이를 공격해 중국의 북서부 지역까지 세력을 뻗었다. 그러자 전국적으로 대규모 항일 투쟁 시위가 일어났다. 이 과정에서 일본은 수많은 민간인을 학살했다.

1936년 12월, 국민당 동북군의 지휘관이었던 장쉐량이 시안을 방문한 장제스를 납치한 후 당장 공산당과의 내전을 중지하고 항일 투쟁할 것을 압박했다. 1937년 중일 전쟁이 일어나자, 국민당과 공산당은 다시 한 번 손을 잡고 제2차 국공 합작을 했다. 그 결과 중일 전쟁에서 일본군을 몰아내는 데 성공했다.

공산당은 중일 전쟁 과정에서 중국 인민을 포용하는 정책을 펼쳤다. 관리들의 부정부패와 농민 수탈이 심했던 국민당과는 달리 공산당은 친농민 정책을 통해 농촌 지역을 중심으로 지배 지역을 확대했다.

| 중화 인민 공화국 수립을 선언하는 마오쩌둥

중일 전쟁이 끝난 후 국민당과 공산당 사이에 다시 내전이 벌어졌다. 처음에는 무기나 병력 상황이 훨씬 좋았던 국민 정부군이 유리했다. 하지만 공산당은 농민과 노동자의 적극적인 지지를 받아 중국 대륙을 통일할 수 있었다. 1949년 10월 1일 마오쩌둥은 톈안먼 앞에서 사회주의 국가인 중화 인민 공화국 수립을 선언했다. 반면 국민당 정부군과 장제스는 타이완으로 도망쳐 명맥을 이어 갔다.

변화를 거듭한 중화 인민 공화국

1950년 6월 25일 북한의 남침으로 6·25 전쟁이 일어났다. 이후 미국과 유엔군이 참전해 북한군은 압록강까지 밀려났다. 그러자 중국 공산당이 북한에 대규모 인민 지원군을 투입했다. 6·25 전쟁이 계속되는 동안 제국주의 세력이 다시 중국을 침략할지 모른다는 명분을 내세워 공산당 반대 세력을 색출해 제거하자, 공산당의 권력은 더욱 확고해졌다.

6·25 전쟁이 끝난 후 사회주의 진영 안에서 중국의 위상은 높아졌다.

공산당 사회가 급변하면서 1950년 5월, 혼인법이 시행되었다. 여성들은 이 법으로 인해 원치 않는 결혼을 거부할 수 있었고, 가족 내에서도 평등한 대우를 요구하게 되었다.

같은 해 6월에는 토지 개혁법이 시행되었다. 이때부터 티베트와 신장을 제외한 중국 전 지역에서 토지 개혁이 빠르게 추진되었다. 이 개혁으로 토지가 없거나 조금밖에 없는 약 3억 명의 사람이 토지를 분배받았다.

공산당은 소작농과 여성에게 행해졌던 그동안의 잘못된 관행을 고치기 위해 곳곳에서 집회를 열었다. 이처럼 국가가 주도해 제도를 개혁해 나가자, 유교적인 전통 대신 자유와 평등이 인민의 생활 속에 자리를 잡아 갔다.

중국은 소련의 지원을 받아 두 차례에 걸쳐 경제 개발 계획을 수립했다. 이를 통해 기계와 화학 비료, 철강을 생산하는 현대적 기업이 만들어졌고, 석유 자원 개발과 철로 건설에 많은 예산이 투입되었다. 하지만 1956년부터 중국과 소련 사이가 조금씩 벌어지기 시작했다. 스탈린이 죽은 후 소련 공산당을 이끈 흐루쇼프가 미국에 평화 공존을 제안했기 때문이다. 마오쩌둥은 중국식 사회주의를 건설하겠다고 주장하며 대약진 운동을 벌였다.

대약진 운동은 농업 산업과 철강 산업, 두 방향으로 진행되었다. 먼저 농업 생산량을 늘리기 위해 중국 전 지역에 인민공사라는 집단 농장을 만들었다. 마오쩌둥은 인민공사에 생산량을 정해 주고 무조건 따르도록 했다. 인민공사에서 모든 재산은 공동 소유였기 때문에 재배한 생

| 인민공사의 모습

산물도 똑같이 나누었다. 그러다 보니 일을 하든 안 하든 결과는 똑같다는 분위기가 만연해졌다.

당시 중국에는 유럽이나 미국처럼 큰 제철소가 없었고, 이를 건설할 자본과 기술도 없었다. 그래서 마오쩌둥은 전국의 농촌과 도시에서 철강을 직접 생산하자는 계획을 세웠다. 마오쩌둥의 지시로 마을마다 용광로를 만들어 철을 생산해 냈다. 하지만 숟가락이나 낫, 호미, 밥솥 등으로 만든 철은 불순물이 많아 품질이 형편없었다.

대약진 운동이 시행된 기간 동안 농업 생산량과 공업 생산량은 오히려 크게 줄었다. 게다가 어마어마한 흉년까지 닥쳤다. 대약진 운동의 실패로 2,000만 명이 넘는 사람들이 굶어 죽었고, 수많은 사람이 기근을 피해 고향을 떠났다. 마오쩌둥은 이러한 사태에 책임을 지고 국가 주석 자리에서 물러났다.

뒤를 이어 국가 주석에 취임한 류사오치는 덩샤오핑과 함께 자본주의 경제 방식을 받아들였다. 실용주의적 경제 정책을 추진함으로써 열심히 일한 만큼 더 많이 가질 수 있도록 하고 자유 시장도 되살렸다. 1965년까지 중국 경제는 어느 정도 안정을 되찾았다. 당 안에서 류사오치와 덩샤오핑에 대한 지지도 빠르게 올라갔다.

하지만 이러한 변화는 오래가지 못했다. 마오쩌둥이 자신의 지지자들을 내세워 또다시 권력을 잡았기 때문이다. 그는 수백만 명의 홍위병을 부추

| 문화 대혁명 당시의 우표

겨 오랜 역사를 지닌 중국의 전통적 가치와 문화를 공격하게 했다. 홍위병들은 자본주의나 봉건주의 사상에 물들었거나 개혁을 주장하는 사람들을 몰아내자며 선전 활동을 벌였다. 그 결과 많은 문화유산이 파괴되었고, 중국을 대표하는 예술가와 지식인 등이 모욕을 당하거나 맞아 죽기까지 했다. 중국 전역을 뒤덮은 끔찍한 숙청과 테러는 10년간이나 계속되었다. 이 사건이 문화 대혁명이다.

개혁과 개방을 통해 경제 강국이 되다

마오쩌둥이 죽자 1977년 7월, 덩샤오핑이 다시 권력을 잡았다. 덩샤오핑은 개혁과 개방을 통해 사회주의와 현대화를 함께 추구할 것을 주장했다. 덩샤오핑은 검은 고양이든 흰 고양이든, 쥐만 잘 잡으면 된다는 흑묘백묘론을 내세우며 개혁과 개방에 시동을 걸었다. 이념보다는 실용주의를 강조한 것이다. 그는 직접 자본주의 경제를 공부하기 위해 미국과 일본을 방문했으며, 많은 인재를 서유럽에 보냈다. 그 결과 중

| 미국 대통령 레이건과 만난 덩샤오핑

국 경제는 점차 활력을 띠기 시작했다.

현대화한 도시에는 대기업이 늘어나 다양한 분야의 기업들이 활발하게 교류했다. 점점 부유한 도시와 성공한 기업가가 등장했고, 노동자의 평균 임금도 높아졌다. 이처럼 중국 경제는 더욱 발전했지만 빈부 격차가 점점 심해졌고, 돈만 많이 벌면 된다는 문화가 확산되었다. 여전히 사상이나 표현의 자유가 불가능했고, 정부에 대한 비판의 목소리도 낼 수 없었다. 정부 관리와 당 간부의 부정부패도 심해졌다.

1989년은 5·4 운동 70주년이었다. 당시 톈안먼 광장은 민주화를 요구하는 시위의 중심지였다. 지식인들과 학생들은 정부 정책과 당 간부들의 부정부패를 비판하고 언론의 자유 등을 주장하는 집회를 주도했다. 5월 중순에는 수천 명의 학생뿐만 아니라 시민들과 일부 정부 관계자까지 합세했다. 순식간에 100만 명이 넘는 시위 참가자들이 모여들자, 위기를 느낀 덩샤오핑과 정부 관료들은 베이징에 계엄령을 선포했다. 하지만 시위는 오히려 더 확산되어 시위대와 군대의 대치가 이어졌다. 결국 공산당은 군대를 동원해 시위대를 무력으로 진압했다. 이것이 톈안먼 사건이다.

이후 중국은 외국에 문을 열면서도 사회주의 체제를 굳건히 지켜 나가는 정책을 통해 경제 발전에 전력을 기울였다. 그 결과 수많은 외국 기업이 중국에 투자했다. 2001년부터는 세계 무역 기구(WTO)에 가입해 미국과 함께 세계 경제를 좌우하고 있다.

생각을 부르는 질문, 하브루타

1	국공 합작과 국공 내전에 대해 설명해 보세요.
2	중일 전쟁과 난징 대학살에 대해 설명해 보세요.
3	마오쩌둥은 어떤 인물이었나요?
4	중화 인민 공화국에 대해 설명해 보세요.
5	대약진 운동은 무엇인가요?
6	문화 대혁명에 대해 설명해 보세요.
7	덩샤오핑이 주도한 중국의 개혁과 개방은 어땠나요?
8	톈안먼 사건의 배경과 과정, 결과를 설명해 보세요.
9	중국 특유의 사회주의는 무엇인가요?
10	현재 중국 경제는 어떤 상태인가요?
11	
12	
13	
14	
15	

쟁점과 토론 논제

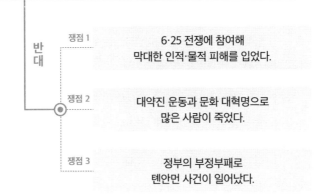

중화 인민 공화국의 탄생으로
중국이 통일되었다.

쟁점 1

국가가 주도하는 제도 개혁으로
자유와 평등이 자리를 잡았다.

쟁점 2

중화 인민 공화국의 탄생으로
경제가 빠르게 성장했다.

쟁점 3

찬성

중화 인민 공화국의 탄생은 중국의 발전에 기여했다.

반대

쟁점 1

6·25 전쟁에 참여해
막대한 인적·물적 피해를 입었다.

쟁점 2

대약진 운동과 문화 대혁명으로
많은 사람이 죽었다.

쟁점 3

정부의 부정부패로
톈안먼 사건이 일어났다.

추가 토론 논제

1. 국민당을 이긴 공산당의 승리는 정당하다.
2. 국공 합작은 바람직하다.
3. 마오쩌둥의 업적은 높이 평가받아야 한다.

토론 요약서

논제	중화 인민 공화국의 탄생은 중국의 발전에 기여했다.	
용어 정의	○ **중화 인민 공화국:** 중국의 공식 국가명. 1949년 10월 1일에 탄생함 ○ **탄생:** 조직, 제도, 사업체 따위가 새로 생김 ○ **발전:** 더 낫고 좋은 상태나 더 높은 단계로 나아감	
	찬성	반대
쟁점 1	중화 인민 공화국의 탄생으로 중국이 통일되었다.	6·25 전쟁에 참여해 막대한 인적·물적 피해를 입었다.
근거	마오쩌둥은 농촌 마을에서 공산당을 재조직하고, 토지 개혁을 통해 농민들의 지지를 얻었다. 중일 전쟁 중에는 국민당과 공산당의 합작을 통해 일본군을 몰아냈다. 당시 부정부패가 난무했던 국민당과는 달리 공산당은 중국 인민을 포용하는 정책과 친농민 정책을 펼침으로써 농촌 지역에서 더 많은 지지를 얻었다. 결국 공산당이 내전에서 승리하면서 중국 대륙을 통일했다.	6·25 전쟁이 일어나자, 미국과 유엔군이 투입되어 북한군을 압록강까지 밀어냈다. 중국은 대규모 인민 지원군을 투입하며 6·25 전쟁에 참여했다. 중국 내에서는 공산당에 반대하는 세력들을 제거했다. 6·25 전쟁 참전으로 희생된 중국 인민 지원군들과 반대 세력파가 제거되면서 중국은 많은 인적 자원을 손실했다. 또 미국이나 영국, 프랑스 등과 좋은 외교 관계를 맺을 수 있는 기회를 놓치게 되었다.
쟁점 2	국가가 주도하는 제도 개혁으로 자유와 평등이 자리를 잡았다.	대약진 운동과 문화 대혁명으로 많은 사람이 죽었다.

근거	중화 인민 공화국이 탄생한 후 중국 사회는 급격히 변화했다. 혼인법 시행으로 여성들은 원치 않는 결혼을 거부하고, 가족 내에서도 평등한 대우를 요구할 수 있었다. 잘못된 관행을 고치기 위해 집회를 열기도 했다. 또한 토지 제도 개혁으로 티베트와 신장을 제외한 중국 전역에서 토지가 없거나 조금밖에 없는 사람들에게 토지를 나누어 주었다. 공산당은 제도 개혁을 통해 모든 국민이 평등한 권리와 재산을 소유할 수 있도록 했다.	마오쩌둥은 대약진 운동을 통해 농업 산업과 철강 산업을 강화했지만, 오히려 생산량과 품질이 많이 떨어졌다. 자연재해까지 겹쳐 2,000만 명이 넘는 사람들이 굶어 죽었다. 마오쩌둥 이후 류사오치와 덩샤오핑은 자유 시장 경제를 도입해 중국 경제를 안정시켰다. 하지만 마오쩌둥은 홍위병을 앞세워 다시 권력을 잡았다. 그는 홍위병을 이용해 반대파를 숙청하고, 자본주의를 지지하는 지식인이나 예술가 등을 죽게 했다. 이러한 문화 대혁명으로 중국의 문화유산이 파괴되었다.
쟁점 3	중화 인민 공화국의 탄생으로 경제가 빠르게 성장했다.	정부의 부정부패로 톈안먼 사건이 일어났다.
근거	마오쩌둥은 화학 비료와 기계, 철강을 생산하는 기업을 조직하고, 석유 자원 개발을 위해 투자를 아끼지 않았다. 그는 대약진 운동을 시행해 농업 산업과 철강 산업을 발전시키고자 했다. 또 인민공사를 설립해 농업 생산량을 늘리고, 마을마다 용광로를 만들어 철을 생산하게 했다. 이후 류사오치와 덩샤오핑은 자본주의 경제 방식과 실용주의 경제 정책을 수용함으로써 중국 경제를 활성화시키기 위해 노력했다.	중국의 빈부 격차는 점점 심해졌다. 게다가 사상이나 표현의 자유가 없었고, 정부에 대한 비판도 할 수 없었다. 정부 관리와 당 간부 간의 부정부패도 심했다. 결국 학생들과 지식인들은 톈안먼 광장에 모여 시위를 벌였다. 시위가 점점 커지자, 위협을 느낀 중국 정부는 계엄령을 선포하고 무력을 사용해 시위에 참가했던 수많은 사람을 진압했다. 톈안먼 사건으로 지식인들과 청년들, 민주주의를 위해 싸운 무고한 시민들이 희생되었다.

▌논의 배경

중국 국민당이 중국 주요 도시를 장악하는 듯했지만, 위안스카이가 사망한 이후 군벌들은 자신들의 이익을 챙기기에 바빴다. 결국 1919년 베이징의 학생들을 중심으로 반봉건주의·반제국주의에 대한 운동이 전국적으로 일어났다. 그러던 중 마르크스의 사회주의 사상이 빠르게 확산되자, 러시아는 중국의 공산당 창당을 적극적으로 돕기 시작했다. 결국 1949년 내전 끝에 공산당이 중국 대륙을 통일해 중화 인민 공화국을 수립했다. 이후 중국은 변화와 개혁을 거듭하면서 성장했다. 이번 토론을 통해 중화 인민 공화국의 탄생이 중국 발전에 기여했는지 논의해 보고자 한다.

▌용어 정의

○ **중화 인민 공화국:** 중국의 공식 국가명. 1949년 10월 1일에 탄생함
○ **탄생:** 조직, 제도, 사업체 따위가 새로 생김
○ **발전:** 더 낫고 좋은 상태나 더 높은 단계로 나아감

쟁점1 중화 인민 공화국의 탄생으로 중국이 통일되었다.

중국은 아편 전쟁에서 두 번이나 서양 열강에 패한 후 경제적·정치적으로 큰 혼란을 겪었다. 이때 등장한 쑨원은 중국 동맹회를 조직하고 중화민국을 선포했다. 하지만 지방 군벌들 사이에 세력 다툼이 시작되

면서 중화민국은 대혼란에 빠졌다. 그러던 중 천두슈 등을 중심으로 중국 공산당이 설립되었다. 마오쩌둥은 농촌 마을에서 공산당을 재조직하고, 토지 개혁을 실시하면서 많은 농민의 지지를 얻었다. 1937년 중일 전쟁 때는 국민당과 공산당이 합작을 통해 일본군을 몰아냈다. 그러자 국민들은 공산당을 더 신뢰하게 되었다. 공산당은 중국 인민을 포용하는 정책과 친농민 정책을 펼침으로써 부정부패가 난무했던 국민당과 비교되었고, 결국 농촌 지역에서 더욱더 많은 지지를 얻게 되었다. 이후 국민당과 공산당 사이에 내전이 벌어졌지만, 농민과 노동자의 지지를 얻은 공산당이 승리하면서 중국 대륙을 통일했다.

쟁점 2 국가가 주도하는 제도 개혁으로 자유와 평등이 자리를 잡았다.

중화 인민 공화국이 탄생한 후 중국 사회는 급격히 변화했다. 우선 1950년부터 혼인법이 시행되면서 중국 여성들은 원치 않는 결혼을 거부할 수 있게 되었고, 가족 내에서도 평등한 대우를 요구할 수 있었다. 공산당은 곳곳에서 집회를 열어 소작농과 여성에게 행해졌던 잘못된 관행을 고치고자 했다. 국가가 주도해 제도를 개혁해 나가자, 자유와 평등이 인민의 생활 속에 자리를 잡아 갔다. 토지 제도 개혁을 통해 티베트와 신장을 제외한 중국 전역에서 토지가 없거나 조금밖에 없는 사람들에게 토지를 나누어 주었다. 이로 인해 3억 명이 넘는 사람들이 토지를 소유할 수 있게 되었다. 이처럼 공산당은 제도 개혁을 통해 모든 국민이 평등한 권리와 재산을 소유할 수 있도록 했다.

중화 인민 공화국의 탄생으로 경제가 빠르게 성장했다.

마오쩌둥은 경제 개발 계획을 수립해 화학 비료와 기계, 철강을 생산하는 기업을 조직하고, 석유 자원 개발을 위해서도 많은 예산을 투입했다. 그는 중국식 사회주의를 건설하기 위해 대약진 운동을 시행해 농업 산업과 철강 산업을 발전시키고자 노력했다. 중국 각 지역에 인민공사라는 집단 농장을 설립해 농업 생산량을 늘리는 데 집중했다. 또한 철강 생산력을 높이기 위해 마을마다 용광로를 만들어 철을 생산하게 했다. 마오쩌둥이 물러난 이후 덩샤오핑과 류사오치는 자본주의 경제 방식과 실용주의 경제 정책을 수용함으로써 중국 경제를 활성화시키는데 집중했다. 그 결과 중국 경제는 안정되었고, 꾸준한 개혁과 개방 정책을 통해 현재는 미국과 함께 세계 경제를 좌우하고 있다.

▌논의 배경

마오쩌둥을 중심으로 중화 인민 공화국이 탄생한 이후 중국은 대규모 경제 계획과 사회 변혁 정책을 실시했다. 하지만 이러한 급진적인 변화와 사회주의 경제 시스템은 금방 한계를 맞게 되었다. 특히 마오쩌둥이 실시한 대약진 운동이 실패로 돌아가자, 그는 이 사태에 대한 책임으로 류사오치와 덩샤오핑에게 주석 자리를 넘겼다. 하지만 얼마 가지 않아 마오쩌둥이 지지자들을 내세워 또다시 권력을 잡으면서 중국은 대혼란을 겪게 되었다. 이번 토론을 통해 중화 인민 공화국의 탄생이 중국 발전에 기여했는지 논의해 보고자 한다.

▌용어 정의

○ **중화 인민 공화국**: 중국의 공식 국가명. 1949년 10월 1일에 탄생함
○ **탄생**: 조직, 제도, 사업체 따위가 새로 생김
○ **발전**: 더 낮고 좋은 상태나 더 높은 단계로 나아감

쟁점 1   6·25 전쟁에 참여해 막대한 인적·물적 피해를 입었다.

1950년 6월 25일 북한의 남침으로 6·25 전쟁이 일어났다. 이후 미국과 유엔군이 참전해 북한군은 압록강까지 밀려났다. 그러자 북한은 중국 공산당의 인민 지원군 투입을 요구했다. 중국은 미국에 적대적인 감정이 있었기에 미국이 한반도를 통일하는 것에 반대했다. 미국의 지휘

아래 유엔군이 38선을 넘어 중국 국경까지 다가오자, 중국은 대규모 인민 지원군을 투입해 6·25 전쟁에 참여했다. 이때 중국 정부는 제국주의 세력이 중국을 언제 다시 침략할지 모른다는 구실을 내세워 공산당에 반대하는 세력을 제거했다. 이처럼 6·25 전쟁 참전으로 중국 인민 지원군이 희생되고 반대 세력파가 제거되면서 중국은 많은 인적 자원 손실을 겪게 되었다. 또 6·25 전쟁 과정에서 중국이 북한을 지지하면서 선진 자본주의 국가인 미국이나 영국, 프랑스 등과 좋은 외교 관계를 맺을 수 있는 기회를 놓치게 되었다.

쟁점 2 대약진 운동과 문화 대혁명으로 많은 사람이 죽었다.

중국 공산당은 중국식 사회주의 건설을 구축하기 위해 대약진 운동을 실시했다. 특히 마오쩌둥은 농업 산업과 철강 산업을 강화하기 위해 힘썼다. 농업 생산량을 늘리기 위해 집단 농장인 인민공사를 만들었지만, 생산물을 똑같이 나누다 보니 열심히 일하는 사람들이 줄어들면서 생산량과 품질이 확연히 떨어졌다. 게다가 자연재해까지 겹쳐 2,000만 명이 넘는 사람들이 굶어 죽었다. 마오쩌둥은 이 사태를 책임지기 위해 주석에서 물러났다. 이후 국가 주석에 취임한 류사오치와 덩샤오핑이 자유 시장 경제를 도입해 중국 경제를 안정시켰다. 하지만 마오쩌둥은 자신의 지지자들을 내세워 다시 권력을 잡았다. 그는 홍위병을 소집해 혁명 이념을 점검한다는 핑계로 반대파를 숙청하고, 자본주의를 지지하는 지식인이나 예술가 등을 죽이게 했다. 문화 대혁명으로 중국의 찬란한 문화유산이 파괴되었으며, 많은 사람이 희생당했다.

정부의 부정부패로 톈안먼 사건이 일어났다.

중국의 경제는 나날이 발전했지만, 빈부 격차는 점점 양극화되었다. 여전히 사상이나 표현의 자유가 불가능했고, 정부에 대한 비판도 할 수 없었다. 게다가 정부 관리와 당 간부 간의 부정부패도 심했다. 결국 1989년 학생들과 지식인들이 톈안먼 광장에 모여 정부의 부정부패를 비판하고, 민주화와 언론의 자유를 외치는 시위를 하기 시작했다. 시위의 규모가 점점 커지자, 중국 정부는 위협을 느끼고 계엄령을 선포했다. 군대와 시위대의 대치가 이어진 끝에 군대는 무력을 사용해 시위에 참가했던 수많은 사람을 진압했다. 톈안먼 사건으로 지식인들과 청년들뿐만 아니라 민주주의를 위해 싸운 무고한 시민들이 희생되었다.

1947년

트루먼 독트린·마셜 계획 발표

1948년

베를린 봉쇄

1950년

6·25 전쟁(~1953년)

1954년

제네바 협정

1955년

반둥 회의

1961년

동독, 베를린 장벽 건설

1962년

쿠바 미사일 위기

1964년

통킹만 사건

1968년

구정 대공세

1969년

닉슨 독트린

1972년

닉슨, 중국 방문

1976년

베트남 사회주의 공화국 건립

1979년

미·중 수교

1985년

소련, 고르바초프 취임

1990년

독일 통일

1993년

유럽 연합 창설

CHAPTER 5
현대

23

냉전 체제

학습 목표

1. 냉전 체제의 형성 과정을 이해할 수 있다.
2. 냉전 체제의 전개 과정을 설명할 수 있다.
3. 냉전 체제가 끼친 영향에 대해 토론할 수 있다.

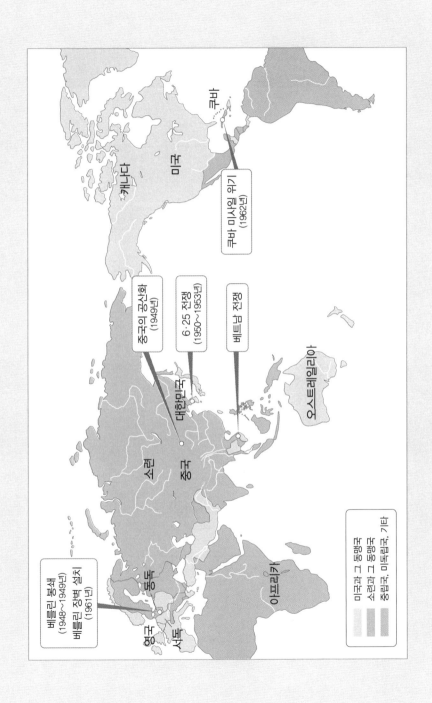

베를린 봉쇄
(1948~1949년)
베를린 장벽 설치
(1961년)

영국
서독
동독
이탈리아

소련

중국
대한민국

캐나다

미국

쿠바

쿠바 미사일 위기
(1962년)

중국의 공산화
(1949년)

6·25 전쟁
(1950~1953년)

베트남 전쟁

오스트레일리아

미국과 그 동맹국
소련과 그 동맹국
중립국, 미독립국, 기타

한눈에 알아보는 냉전 체제

📍 냉전 체제의 성립

미국 (민주주의 진영)	○ 트루먼 독트린 발표 ○ 마셜 계획 추진 ○ 서베를린 통합 ○ 서유럽 각국과 북대서양 조약 기구(NATO) 결성
소련 (공산주의 진영)	○ 동유럽 공산화 ○ 코민포름, 코메콘 설립 ○ 베를린 봉쇄 ○ 동유럽 각국과 바르샤바 조약 기구(WTO) 결성

📍 냉전 체제의 전개

냉전 격화	○ 6·25 전쟁 ○ 베를린 장벽 ○ 쿠바 미사일 위기 ○ 베트남 전쟁
제3 세계	○ 평화 공존 5원칙 발표(1954년) ○ 반둥 회의에서 평화 10원칙 발표(1955년)
냉전 완화	○ 닉슨 독트린(1969년): 미국의 닉슨 대통령이 중국 방문(1972년) ○ 미·중 수교(1979년) ○ 데탕트 시대

자세히 알아보는 냉전 체제

냉전의 시작

제2차 세계 대전이 끝난 후 본격적으로 냉전이 시작되었다. 연합국은 패전국인 독일을 4개로 나누어 다스렸다. 서부와 북부는 영국, 남부는 미국, 남서부는 프랑스, 동부는 소련이 맡았다. 독일의 수도 베를린도 민주주의 진영의 서베를린과 공산주의 진영의 동베를린으로 나누어 통치했다.

전쟁 이후 소련은 주변의 동유럽 국가들을 공산화하기 시작했다. 그리스와 터키까지 공산화될 위기에 처하자, 미국 대통령 트루먼은 공산주의의 확산을 막기 위해 1947년 트루먼 독트린을 발표했다. 이를 통해 그리스와 터키에 군사적·경제적 지원을 결정했다. 이후 마셜 계획을 통해 서유럽 경제에 지원했고, 북대서양 조약 기구(NATO)를 결성해 소련을 압박했다.

| 트루먼 독트린 연설을 하는 미국 대통령 트루먼

| 코메콘 회의

이에 대항하기 위해 소련은 국제 공산당 정보기관인 코민포름을 만들어 동유럽의 정치 상황을 분석했다. 또 동유럽 경제 협력 기구인 코메콘을 결성했다. 이후에는 바르샤바 조약 기구(WTO)를 만들어 사회주의 국가들의 동맹을 강화했다.

냉전 체제의 위기

세계는 민주주의 진영을 대표하는 미국과, 공산주의 진영을 대표하는 소련을 중심으로 둘로 갈라지는 냉전 체제(cold war)로 접어들었다. 두 진영 간의 대립은 베를린 봉쇄를 시작으로 중화 인민 공화국 수립 이후에 벌어진 6·25 전쟁과 베트남 전쟁, 그리고 미국과 소련의 핵무기 경쟁, 동독의 베를린 장벽 설치, 쿠바 미사일 위기 등 여러 사건을 통해 점점 심화되었다. 특히 한반도는 민주주의 진영이 지원하는 대한민국과 공산주의 진영이 지원하는 조선 민주주의 인민 공화국으로 분단되어 냉전이 더욱 심화되는 양상을 보였다.

| 미국 국립항공우주박물관에 보관되어 있는 스푸트니크 1호의 모형

냉전 시대 이전, 우주는 인간이 범접할 수 없는 공간이었다. 하지만 제2차 세계 대전을 계기로 미국과 소련의 우주 전쟁이 시작되었다. 소련은 1957년 인공위성 스푸트니크 1호를 발사하는 데 성공했다. 이에 충격을 받은

미국은 4개월 후에 인공위성을 발사했다. 1969년 미국은 수많은 연구와 실험을 거듭한 끝에 아폴로 11호를 만들어 세계 최초로 달 착륙에 성공했다. 이후 소련과 미국은 우주선을 쏘아 올리는 데도 성공하고 우주 정거장까지 개발해 본격적인 우주 시대를 열었다. 냉전 시대에 두 나라가 서로 경쟁하듯 벌인 우주 탐색은 엄청난 과학 기술의 발전은 물론 또 다른 세계로의 무한한 가능성을 보여 주었다.

베트남은 전쟁으로 인해 남베트남과 북베트남으로 분단되었다. 미국은 남베트남을 지원하기 위해 베트남 전쟁에 참여했다. 하지만 미군이 베트남에서 철수하자, 북베트남이 무력으로 남베트남을 공격해 베트남을 통일시켰다.

1961년 독일의 수도 베를린에 장벽이 설치되면서 미국과 소련 간의 갈등은 최고조에 이르렀다. 베를린은 당시의 동독 한가운데에 있었다. 하지만 베를린은 독일의 수도였기 때문에 절반을 소련이 점령하고 나머지 절반은 프랑스와 영국, 미국이 점령하고 있었다. 그런데 공산화를 원하지 않는 동독 시민들이 서독으로 넘어가 돌아오지 않는 상황이 벌어졌다. 이에 동독은 베를린에 장벽을 쌓아 버렸다. 베를린 장벽은 철저한 비밀 유지와 함께 대대적으로 군인과 중장비를 동원해 하루 만에 완성되었다. 이후 장벽에 접근하거나 장벽 밖으로 넘어가는 사람들은 사살당했다. 이 사태로 미국과 소련의 냉전은 더욱더 심해졌다.

| 베를린 장벽을 설치하는 모습

베를린 장벽 사태 직후, 냉전에 더 심각한 영향을 미친 사건이 일어났다. 바로 쿠바 미사일 위기였다. 지리적으로 미국과 가까운 쿠바는 1902년 스페인으로부터 독립한 후 미국의 영향력 아래에 있었다. 쿠바에 독재 정권이 들어서도록 지원한 미국은 사실상 쿠바를 지배하고 있었던 것이다. 참다못한 쿠바 국민들은 1959년 카스트로와 체 게바라를 중심으로 사회주의 혁명을 일으켰다. 이에 소련은 카스트로에게 군사적인 지원을 했다. 이로써 쿠바에는 사회주의 정부가 들어섰고, 소련은 쿠바에 미사일 기지를 설치하려고 했다.

당시 미사일 전력은 미국이 소련보다 훨씬 앞서 있었다. 냉전이 점점 심각해지자, 미국은 소련을 둘러싼 터키 등의 우방국에 미사일을 배치했다. 이 때문에 소련은 미국 본토를 직접 위협할 수 있을 정도로 가까운 거리에 있는 쿠바에 미사일 기지를 건설하려고 한 것이다.

전쟁 직전까지 갔던 두 나라는 물밑 작업을 통해 극적으로 합의했다. 소련은 쿠바에 미사일 기지를 설치하지 않기로 했고, 미국은 터키에 설치된 미사일 기지를 철수하기로 한 것이다. 결국 미국과 소련 사이에 양대 정상을 직접 연결하는 직통 전화가 설치되었다.

냉전 체제의 종말

소련은 1970년대부터 경제 침체기로 접어들었다. 소련식 사회주의는 생필품 부족, 근로 의욕 상실, 무능한 관리와 그들에 의한 부정부패 등으로 점차 몰락의 길을 걷게 되었다. 1980년대에는 아프가니스탄과의 전쟁이 길어지면서 소련의 경제는 더욱 악화되었다.

1985년 새롭게 권력을 잡은 소
련의 고르바초프는 우선 소련 경
제를 일으켜야 한다고 생각했다.
그러던 중 1986년 체르노빌 원자
력 발전 사고가 일어났다. 소련은
이 사고로 어마어마한 피해를 입
었다. 사고를 수습하기 위해서는
엄청난 자원과 비용, 인력이 필요
했다. 예전 체제로는 감당할 수 없

| 체르노빌 원자력 발전 사고 이후의 체르노빌 전경

다고 생각한 고르바초프는 개혁과 개방을 앞당기고 냉전 포기를 추진
했다. 미국과의 관계도 대립보다는 대화와 평화를 원했다. 고르바초프
는 미국의 레이건 대통령과 정상 회담을 가지고, 중거리 핵미사일 폐기
협정을 체결했다.

이 시기에는 동유럽 국가들도 정치 민주화와 경제 자유화를 외치기
시작했다. 그 결과 헝가리, 폴란드, 루마니아, 체코슬로바키아 등 공산
주의 국가들이 차례로 무너졌다.

독일에서는 자유와 경제적인 발전을 누리고 사는 서독 사람들을 부러
워한 동독 사람들이 서독으로 탈출하는 일이 많아졌다. 이 시기에 동독
의 여러 도시에서는 선거권과 자유 여행을 원하는 시위가 계속 벌어졌
다. 결국 1989년 냉전의 상징이었던 베를린 장벽이 무너지면서 1990년
독일은 통일을 이루었다. 1991년에는 소련 정권 자체가 무너졌으며, 러
시아 공화국을 중심으로 한 독립 국가 연합(CIS)이 결성되었다. 이로써
미국은 세계의 중심이 되었다.

1	제2차 세계 대전 이후 독일은 어떻게 되었나요?
2	베를린 봉쇄 이후 동독과 서독으로 나뉘게 되는 과정을 설명해 보세요.
3	냉전은 무엇을 의미하나요?
4	냉전 시대 때 미국과 소련의 우주 경쟁에 대해 설명해 보세요.
5	냉전에 더욱 심각한 영향을 끼쳤던 쿠바 혁명에 대해 설명해 보세요.
6	쿠바 미사일 위기에 대해 설명해 보세요.
7	체르노빌 원자력 발전 사고는 무엇인가요?
8	소련의 고르바초프는 어떤 개혁과 개방을 시도했는지 설명해 보세요.
9	독일의 통일 과정에 대해 설명해 보세요.
10	동유럽의 공산주의가 무너지게 된 이유는 무엇인가요?
11	
12	
13	
14	
15	

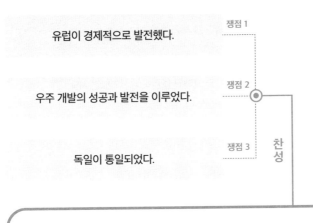

유럽이 경제적으로 발전했다. — 쟁점 1

우주 개발의 성공과 발전을 이루었다. — 쟁점 2 ⊙ ─ 찬성

독일이 통일되었다. — 쟁점 3

냉전 시대는 좋은 사회로의 도약에 기여했다.

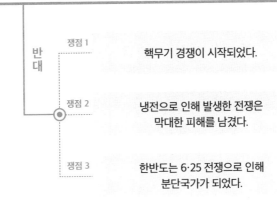

반대 ─ 쟁점 1 ┈┈ 핵무기 경쟁이 시작되었다.

쟁점 2 ⊙ ─ 냉전으로 인해 발생한 전쟁은 막대한 피해를 남겼다.

쟁점 3 ┈┈ 한반도는 6·25 전쟁으로 인해 분단국가가 되었다.

추가 토론 논제

1. 냉전 체제는 미국 때문에 발생했다.
2. 냉전 체제의 최종 승리자는 민주주의 진영이다.
3. 냉전 체제는 비서구 지역에서의 열전을 불러왔다.

토론 요약서

논제	냉전 시대는 좋은 사회로의 도약에 기여했다.	
용어 정의	○ **냉전 시대**: 제2차 세계 대전이 끝난 후 미국의 민주주의 진영과 소련의 　공산주의 진영을 중심으로 국제적 대립이 유지되었던 시대 ○ **도약**: 더 높은 단계로 발전해 나가는 것	
	찬성	반대
쟁점 1	유럽이 경제적으로 발전했다.	핵무기 경쟁이 시작되었다.
근거	제2차 세계 대전 이후 소련은 동유럽 국가들의 경제 부흥과 동맹 강화를 위해 코민포름과 코메콘을 설립하고, 바르샤바 조약 기구(WTO)를 결성했다. 반면 미국은 마셜 계획을 수립해 서유럽의 경제 정책에 적극적으로 개입했다. 이후에는 소련의 팽창을 막기 위해 서유럽 국가들과 북대서양 조약 기구(NATO)를 설립했다.	미국과 소련의 냉전이 고조됨에 따라 핵무기에 대한 욕심도 커져 갔다. 1945년 미국이 원자 폭탄을 만들자, 1949년 소련도 원자 폭탄 개발에 성공했다. 그러던 중 소련 상공을 날던 미국의 비행기 한 대를 소련 공군기가 격추시킨 사건이 발생했다. 이 때문에 협상은 물거품이 되었고, 미국과 소련의 냉전은 더욱 심해져 갔다.

쟁점 2	우주 개발의 성공과 발전을 이루었다.	냉전으로 인해 발생한 전쟁은 막대한 피해를 남겼다.
근거	미국과 소련의 우주 경쟁을 통해 인류의 우주 과학 기술은 급속도로 성장했다. 인간은 달과 화성을 개척했고, 많은 인공위성과 우주선을 발사하는 데 성공했다. 이뿐만 아니라 우주 정거장 개발에도 성공해 본격적인 우주 연구의 창을 열었다. 이를 계기로 미국과 소련은 서로 앞다투어 우주라는 완전히 새로운 분야를 개척했다.	냉전으로 인한 소련과 미국의 대립은 국제전의 양상을 보였다. 각국에서 이데올로기 갈등과 분쟁이 일어나 많은 사람이 전쟁에 나가거나 희생되었다. 냉전으로 인해 발생한 베트남 전쟁에서 많은 베트남 군인과 지원 사격으로 파병 나갔던 많은 한국 군인이 목숨을 잃었다.
쟁점 3	독일이 통일되었다.	한반도는 6·25 전쟁으로 인해 분단 국가가 되었다.
근거	서베를린을 통치하던 미국, 영국, 프랑스는 서독 지역에 화폐 개혁을 시행했다. 그러자 소련은 베를린 봉쇄를 단행했고, 독일은 서독과 동독으로 나뉘었다. 1961년에는 독일의 동서를 가로막는 베를린 장벽이 건설되었다. 미국의 경제적인 도움을 받은 서독은 급속도로 경제가 회복되었다. 그러자 동독 국민들이 비밀리에 동독을 빠져나갔다. 1989년 베를린 장벽이 무너졌고, 1년 뒤 독일이 통일했다.	한국은 광복 이후 냉전의 영향으로 이념을 달리하는 두 체제가 형성되었다. 1948년 총선거 이후 이승만은 대한민국 단독 정부를 세웠고 북한에서는 김일성이 조선 민주주의 인민 공화국을 세우면서 남과 북은 서로 다른 길을 걷게 되었다. 1950년에 일어난 6·25 전쟁 이후 한반도는 분단국가로 남게 되었다.

▌논의 배경

제2차 세계 대전 이후 동유럽 각국은 소련의 영향을 받아 공산주의 정권으로 전환했다. 이에 미국은 공산주의가 확산되는 것을 막고 자유 민주주의 국가를 지원하기 위해 트루먼 독트린을 발표하고, 마셜 계획을 세워 서유럽을 경제적으로 지원하기로 결정했다. 소련은 이에 대항해 정보기관인 코민포름과 동유럽 경제 협력 기구인 코메콘을 설립했다. 이런 과정을 거치면서 민주주의 진영을 대표하는 미국과 공산주의 진영을 대표하는 소련 간에 냉전 체제가 형성되었다. 이번 토론을 통해 냉전 시대가 좋은 사회로의 도약에 기여했는지 논의해 보고자 한다.

▌용어 정의

○ **냉전 시대**: 제2차 세계 대전이 끝난 후 미국의 민주주의 진영과 소련의 공산주의 진영을 중심으로 국제적 대립이 유지되었던 시대
○ **도약**: 더 높은 단계로 발전해 나가는 것

쟁점 1 유럽이 경제적으로 발전했다.

미국과 소련의 대립은 동유럽과 서유럽에까지 영향을 끼쳤다. 제2차 세계 대전 이후 동유럽은 소련 스탈린의 영향으로 공산주의 세력이 급격히 성장했다. 당시 잦은 전쟁으로 지쳐 있었던 서민들은 농민과 노동자를 지지하는 사회주의 이론에 더욱 관심을 가졌고, 이에 따라 자

연스레 사회주의 활동이 증가했다. 소련은 사회주의를 지지하는 동유럽 국가들을 중심으로 동맹 강화와 경제 부흥을 위해 코민포름과 코메콘을 설립하고, 바르샤바 조약 기구(WTO)를 결성했다. 반면 미국은 사회주의 사상의 팽창을 막기 위해 서유럽의 경제 정책에 적극적으로 개입하기 시작했다. 1947년에 수립된 마셜 계획은 서유럽 16개국의 경제적 부흥과 시장 경제를 위한 계획이었다. 이후 미국과 서유럽 국가들은 공식적으로 소련의 팽창을 막기 위해 북대서양 조약 기구(NATO)를 설립하고, 경제적 발전을 이루기 위해 협력했다.

쟁점 2 우주 개발의 성공과 발전을 이루었다.

냉전 이전에 우주는 범접할 수 없는 공간이었다. 하지만 미국과 소련의 우주 경쟁을 통해 인류의 우주 과학 기술은 급속도로 성장했다. 미국은 달과 화성을 개척했고, 많은 인공위성과 우주선을 발사하는 데 성공했다. 우주 정거장의 개발은 본격적인 우주 연구의 창을 열었다. 1957년 소련은 인공위성 스푸트니크 1호를 발사하는 데 성공했다. 이에 충격을 받은 미국은 4개월 후에 인공위성을 발사했다. 이후 미국과 소련은 앞다투어 우주라는 새로운 분야를 개척했다. 이는 무한한 기술 발전의 가능성을 보여 주었다. 따라서 냉전은 엄청난 기술 발전을 이루게 한 선의의 경쟁이었다고 할 수 있다.

쟁점 3 독일이 통일되었다.

서베를린을 통치하던 미국, 영국, 프랑스는 서독 지역에 화폐 개혁을 시행했다. 그러자 소련은 서독에서 서베를린으로 가는 길을 봉쇄한 베를린 봉쇄를 단행했고, 독일은 서독과 동독으로 나뉘었다. 1961년에는 독일의 동서를 가로막는 베를린 장벽이 건설되었다. 소련이 점령하는 동독과 달리 미국의 경제적인 도움을 받은 서독은 급속도로 경제가 회복되어 빌딩과 자동차 산업이 부흥하기 시작했다. 그러자 자연스레 화폐 개혁으로 자본주의가 더 탄탄하게 자리를 잡았다. 이 때문에 동독 시민들이 서독으로 넘어가서 돌아오지 않는 상황까지 벌어졌다. 동독의 경제는 점점 침체되었다. 1989년 동유럽의 공산 국가들이 하나둘 무너졌고, 마침내 냉전의 상징이었던 베를린 장벽도 무너졌다. 1년 뒤에는 독일이 통일되었다.

▌논의 배경

　미국과 소련의 대립은 세계 여러 나라에 영향을 끼쳤다. 미국은 공산주의 사상이 확산되는 것을 막기 위해 핵무기 개발, 군사적 우위를 위한 각국과의 동맹 체결을 진행하기 급급했다. 소련도 공산당 정보국이라 불리는 코민포름을 수립해 유럽, 중동, 남아메리카, 아시아 곳곳에 공산 국가를 확산시키려고 했다. 하지만 미국과 소련의 대결 구도는 결국 세계 곳곳에 전쟁을 발발시켰고, 이로 인해 많은 국가가 막대한 피해를 보았다. 냉전으로 인해 생긴 전쟁의 피해와 분단의 아픔은 아직까지도 이어지고 있다. 이번 토론을 통해 냉전 시대가 좋은 사회로의 도약에 기여했는지 논의해 보고자 한다.

▌용어 정의

　○ **냉전 시대:** 제2차 세계 대전이 끝난 후 미국의 민주주의 진영과 소련의 공산주의 진영을 중심으로 국제적 대립이 유지되었던 시대
　○ **도약:** 더 높은 단계로 발전해 나가는 것

쟁점 1 　핵무기 경쟁이 시작되었다.

　미국과 소련의 냉전이 고조됨에 따라 핵무기에 대한 욕심도 커져 갔다. 1945년 미국이 원자 폭탄을 만들자, 1949년 소련도 원자 폭탄 개발에 성공했다. 두 나라는 핵무기를 가지고 동서로 분단된 독일에서 팽팽

하게 맞섰다. 1955년 5월, 서독이 북대서양 조약 기구에 가입하면서 집단 방어를 위한 상호 군사 원조와 무기를 개발했고, 동독도 마찬가지로 바르샤바 조약 기구를 체결하면서 핵무기 경쟁이 심화되었다. 이때 소련의 흐루쇼프는 베를린을 중립 도시로 만들기 위해 제안했지만 무산되었다. 그러던 중 소련 상공을 날던 미국 비행기 한 대를 소련 전투기가 격추시킨 사건이 발생했다. 이 일 때문에 협상은 물거품이 되었고, 1961년 동독과 서독 지역을 가르는 베를린 장벽이 세워졌다. 이로 인해 독일이 통일할 가능성은 점점 희박해졌고, 미국과 소련의 냉전은 더욱 심해졌다. 미국과 소련은 더욱 핵무기 개발에 힘썼고, 서로를 믿지 않는 관계가 되었다.

쟁점 2 냉전으로 인해 발생한 전쟁은 막대한 피해를 남겼다.

냉전으로 인한 소련과 미국의 대립은 유럽, 중동, 남아메리카 대륙과 아시아로 확대되면서 국제전의 양상을 보였다. 각국에서 이데올로기 갈등과 분쟁이 벌어지면서 많은 사람이 전쟁에 나가거나 희생되었다. 중국에서는 공산당과 국민당이 대립하면서 여러 내전이 벌어졌다. 결국 마오쩌둥이 중화 인민 공화국을 수립하고, 장제스는 타이완으로 쫓겨나게 되었다. 한반도에서는 광복 이후 남북한 간의 이념 갈등이 생겼다. 결국 1950년 북한의 기습 남침으로 6·25 전쟁이 발발해 3년간 끔찍한 전쟁을 치르게 되었다. 베트남에서도 미국과 소련의 개입으로 인해 분단된 북베트남과 남베트남 사이에서 수차례 전쟁이 일어났다. 이때 수많은 베트남 군인과 지원 사격으로 파병 나갔던 한국 군인이 목숨을 잃었다.

쟁점 3 **한반도는 6·25 전쟁으로 인해 분단국가가 되었다.**

1945년 광복 이후 남북한에서는 냉전의 영향으로 신탁 통치를 찬성하는 사람과 반대하는 사람으로 나뉘면서 이념을 달리한 두 체제가 형성되었다. 1948년 남한에서만 치러진 총선거 이후 이승만은 대한민국 단독 정부를 세웠고, 북한에서는 김일성이 조선 민주주의 인민 공화국을 세우면서 남과 북은 서로 다른 길을 걷게 되었다. 1950년 북한의 남침으로 6·25 전쟁이 시작되었다. 소련은 김일성의 끈질긴 요구 끝에 탱크를 비롯한 여러 전쟁 물자를 지원했다. 이에 미국은 소련을 견제하기 위해 이승만 정부를 전폭적으로 지원했다. 미국을 중심으로 유엔군이 지원되고, 북한의 침략을 막기 위해 군사 지원이 강화되었다. 하지만 1953년 전쟁이 끝난 후 한반도는 씻을 수 없는 상처와 함께 분단국가로 남게 되었다.

24

베트남 전쟁

○ 중학교 역사①: Ⅵ. 1. 냉전 체제와 제3 세계의 형성
○ 고등학교 세계사: Ⅵ. 1. 냉전과 탈냉전 / Ⅵ. 1. 냉전 체제의 형성과
변화

학습 목표

1. 베트남 전쟁의 배경에 대해 파악할 수 있다.
2. 베트남 전쟁의 전개 양상과 결과에 대해 설명할 수 있다.
3. 베트남 전쟁의 책임은 어느 나라에 있는지 토론할 수 있다.

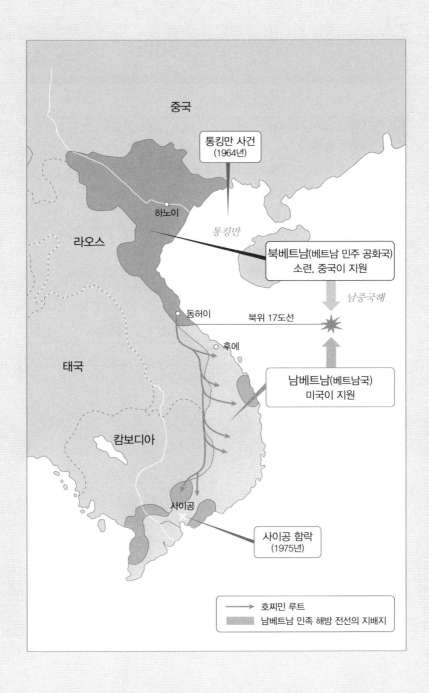

중국

통킹만 사건
(1964년)

하노이

통킹만

북베트남(베트남 민주 공화국)
소련, 중국이 지원

라오스

남중국해

동허이

북위 17도선

태국

후에

남베트남(베트남국)
미국이 지원

캄보디아

사이공

사이공 함락
(1975년)

→ 호찌민 루트
남베트남 민족 해방 전선의 지배지

한눈에 알아보는 베트남 전쟁

배경	○ 프랑스, 베트남 지배(1883년) → 제1차 세계 대전 이후 베트남 독립 운동 전개 ○ 일본, 제2차 세계 대전 때 베트남 지배 ○ 베트남, 독립 선언(1945년 9월) ○ 제1차 인도차이나 전쟁: 프랑스 vs 베트남
전개	○ 제네바 협정(1954년) → 베트남, 남북으로 분단(북: 호찌민 세력, 남: 프랑스+미국+옛 왕조) ○ 통킹만 사건(1964년): 미국 vs 남베트남 민족 해방 전선(베트콩) ○ 구정 대공세(1968년): 미국 여론에 큰 영향 ○ 닉슨 독트린(1969년) ○ 파리 평화 협정 체결(1973년) → 통일 정부 수립, 미군 철수
결과	○ 베트남 사회주의 공화국 수립(1976년)

자세히 알아보는 베트남 전쟁

베트남에서 벌어진 민족 해방 투쟁

베트남은 제국주의가 한창이던 1883년부터 프랑스의 식민지였다. 프랑스는 라오스와 캄보디아까지 점령했고, 영국은 미얀마를 차지했다. 제2차 세계 대전이 벌어지고 독일이 프랑스를 점령한 사이, 일본이 베트남의 새로운 침략자로 등장했다. 일본은 제2차 세계 대전이 끝난 후 베트남에서 물러났다.

| 젊은 시절의 호찌민

이때 호찌민이 베트남의 민족 운동을 이끌었다. 호찌민은 베트남 공산주의자들과 혁명을 일으켜 베트남 민주 공화국을 세웠다. 그런데 프랑스가 다시 등장해 베트남 지배권을 주장하는 일이 벌어졌다. 프랑스와 베트남 민주 공화국 사이에 벌어진 제1차 인도차이나 전쟁은 8년 동안이나 이어졌다. 프랑스는 베트남의 강력한 저항에 밀려 결국 베트남에서 물러났다.

1954년 제네바 협정에 따라 베트남은 북베트남인 베트남 민주 공화국과 남베트남인 베트남국으로 나뉘었다. 북베트남은 호찌민이 다스렸고, 남베트남은 프랑스와 일본의 꼭두각시인 바오 다이가 통치했다. 호찌민은 남북 통일을 주장하며 베트남 사람들을 설득했다. 그러자 미국은 베트남이 공산화되면 주변국들까지 공산화되기 쉬울 거라는 생각

| 무장하고 있는 베트콩

에 남베트남을 지원하기로 했다. 미국은 바오 다이 정권으로는 북베트남에 대항할 수 없다고 보고, 새로운 통치자 응오딘지엠을 내세웠다. 미국의 지원을 받은 응오딘지엠 정부는 강력한 군대를 양성하고 남북 총선거에 반대했다. 하지만 응오딘지엠 정부는 무능과 부정부패에 찌들어 있었다.

응오딘지엠 정부의 탄압이 잔인해지자, 북베트남은 남베트남에 공작원들을 파견했다. 남베트남 공산당의 세력이 급속도로 커지자, 1960년 남베트남 민족 해방 전선이 결성되었다. 베트콩이라고도 불리는 이들은 밀림으로 들어가 조직적으로 게릴라 투쟁을 시작했다. 베트콩의 반격이 거세지자, 미국은 이들을 토벌하기 위해 직접 나섰다. 하지만 응오딘지엠 정부는 미국의 적극적인 개입에도 공산당의 공격을 제대로 막아 내지 못했다. 그 틈을 타고 1963년 남베트남 군인들이 쿠데타를 일으켰다. 응오딘지엠은 쿠데타 세력에 의해 살해되었다.

아무런 이득 없이 상처만 남긴 베트남 전쟁

1964년 베트남의 통킹만에 있던 미군 군함이 북베트남 해군의 공격을 받은 통킹만 사건이 벌어졌다. 하지만 이 사건은 1971년 〈뉴욕 타임스〉를 통해 「펜타곤 문서」가 공개됨으로써 조작되었다는 것이 밝혀졌다. 미국은 통킹만 사건을 빌미로 북베트남의 석유 저장소와 군함을 공격했다. 하지만 남베트남 민족 해방 전선의 저항도 만만치 않았다.

미국은 대규모 군대를 베트남에 보내고, 전 세계 동맹국에도 전투병 파병을 강력하게 요청했다. 이에 5만 명의 한국군이 파병되었고, 호주와 필리핀, 뉴질랜드도 군대를 파견했다. 미국은 베트남 전쟁에 엄청난 돈을 쏟아부었지만, 남베트남 민족 해방 전선을 무너뜨리지 못했다. 오히려 남베트남 민족 해방 전선은 땅굴이나 밀림 속으로 들어가 게릴라 전을 펼치면서 미군을 더 괴롭혔다. 그러자 미국은 공산당을 잡겠다는 핑계로 집을 태우거나 민간인들을 잔인하게 학살했다. 또 밀림 속으로 숨어 들어간 게릴라들의 근거지를 없앤다며 고엽제를 마구 뿌리고 신무기로 공격을 퍼부었다. 이로 인해 전쟁이 끝난 후에도 후유증을 앓는 군인과 민간인이 많았다.

1968년 북베트남군과 남베트남 민족 해방 전선이 남베트남 전역의 도시를 기습 공격한 구정 대공세가 일어났다. 이로 인해 미국과 유럽에서는 베트남 전쟁 반대 운동이 거세게 달아올랐다. 이후 미국은 더욱 심각한 반전 운동과 국론 분열에 시달려야 했고, 베트남에서도 계속 고전을 면치 못했다.

결국 1975년 세계 최고의 군사력을 가진 미국은 역사상 처음으로 전쟁에서 패배하고 베트남에서 철수했다. 베트남은 1976년 남북 총선거를 통해 베트남 사회주의 공화국을 건립했다. 뒤이어 캄보디아와 라오스에도 사회주의 정부가 들어섰다.

| 펜타곤 앞에서 반전 시위를 벌이고 있는 사람들

생각을 부르는 질문, 하브루타

1	베트남 전쟁은 왜 일어났나요?
2	통킹만 사건은 어떤 평가를 받고 있나요?
3	베트남은 제국주의 시대 때 어떤 나라의 식민지였나요?
4	호찌민은 어떤 인물인가요?
5	베트남 민주 공화국과 베트남국에 대해 설명해 보세요.
6	응오딘지엠은 어떤 인물인가요?
7	제네바 협정 이후 베트남에서 총선거가 시행되지 않은 이유는 무엇인가요?
8	베트남 민족 해방 전선에 대해 설명해 보세요.
9	베트남 전쟁의 과정을 설명해 보세요.
10	베트남은 베트남 전쟁에서 어떻게 승리하게 되었나요?
11	
12	
13	
14	
15	

쟁점과 토론 논제

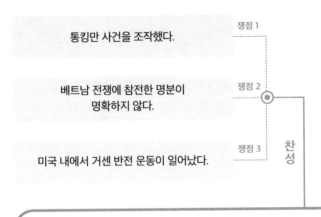

쟁점 1
통킹만 사건을 조작했다.

쟁점 2
베트남 전쟁에 참전한 명분이
명확하지 않다.

쟁점 3
미국 내에서 거센 반전 운동이 일어났다.

찬성

베트남 전쟁에 대해 반성해야 할 나라는 미국이다.

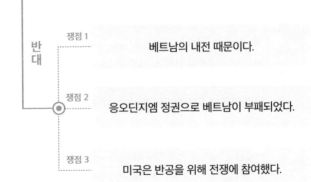

반대

쟁점 1
베트남의 내전 때문이다.

쟁점 2
응오딘지엠 정권으로 베트남이 부패되었다.

쟁점 3
미국은 반공을 위해 전쟁에 참여했다.

추가 토론 논제

1. 베트남 전쟁은 상처만 남겼다.
2. 베트남 전쟁에 개입한 미국은 무모했다.
3. 베트남 전쟁에 참전한 한국의 결정은 옳다.

토론 요약서

논제	베트남 전쟁에 대해 반성해야 할 나라는 미국이다.	
용어 정의	○ **베트남 전쟁**: 북베트남과 남베트남 사이에서 벌어진 전쟁 ○ **반성**: 자신의 언행에 대해 잘못이나 부족함이 없는지 돌이켜 봄	
	찬성	**반대**
쟁점 1	통킹만 사건을 조작했다.	베트남의 내전 때문이다.
근거	1964년 통킹만 해상에서 북베트남 해군이 미군 군함을 선제공격해 양국 함대가 교전한 통킹만 사건이 일어났다. 당시 미국은 베트남 전쟁에 적극적으로 개입하고자 했다. 결국 「펜타곤 문서」가 공개됨으로써 두 번째 교전은 사실이 아닌 것으로 밝혀졌다. 미국이 베트남 전쟁에 적극적으로 관여하기 위해 조작한 정황이 드러난 것이다.	1945년 베트남 공산주의자인 호찌민을 중심으로 베트남 민주 공화국이 세워졌다. 베트남은 남베트남과 북베트남으로 나뉘었다. 남베트남은 호찌민이 주장하는 남북 총선거에 반대하고, 군대를 강화하면서 미국의 지원을 요청했다. 이러한 남베트남의 독재 정치는 남베트남 내 분열을 일으켰다. 1960년 베트콩이 결성되면서 전쟁이 장기화되었다.
쟁점 2	베트남 전쟁에 참전한 명분이 명확하지 않다.	응오딘지엠 정권으로 베트남이 부패되었다.

근거	초기 베트남전은 전면적인 전쟁의 확대는 피하고 있었다. 언제 다시 세계 대전으로 변화할지 모른다는 문제 때문이었다. 하지만 전쟁은 베트콩의 사이공 공습으로 곧 본격화되었다. 미국은 중국, 소련과 이어진 북베트남을 제거해 이러한 사태를 미연에 방지하고자 했다. 결국 미국은 과도한 병력을 투입해 베트남 전쟁에 참전했다. 겉으로는 반공을 강조하며 전쟁에 적극적으로 개입했지만, 실제로는 전쟁 명분이 명확하지 않았다.	미국은 바오 다이 정권을 대신해 미국 중앙 정보국(CIA)에 의해 발탁된 응오딘지엠을 내세웠다. 응오딘지엠은 강력한 반공 국가 건설을 위해 치안 유지법으로 모든 반정부 운동을 탄압하고, 뒤집힌 토지 개혁으로 지주들을 키웠다. 응오딘지엠 정권의 군 장교와 관리는 뇌물과 탈세로 자신의 배를 불리는 데 혈안이 되었을 뿐 베트남 인민의 고통은 조금도 돌아보지 않았다.
쟁점 3	미국 내에서 거센 반전 운동이 일어났다.	미국은 반공을 위해 전쟁에 참여했다.
근거	1968년 북베트남군과 남베트남 민족 해방 전선이 남베트남 전역의 도시를 기습 공격한 구정 대공세가 일어났다. 남베트남 군인들의 막사, 방송국, 경찰서, 대통령궁을 비롯해 촐롱 거리와 시외곽 등에서 총소리가 들렸으며, 옛 성곽 도시인 후에에서 격렬한 전투가 벌어졌다. 특히 미국 대사관에서의 교전 상황이 생중계되면서 미국 내에서 반전 여론이 일어났다.	제1차 세계 대전 이후 호찌민을 중심으로 베트남의 민족 운동이 본격화되었다. 호찌민은 베트남의 민족 해방을 위해 농민, 노동자, 청년과 함께 1930년 베트남 공산당을 창설했다. 제2차 세계 대전 이후 베트남에 직접적인 상황보다 공산주의와 민주주의의 대결로만 바라보았다. 결국 북베트남의 선제공격이 시작되자, 미국은 반공을 위해 적극적으로 전쟁에 개입했다.

▌논의 배경

 베트남 전쟁은 미국이 개입한 여러 전쟁 중에서 가장 오점으로 남은 전쟁이다. 미국은 북베트남의 공산화를 저지해 동맹국들의 공산화를 막고자 한다는 명분을 내세웠지만, 실제로는 베트남의 내부 사정을 모른 채 무작정 전쟁에 관여한 측면이 있었다. 이러한 상황에서 베트남 전쟁은 전쟁 중에 벌어진 민간인 학살이나 통킹만 사건 등으로 인해 미국에 불리하게 돌아갔고, 미국 내에서 반전 여론이 거세지면서 미군의 철수라는 결말로 끝이 났다. 이번 토론을 통해 베트남 전쟁에 대해 반성해야 할 나라는 미국인지 논의해 보고자 한다.

▌용어 정의

  ○ **베트남 전쟁**: 북베트남과 남베트남 사이에서 벌어진 전쟁
  ○ **반성**: 자신의 언행에 대해 잘못이나 부족함이 없는지 돌이켜 봄

쟁점 1   통킹만 사건을 조작했다.

 통킹만 사건은 1964년 8월 2일 통킹만 해상에서 북베트남 해군 소속 어뢰정 3척이 미 해군 구축함인 매독스호를 선제공격해 양국 함대가 교전한 사건이다. 미국은 북베트남이 수차례에 걸쳐 미군을 선공했다고 대대적으로 선전했으며, 이를 바탕으로 베트남 전쟁에 적극적으로 개입하고자 했다. 미 의회는 통킹만 결의를 의결했으며, 1965년 이후

에는 육군과 해병대 등이 파견되었다. 1차 공격의 경우, 실제로 북베트남의 공격이 있었던 것은 사실이었다. 하지만 문제는 2차 공격이었다. 「펜타곤 문서」가 공개되면서 두 번째 교전은 사실이 아닌 것으로 밝혀졌다. 미국은 북베트남의 폭격을 정당화할 상황 조작을 시도했으며, 이러한 내용은 모두 비밀리에 진행되었던 것이다.

쟁점 2 베트남 전쟁에 참전한 명분이 명확하지 않다.

초기 베트남전은 보복전 수준의 국지적인 교전을 지속하면서 전면적인 전쟁의 확대는 피하고 있었다. 이는 시기적으로 제2차 세계 대전이 끝난 지 얼마 되지 않은 상황에서 지속되고 있는 냉전이 언제 다시 세계 대전으로 바뀔지 모른다는 문제 때문이었다. 하지만 베트콩의 사이공 공습으로 전쟁은 곧 본격화되었다. 미국은 대규모 병력을 증강하며 동맹국들에 파병을 요청했다. 중국과 소련을 위시한 공산권 국가들은 무기를 원조하거나 병력을 투입시키면서 진영 간의 전면전으로 확대되었다. 이러한 확대 양상은 미국이 가장 두려워하는 것이기도 했다. 따라서 미국은 중국, 소련과 이어진 북베트남을 제거해 이러한 사태를 미연에 방지하고자 했다. 결국 미국은 과도한 병력을 투입해 베트남 전쟁에 참전했다. 겉으로는 반공을 강조하며 전쟁에 적극적으로 개입했지만, 실제로는 전쟁 명분이 명확하지 않았던 것이다.

쟁점 3 미국 내에서 거센 반전 운동이 일어났다.

1968년 1월 30일, 음력 설날 전날 밤에 남베트남의 수도 사이공에서 요란한 총소리가 들려왔다. 북베트남군과 남베트남 민족 해방 전선이 남베트남 전역의 도시를 기습 공격한 구정 대공세가 일어난 것이다. 남베트남 군인들의 막사, 방송국, 경찰서, 대통령궁을 비롯해 촐롱 거리와 시 외곽 등에서 총소리가 들렸으며, 옛 성곽 도시인 후에에서 격렬한 전투가 벌어졌다. 구정 대공세는 전쟁의 긴 터널이 곧 끝날 것이라는 미국의 예상을 완전히 뒤엎었다. 특히 베트콩은 사이공의 미국 대사관을 습격해 미 해병대의 경비 병력을 사살하기도 했다. 문제는 미국 대사관에서의 교전 상황이 생중계되었다는 점이다. 결국 구정 대공세는 미국 내에서 반전 여론을 불러일으켰으며, 미국이 베트남 전쟁에 대해 소극적인 자세로 변화하는 계기가 되었다.

▌논의 배경

베트남 전쟁은 약 20년 동안 지속되었다. 미국은 이 전쟁을 단순히 베트남 내에서 벌어진 내전으로 보지 않았다. 북베트남과 연결되어 있는 중국, 소련 등의 공산 국가들과의 또 다른 냉전이라고 판단한 것이다. 특히 북베트남의 사이공 침공 등은 미국에 큰 위협으로 다가왔으며, 베트남이 공산화된다는 것은 냉전에 지속적으로 악영향을 미칠 수밖에 없었다. 이번 토론을 통해 베트남 전쟁에 대해 반성해야 할 나라는 미국인지 논의해 보고자 한다.

▌용어 정의

○ **베트남 전쟁**: 북베트남과 남베트남 사이에서 벌어진 전쟁

○ **반성**: 자신의 언행에 대해 잘못이나 부족함이 없는지 돌이켜 봄

쟁점 1 베트남의 내전 때문이다.

베트남은 1883년부터 프랑스의 지배를 받고 있었다. 1945년 호찌민이 중심이 된 베트남 공산주의자들이 베트남 민주 공화국을 세웠다. 이후 베트남 민주 공화국과 프랑스 간에 8년 동안 제1차 인도차이나 전쟁이 벌어졌다. 베트남군에 밀린 프랑스군은 디엔비엔푸 결전에서 항복했다. 1954년 제네바 협정에 따라 베트남은 남베트남과 북베트남으로 나뉘었고, 2년 후에 베트남 내에서 자유 총선거를 하기로 합의했다. 하

지만 베트남 사람들은 호찌민을 절대적으로 지지했고, 이대로 총선거가 진행되면 호찌민의 당선이 거의 확실했다. 이에 남베트남은 호찌민이 주장하는 남북 총선거에 반대하고, 군대를 강화하면서 미국의 지원을 요청했다. 하지만 이러한 남베트남의 독재 정치는 오히려 남베트남내 분열을 일으켰고, 남베트남 곳곳에서 응오딘지엠 정권에 반대하는테러가 일어났다. 1960년 베트남 민족 해방 전선, 이른바 베트콩이 결성되면서 전쟁이 장기화되었다.

쟁점 2 응오딘지엠 정권으로 베트남이 부패되었다.

미국은 바오 다이 정권으로는 호찌민의 북베트남에 대항할 수 없다고 보고, 새로운 인물인 응오딘지엠을 내세웠다. '베트남의 이승만'으로불리는 응오딘지엠은 미국 중앙 정보국(CIA)에 의해 발탁되었다. 그는강력한 반공 국가를 건설하기 위해 노력했다. 응오딘지엠 정부는 치안유지법으로 모든 반정부 운동을 탄압하고, 뒤집힌 토지 개혁으로 지주들을 키웠다. 응오딘지엠 정권의 군 장교와 관리 대부분은 프랑스 식민정부에 복무한 경력이 있는 매국노들이었다. 이들은 뇌물과 탈세로 자신들의 배를 불리는 데 혈안이 되었을 뿐 베트남 인민의 고통은 조금도돌아보지 않았다. 응오딘지엠 정권은 말 그대로 부패 공화국이었다.

쟁점 3 미국은 반공을 위해 전쟁에 참여했다.

베트남의 민족 운동은 제1차 세계 대전 이후에 본격화되었다. 그 중심에는 호찌민이 있었다. 그는 베트남의 민족 해방을 위해 농민, 노동자, 청년이 함께해 줄 것을 요청하며, 1930년 베트남 공산당을 창설했다. 한편 제2차 세계 대전 이후 세계는 둘로 나뉘어 냉전 시대가 지속되었다. 미국은 베트남에 직접적으로 개입했다. 베트남의 내부적인 상황에 관심이 있었다기보다, 공산주의와 민주주의의 대결이라는 냉전적 시각으로 바라본 것이다. 결국 북베트남의 선제공격이 시작되자, 미국은 반공을 위해 적극적으로 전쟁에 개입했다.

참고
문헌

『르네상스인들은 어떤 생각을 했을까?』 / 김지혜 / 푸른나무플러스 / 2010년

『중세인들은 어떤 생각을 했을까?』 / 김민 / 푸른나무플러스 / 2010년

『교양으로 읽는 용선생 세계사 14』 / 차윤석 외 / 사회평론 / 2018년

『세계사 편력 청소년판』 / J. 네루 / 일빛 / 2005년

『로마는 어떻게 강대국이 되었는가?』 / 정기문 / 민음인 / 2010년

『대항해 시대의 마지막 승자는 누구인가?』 / 김원중 / 민음인 / 2010년

『세계사 최대한 쉽게 설명해 드립니다』 / 만프레트 마이 / 이화북스 / 2018년

『세계사 이야기 2』 / 초등역사교사 모임 / 늘푸른아이들 / 2008년

『중세 유럽 천년의 역사』 / 김태훈 / 살림출판사 / 2018년

『고대 로마의 역사 속으로 GO! GO!』 / 레이철 디킨슨 / 지식나이테 / 2017년

『고대 그리스의 역사 속으로 GO! GO!』 / 크리스 보데사 / 지식나이테 / 2016년

『상식과 교양으로 읽는 유럽의 역사』 / 만프레트 마이 / 웅진지식하우스 / 2008년

『상식과 교양으로 읽는 미국의 역사』 / 질비아 엥글레르트 / 웅진지식하우스 / 2006년

『하룻밤에 읽는 세계사』 / 미야자키 마사카츠 / 알에이치코리아 / 2017년

『한 권으로 읽는 세계사』 / 오귀환, 이강룡 / 페이퍼로드 / 2012년

『말랑하고 쫀득한 세계사 이야기』 / W. 버나드 칼슨 외 / 푸른숲주니어 / 2009년

『공부가 되는 세계사』 / 글공작소 / 아름다운사람들 / 2013년

『외우지 않고 통으로 이해하는 통세계사』 / 김상훈 / 다산에듀 / 2009년

『처음 세계사』 / 초등역사교사 모임 / 주니어RHK / 2014년

『통통 세계사』 / 신현수 / 휴이넘 / 2011년

『왜 십자군은 예루살렘으로 떠났을까?』 / 김차규 / 자음과모음 / 2010년

『왜 페르시아 전쟁이 일어났을까?』 / 박재영 / 자음과모음 / 2010년

『왜 진시황은 만리장성을 쌓았을까?』 / 신동준 / 자음과모음 / 2010년

『왜 카이사르는 루비콘강을 건넜을까?』 / 박재영 / 자음과모음 / 2010년

『왜 로마 제국은 기독교를 박해했을까?』 / 정기문 / 자음과모음 / 2010년

『왜 잔 다르크는 백년 전쟁을 이끌었을까?』 / 박용진 / 자음과모음 / 2013년

『왜 루터는 종교 개혁을 일으켰을까?』 / 이성덕 / 자음과모음 / 2013년

『중학 역사 세계사』 / 신진희 / EBS / 2013년

『세계사 개념 사전』 / 공미라, 김애경 / 아울북 / 2009년

『파란만장 세계사 10대 사건 전말기』 / 심현정 / 느낌이있는책 / 2017년

『14미터 세계사 연표』 / 이화정 / 올드스테어즈 / 2017년

『처음 읽는 일본사』 / 전국역사교사 모임 / 휴머니스트 / 2013년

『처음 읽는 중국사』 / 전국역사교사 모임 / 휴머니스트 / 2014년

『스토리 세계사』 / 임영태 / 21세기북스 / 2014년

『세계 역사 디스커버리 절대 군주의 절대 왕정 시대』 / 김선형 / 삼성비엔씨 / 2012년

『곰브리치 세계사』 / 에른스트 H. 곰브리치 / 비룡소 / 2019년

『최진기의 끝내주는 전쟁사 특강』 / 최진기 / 휴먼큐브 / 2014년

『히스토리 톡톡 종교 개혁』 / 꿈꾸는 뉴런 / 휘슬러 / 2019년

『히스토리 톡톡 로마』 / 꿈꾸는 뉴런 / 휘슬러 / 2019년

『히스토리 톡톡 대항해 시대』 / 꿈꾸는 뉴런 / 휘슬러 / 2019년

『히스토리 톡톡 십자군』 / 꿈꾸는 뉴런 / 휘슬러 / 2019년

『히스토리 톡톡 백년 전쟁』 / 꿈꾸는 뉴런 / 휘슬러 / 2019년

102쪽 크리스트교 박해로 인한 바울의 순교
https://commons.wikimedia.org/wiki/File:The_Martyrdom_of_Saint_Paul_MET_rl1975.1.553.R.jpg
103쪽 시칠리아의 카타콤
https://commons.wikimedia.org/wiki/File:Main_road_of_San_Giovanni_Catacombs.jpg
105쪽 콘스탄티누스 황제 동상
https://commons.wikimedia.org/wiki/File:Constantine_the_Great,_York_2.JPG
121쪽 예수의 무덤이 있는 예루살렘 성묘교회
https://commons.wikimedia.org/wiki/File:Church_of_the_Holy_Sepulchre_The_Aedicule,_Which_Contains_the_Holy_Sepulchre_Itself_(28431087277).jpg
123쪽 리처드 1세와 살라딘의 전투
https://commons.wikimedia.org/wiki/File:Ruitergevecht_tusschen_Richard_Leeuwenhart_en_Saladin,_RP-P-1896-A-19368-423.jpg
124쪽 중세 유럽 전역을 휩쓴 흑사병
https://commons.wikimedia.org/wiki/File:Alphonse_Legros,_Plague_Victims_of_Rome_(Les_pestiferes_de_Rome),_NGA_8306.jpg
125쪽 토마스 아퀴나스 조각상
https://commons.wikimedia.org/wiki/File:Willem_Kerricx_-_Thomas_of_Aquinas.jpg
140쪽 에드워드 3세
https://commons.wikimedia.org/wiki/File:Renold_Elstracke_-_Edward_III_-_B1994.4.161_-_Yale_Center_for_British_Art.jpg
141쪽 크레시 전투
https://commons.wikimedia.org/wiki/File:Battle_of_Cr%C3%A9cy_-_Grandes_Chroniques_de_France_(c.1415),_f.152v_-_BL_Cotton_MS_Nero_E_II.jpg
142쪽 아쟁쿠르 전투
https://commons.wikimedia.org/wiki/File:Thomas_Burke_-_The_Battle_of_Agincourt_-_B1977.14.12045_-_Yale_Center_for_British_Art.jpg
143쪽 잔 다르크 동상
https://commons.wikimedia.org/wiki/File:Jeanne_d%27Arc_Reims.jpg
144쪽 마녀로 몰려 화형을 당하는 잔 다르크
https://commons.wikimedia.org/wiki/File:Carte_postale,_Jeanne_d%27Arc_br%C3%BBl%C3%A9e_%C3%A0_Rouen_en_1431_%C3%A0_l%27%C3%A2ge_de_19_ans.jpg
145쪽 백년 전쟁 이후 샤를 8세와 군대
https://commons.wikimedia.org/wiki/File:Triumphal_entrance_of_king_Charles_VIII_of_France_into_Napoli_(1495).jpg
161쪽 마르코 폴로의『동방견문록』
https://commons.wikimedia.org/wiki/File:Dettaglio_fr2810_folio_1r.jpg
162쪽 항해사가 사용했던 나침반
https://commons.wikimedia.org/wiki/File:Compass_thumbnail.jpg
163쪽 바르톨로메우 디아스가 발견한 희망봉이 표기된 지도
https://commons.wikimedia.org/wiki/File:World_map_by_Martellus_-_Account_of_the_Islands_of_the_Mediterranean_(1489),_ff.68v-69_-_BL_Add_MS_15760.jpg
164쪽 신대륙을 발견한 콜럼버스
https://commons.wikimedia.org/wiki/File:Columbus_Discovering_America.jpg
165쪽 은광에서 강제 노역에 시달리는 흑인 노예들
https://commons.wikimedia.org/wiki/File:Slaves_from_Guinea_digging_for_gold_and_silver_in_mines_in_Hispaniola_-_America_(1595),_A2_-_BL.jpg
166쪽 동인도 회사의 표식이 그려진 동전
https://commons.wikimedia.org/wiki/File:Duit_1790_-_Netherlands_East-Indies_(Dutch_East_India_Company).jpg
181쪽 마르틴 루터 초상화
https://commons.wikimedia.org/wiki/File:Lucas_Cranach_-_Portrait_of_Martin_Luther_(1483%E2%80%931586)_-_MNK_XII-A-553_-_National_Museum_Krak%C3%B3w.jpg
182쪽 『구텐베르크 성경』
https://commons.wikimedia.org/wiki/File:Beinecke-gutenburg-bible.jpg
183쪽 루터의 종교 개혁
https://commons.wikimedia.org/wiki/File:Het_licht_is_op_de_kandelaar_gestelt_%27t_Licht_is_op_den_kandelaer_gestelt_(titel_op_object),_RP-P-OB-78.421.jpg
184쪽 농민 전쟁 추모비
https://commons.wikimedia.org/wiki/File:Berg_Erinnerungstafel_Bauernkrieg.jpg

185쪽 헨리 8세와 앤 불린
https://commons.wikimedia.org/wiki/File:King_Henry_the_Eighth_and_Anna_Bullen_MET_DP826940.jpg
186쪽 트리엔트 공의회
https://commons.wikimedia.org/wiki/File:Pasquale_Cati_Da_Iesi_-_The_Council_of_Trent_-_WGA04574.jpg
187쪽 프랑스의 개신교 박해
https://commons.wikimedia.org/wiki/File:Vervolging_van_protestanten_in_Frankrijk,_1685,_RP-P-1904-496.jpg
189쪽 30년 전쟁 당시 병사들의 모습
https://commons.wikimedia.org/wiki/File:Pike_and_shot_model.jpg
204쪽 『군주론』 표지
https://commons.wikimedia.org/wiki/File:Machiavelli_Principe_Cover_Page.jpg
205쪽 펠리페 2세 초상화
https://commons.wikimedia.org/wiki/File:Philips_II_(1527-98),_koning_van_Spanje,_SK-C-1696.jpg
205쪽 레판토 해전
https://commons.wikimedia.org/wiki/File:Slag_bij_Lepanto,_1571_Victoire_de_Lepanto_(titel_op_object)_Guerres_de_Flandres_(serietitel),_BI-1929-10-6.jpg
206쪽 프랜시스 드레이크에게 작위를 주는 엘리자베스 1세
https://commons.wikimedia.org/wiki/File:DrakeKnightedTavistockMonument.jpg
207쪽 루이 14세 초상화
https://commons.wikimedia.org/wiki/File:Ranc_Jean_Louis_XIV_Fabre_museum.jpg
207쪽 베르사유 궁전
https://commons.wikimedia.org/wiki/File:Palace_of_Versailles_(9812086856).jpg
208쪽 표트르 대제
https://commons.wikimedia.org/wiki/File:Peter_I_by_Kneller.jpg
225쪽 교도소에 방문한 젠트리
https://commons.wikimedia.org/wiki/File:Abraham_Bosse,_Gentry_Visiting_a_Prison,_NGA_53276.jpg
226쪽 청교도의 모습을 나타낸 동상
https://commons.wikimedia.org/wiki/File:%22The_Puritan%22_was_sculpted_by_Augustus_Saint-Gaudens_and_presented_to_Governor_Theodore_Roosevelt_by_his_military_staff_on_(020e4a55-c2cd-4577-9e5f-ea4ca488376e).JPG
227쪽 사후 처형되는 크롬웰의 시신
https://commons.wikimedia.org/wiki/File:Execution_of_Cromwell,_Bradshaw_and_Ireton,_1661.jpg
228쪽 찰스 2세의 대관식
https://commons.wikimedia.org/wiki/File:Coronation_Procession_of_Charles_II_MET_DP827160.jpg
229쪽 휘그당과 토리당의 대립
https://commons.wikimedia.org/wiki/File:Battle_Royal_between_the_Whig_National_School_Boys_%26_the_Tory_Charity_Crabs_-_Tregear.jpg
243쪽 제임스 와트의 증기 기관
https://commons.wikimedia.org/wiki/File:PSM_V12_D152_Watt_steam_engine_1780.jpg
244쪽 리버풀과 맨체스터를 잇는 철도
https://commons.wikimedia.org/wiki/File:S._G._Hughes_-_Travelling_on_the_Liverpool_%5E_Manchester_Railway,_A_Train_of_Waggons_with_Goods_and_A_Train_of_Carri_-_B1993.30.130_-_Yale_Center_for_British_Art.jpg
245쪽 러다이트 운동
https://commons.wikimedia.org/wiki/File:FrameBreaking-1812.jpg
259쪽 미국 플리머스항으로 들어오는 메이플라워호
https://commons.wikimedia.org/wiki/File:Mayflower_in_Plymouth_Harbor,_by_William_Halsall.jpg
260쪽 보스턴 차 사건
https://upload.wikimedia.org/wikipedia/commons/f/ff/Boston_Tea_Party%2C_RP-P-OB-14.647.jpg
261쪽 미국 독립 전쟁 기념비
https://commons.wikimedia.org/wiki/File:Revolutionary_War_Memorial_-_Brimfield,_MA_-_DSC04645.JPG
262쪽 조지 워싱턴 대통령의 취임식
https://commons.wikimedia.org/wiki/File:The_Inauguration_of_Washington_as_First_President_of_the_United_States_MET_DP853585.jpg
278쪽 루이 16세의 대관식
https://commons.wikimedia.org/wiki/File:Sacre_di_Roi_Louis_XVI.png
279쪽 바스티유 감옥 습격
https://commons.wikimedia.org/wiki/File:Jean-Baptiste_Lallemand_-_La_prise_de_la_Bastille,_le_14_juillet_1789_-_P1718_-_Mus%C3%A9e_Carnavalet.jpg
280쪽 의회로 향하는 프랑스 농민들
https://commons.wikimedia.org/wiki/File:Invasion_of_the_Assembly,_20_june_1792.png

295쪽 프랑스의 이집트 원정
https://commons.wikimedia.org/wiki/File:Francois-Louis-Joseph_Watteau_001.jpg
297쪽 자크 루이 다비드의 〈성 베르나르 협곡을 넘는 나폴레옹〉
https://commons.wikimedia.org/wiki/File:David_-_Napoleon_crossing_the_Alps_-_Malmaison2.jpg
298쪽 러시아에서 퇴각하는 프랑스군
https://commons.wikimedia.org/wiki/File:Napoleons_retreat_from_moscow.jpg
313쪽 당시 백과사전에 실린 아프리카 사탕수수 농장. 강제 노역은 의도적으로 지워졌다.
https://commons.wikimedia.org/wiki/File:Repr%C3%A9sentation_d%27un_type_d%27Habitation_sucri%C3%A8re_
coloniale_en_1762.jpg
314쪽 일하는 흑인 노예들
https://commons.wikimedia.org/wiki/File:Esclaves_de_la_Guadeloupe_charroyant_du_fumier.png
315쪽 베를린 회의를 묘사한 캐리커처
https://commons.wikimedia.org/wiki/File:Cartoon_depicting_Leopold_2_and_other_emperial_powers_at_Berlin_
conference_1884.jpg
316쪽 중국을 노리는 유럽 열강들을 묘사한 그림
https://commons.wikimedia.org/wiki/File:A_troublesome_egg_to_hatch_-_J.S._Pughe._LCCN2010651397.jpg
317쪽 인도네시아에 상륙하는 네덜란드인들
https://upload.wikimedia.org/wikipedia/commons/9/94/COLLECTIE_TROPENMUSEUM_Schoolplaat_getiteld_de_
eerste_O.I._vaarders_op_de_reede_van_Bantam_TMnr_5976-1.jpg
331쪽 18세기 청나라 도자기
https://commons.wikimedia.org/wiki/File:Porcelaine_chinoise_Guimet_281112.jpg
333쪽 제1차 아편 전쟁에서 청나라 배를 침몰시키는 영국 함대
https://commons.wikimedia.org/wiki/File:Destroying_Chinese_war_junks,_by_E._Duncan_(1843).jpg
334쪽 애로호의 영국 국기를 끌어 내리는 청나라 관리들
https://commons.wikimedia.org/wiki/File:Chinese_officers_tear_down_the_British_flag_on_the_arrow.JPG
336쪽 의화단원들의 모습
https://commons.wikimedia.org/wiki/File:Boxer-tianjing-left.jpeg
351쪽 페리 제독이 이끄는 함대가 도착한 모습
https://commons.wikimedia.org/wiki/File:Commodore-Perry-Visit-Kanagawa-1854.jpg
352쪽 사쓰마번의 무사들
https://commons.wikimedia.org/wiki/File:Satsuma-samurai-during-boshin-war-period.jpg
354쪽 서양화된 일본의 모습
https://commons.wikimedia.org/wiki/File:BunmeiKaika.jpg
355쪽 이와쿠라 사절단
https://commons.wikimedia.org/wiki/File:Iwakura_mission.jpg
369쪽 모로코 사건을 둘러싼 프랑스와 독일의 긴장 상태를 풍자한 만화
https://commons.wikimedia.org/wiki/File:PuckMagazine4Oct1911.jpg
370쪽 사라예보 사건
https://commons.wikimedia.org/wiki/File:DC-1914-27-d-Sarajevo-cropped.jpg
371쪽 제1차 세계 대전 중 독일군의 모습
https://commons.wikimedia.org/wiki/File:A_quiet_moment_in_German_trenches_LCCN2004679613.jpg
373쪽 미국 대통령 윌슨
https://commons.wikimedia.org/wiki/File:Presidents_Woodrow_Wilson_by_Harris_and_Ewing.jpg
388쪽 피의 일요일
https://commons.wikimedia.org/wiki/File:BloodySunday1905b.jpg#mw-jump-to-license
388쪽 니콜라이 2세
https://commons.wikimedia.org/wiki/File:Tsar_Nicholas_II_-1898.jpg#mw-jump-to-license
390쪽 민중을 향해 연설하는 레닌의 모습이 그려진 우표
https://commons.wikimedia.org/wiki/File:1967_CPA_3551.jpg#mw-jump-to-license
391쪽 11월 혁명 때 행진하는 러시아 군인들
https://commons.wikimedia.org/wiki/File:Armed_soldiers_carry_a_banner_reading_%27Communism%27,_
Nikolskaya_street,_Moscow,_October_1917.jpg#mw-jump-to-license
392쪽 러시아 적군의 모습
https://commons.wikimedia.org/wiki/File:Moscow_-_review_of_Red_Army_LCCN2014713395.tif
407쪽 시카고 무료 급식소 앞에 줄 서 있는 사람들
https://commons.wikimedia.org/wiki/File:Unemployed_men_queued_outside_a_depression_soup_kitchen_opened_
in_Chicago_by_Al_Capone,_02-1931_-_NARA_-_541927.jpg

408쪽 공공사업에 참여한 사람들
https://commons.wikimedia.org/wiki/File:Wpa1.JPG
409쪽 무솔리니와 히틀러
https://commons.wikimedia.org/wiki/File:Benito_Mussolini_e_Adolf_Hitler,_sem_data.tif
410쪽 사복을 입은 게슈타포들
https://commons.wikimedia.org/wiki/File:Gestapomen_following_the_white_buses.jpg
412쪽 노르망디 상륙 작전 때 연합군의 모습
https://commons.wikimedia.org/wiki/File:Approaching_Omaha.jpg
413쪽 나가사키 원폭 투하 전후 사진
https://commons.wikimedia.org/wiki/File:Nagasaki_1945_-_Before_and_after_(adjusted).jpg
414쪽 아우슈비츠 수용소에서 생존한 아이들
https://commons.wikimedia.org/wiki/File:Child_survivors_of_Auschwitz.jpeg
415쪽 항복 문서에 서명하려고 기다리는 일본
https://commons.wikimedia.org/wiki/File:Surrender_of_Japan_-_USS_Missouri.jpg
429쪽 위안스카이
https://commons.wikimedia.org/wiki/File:YuanShikaiPresidente1915.jpg
430쪽 5·4 운동에 참가한 학생들
https://commons.wikimedia.org/wiki/File:Female_students_participate_in_demonstration_as_part_of_the_May_Fourth_Movement,_in_1919.jpg
431쪽 중일 전쟁 당시 중국 국민당의 모습
https://commons.wikimedia.org/wiki/File:Kmtarmy.JPG
432쪽 중화 인민 공화국 수립을 선언하는 마오쩌둥
https://commons.wikimedia.org/wiki/File:Mao_proclaiming_the_establishment_of_the_PRC_in_1949.jpg
434쪽 인민공사의 모습
https://commons.wikimedia.org/wiki/File:1968-07_1968%E5%B9%B4_%E9%9F%B6%E5%B1%B1%E4%BA%BA%E6%B0%91%E5%85%AC%E7%A4%BE_%E5%86%9C%E4%B8%9A%E5%AD%A6%E5%A4%A7%E5%AF%A8.jpg
435쪽 문화 대혁명 당시의 우표
https://commons.wikimedia.org/wiki/File:Unissued_Wen14,_Long_Live_the_All-round_Victory_of_the_Proletarian_Cultural_Revolution_(Draft_2),_1968.jpg
436쪽 미국 대통령 레이건과 만난 덩샤오핑
https://commons.wikimedia.org/wiki/File:President_Ronald_Reagan_and_Nancy_Reagan_meeting_with_Chairman_Deng_Xiaoping.jpg
453쪽 트루먼 독트린 연설을 하는 미국 대통령 트루먼
https://commons.wikimedia.org/wiki/File:Special_Message_to_Congress_on_Greece_and_Turkey_The_Truman_Doctrine.jpg
453쪽 코메콘 회의
https://commons.wikimedia.org/wiki/File:Comeconexecutivecommittee.JPG
454쪽 미국 국립항공우주박물관에 보관되어 있는 스푸트니크 1호의 모형
https://commons.wikimedia.org/wiki/File:Sputnik_asm.jpg
455쪽 베를린 장벽을 설치하는 모습
https://commons.wikimedia.org/wiki/File:Berlin_Wall_1961-11-20.jpg
457쪽 체르노빌 원자력 발전 사고 이후의 체르노빌 전경
https://commons.wikimedia.org/wiki/File:View_of_Chernobyl_taken_from_Pripyat.JPG
471쪽 젊은 시절의 호찌민
https://commons.wikimedia.org/wiki/File:Nguyen_A%C3%AFn_Nu%C3%A4%27C_(Ho-Chi-Minh),_d%C3%A9l%C3%A9gu%C3%A9_indochinois,_Congr%C3%A8s_communiste_de_Marseille,_1921,_Meurisse,_BNF_Gallica.jpg
472쪽 무장하고 있는 베트콩
https://commons.wikimedia.org/wiki/File:Viet_Cong_soldier_DD-ST-99-04298.jpg
473쪽 펜타곤 앞에서 반전 시위를 벌이고 있는 사람들
https://commons.wikimedia.org/wiki/File:Vietnamprotestors.jpg

파워풀한 교과서 세계사 토론

ⓒ 박숙현, 박은영, 김세연, 이진, 2022

초판 1쇄 발행일 | 2022년 11월 4일
초판 2쇄 발행일 | 2023년 6월 15일

지은이 | 박숙현, 박은영, 김세연, 이진
펴낸이 | 사태희
편집인 | 최민혜, 안주영
디자인 | 권수정
지도 일러스트 | 이은정
이미지 자료 조사 | 오세림
마케팅 | 장민영
제작인 | 이승욱, 이대성

펴낸곳 | (주)특별한서재
출판등록 | 제2018-000085호
주 소 | 08505 서울특별시 금천구 가산디지털2로 101 한라원앤원타워 B동 1503호
전 화 | 02-3273-7878
팩 스 | 0505-832-0042
e-mail | specialbooks@naver.com
ISBN | 979-11-6703-059-7 (44080)
       979-11-88912-13-1 (세트)